Simone Haas
Sabine Volkert

Kinderwagen- & Tragetouren Schwäbische Alb

Westliche, Mittlere und Östliche Alb
mit Bonustouren „Alb in Sicht“

Die 56 schönsten (Wander-)Wege und Ausflugsziele
vom Baby bis zum Schulkind

Hrsg. Elisabeth Göllner-Kampel

wandaverlag.com

Wir freuen uns über Rückmeldungen, Eindrücke und Anregungen an:
office@wandaverlag.com, Kennwort: Schwäbische Alb.

Cover: Brigitte Haid
Satz: Brigitte Haid
Layout: Julia Weinert, Manuel Thomasser, Melanie Eichhorn
Kartografie: Dorota Konieczka
Illustrationen: Melanie Eichhorn, Sabine Köth, Brigitte Haid
Lektorat: Johanna Weber, www.lektorat-weber.at

ISBN: 978-3-902939-16-6
Kinderwagen- & Tragetouren Schwäbische Alb
Die 56 schönsten (Wander-)Wege und Ausflugsziele
vom Baby bis zum Schulkind
Wandaverlag, Römerstraße 16, A-5081 Anif b. Salzburg, www.wandaverlag.com
1. Auflage 2023

Klimaneutral
Druckprodukt
ClimatePartner.com/53385-2210-1010

FSC www.fsc.org MIX Papier aus verantwortungsvollen Quellen FSC® C017014

Umschlag: Westliche Alb, Heersbergrunde, Fotografin Simone Haas
Fotos: Alle Fotos wurden von den Autorinnen erstellt

Plant ihr eine neue Tour?
Dann schaut vorher unter „Aktuelles zum Buch"
auf wandaverlag.com
Denn manchmal gibt es Änderungen ....

Überblickstabelle der Wanderungen

I. Westliche Alb	Char.	Gesamtdauer 1h 2h	Anf	Seite
1. Tragetour Oberhohenberg	↺		● (rot)	14
2. Plettenberg	⇄		● (blau)	17
3. Hörnle	⇄		● (gelb)	20
4. Tragetour Mammutbäume	↺		● (blau)	23
5. Heersbergrunde	↺		● (blau)	26
6. Felsquellweg	↺		● (rot)	29
7. Plattenkalklagune	↺		● (blau)	32
8. Albbärweg	↺		● (blau)	35
9. Wildgehege Meßstetten	↺		● (gelb)	38
10. Tragetour Traufgängerle	↺		● (rot)	41
11. Märchenpfad	↺		● (blau)	44
12. Schaukelweg Hechingen	↺		● (gelb)	47
13. Zollerhalde	↺		● (blau)	50
14. Tragetour Ebersberg	↺		● (blau)	53
15. Zollernburg-Panorama	↺		● (blau)	56
16. Tragetour Inzigkofer Felsengärten	↺		● (rot)	59
17. Sigmaringer Schaukelweg	↺		● (gelb)	62
18. Tragetour Bittelschießer Täle	↺		● (blau)	65
19. Eisenbahnlehrpfad	↺		● (blau)	68

	Höhen-meter	Länge	Schat-ten				*	Rad	Kinder-wagen	Bus / Bahn
	91	2	◕	-	-	-	**	-	-	-
	76	3,6	◕	-	X/-	X	**	-	X / TV	-
	26	2,6	○	-	X	X	*	X	X	-
	95	2,6	◔	-	X	-	**	-	-	-
	57	3,8	◑	-	X	X	**	X	X	🚌
	122	5,5	◑	X	X	-	**	-	X	🚌
	50	4,7	◔	-	X	-	**	-	X	-
	69	3,8	◔	X	X	-	**	- / X	X / TV	🚌
	33	1,7	◕	-	X	-	**	X	X	-
	129	4,1	●	-	X	-	***	-	-	🚌
	30	1,3	◕	-	X	-	***	X / -	X	🚌
	20	4	◑	X	X	X	***	X	X	🚌
	100	3	◔	-	X	X	**	-	X	🚌
	90	4,2	◔		X		*	-	-	🚌
	77	4,9	◑	-	X	X	**	X	X	-
	40	2	◕	X	X	-	***	-	-	🚌
	12	1,8	◔	X	X	X	***	X	X	🚌
	69	3	◕	X	-	-	***	-	-	-
	90	5,3	◑	-	X	-	**	X	X	🚌

	Höhen-meter	Länge	Schat-ten	👧	☂	⛄	*	Rad	Kinder-wagen	Bus / Bahn
	15	1,4	◕	X	X	-	*	X	X	🚌
	80	2,5	◕	-	X	-	**	-	X	🚌
	84	3,5	◑	-	-	-	**	-	X	🚌
	94	5,2	◕	X	X	-	**	-	-	🚌
	40	2,5	◕	X	X	-	***	-	X	-
	90	5,9	◕	X	-	-	***	-	X	🚌
	95	3,6	◕	-	X	-	**	-	-	🚌
	106	3,4	●	X	-	-	**	-	-	🚌
	55	2,7	◑	-	X	-	*	-	-	🚌
	35	2,5	◑	-	X	-	**	X	X	🚌
	23	4,8–6,3	●	X	X	X	***	X	X	🚌
	62	3,1	◔	X	-	-	***	-	-	🚌
	16	1,6	◔	X	X	X	**	X	X / TV	🚌
	185	4,6–4,7	◕	X	X		**	-	X / TV	🚌
	49	2,4	●	-	X	-	*	X	X	🚌
	71	4,1	◔	X	X	-	**	X	X	🚌
	15	2,8	◔	-	X	-	*	X	X	🚌
	207	6,8	◕	X	X	-	**	-	X	-
	205	4,6	◕	-	X		**	-	X /TV	🚌

Höhen-meter	Länge	Schat-ten				*	Rad	Kinder-wagen	Bus / Bahn
100	3,6		-	X	-	**	X	X / TV	
60	2		-	-	-	**	(X)	X / TV	
155	6,1		X	-	-	**	X	X	
120	5		-	-	X	**	-	X	-
16	2		X	X	-	***	X	X	-
60	2,6		-	X	-	**	(X)	X	-
40	2,9		-	X	-	***	X	X	-
70	3		-	X	-	*	X	X / TV	
42	3		-	X	-	**	-	X	
60	3,3		X	X	-	***	-	X	
13	4,4		-	X	-	**	X	X	-
42	3,4		-	-	-	*	-	X	-
124	2		-	-	-	**	-	-	-

Höhen-meter	Länge	Schat-ten				*	Rad	Kinder-wagen	Bus / Bahn
72	2,5		X	X	-	**	-	X	
24	4		X	-	-	**	(X)	X	
95	1,7		X	-	-	**	-	-	-
50	3		X	X	-	***	(X)	X	
-	4,5		X	X	X	***	X	X	-

Zeichenerklärung der Überblickstabelle:

Charakteristik (Char.):

↺ Rundweg (RW)

⇄ gleicher Rück- wie Hinweg

Balken für Dauer:

Die Länge der Balken zeigt an, wie lange die Wanderung insgesamt dauert. Dabei wird die Gehzeit für den gesamten Weg ohne Pausen angezeichnet. Näheres in der jeweiligen Wegbeschreibung.

Anforderung (Anf.) bezieht sich auf das Gehen mit Kinderwagen:

- ● leicht mit Kinderwagen
- ● mittel mit Kinderwagen, leicht mit Trage
- ● schwer

Schatten: Die dunklen Kreise zeigen an, inwieweit der Weg schattig ist.

- ○ auf der ganzen Route kein Schatten
- ◔ der Weg liegt nur zu ¼ im Schatten
- ◑ die Hälfte der Wegstrecke ist schattig
- ◕ der Großteil der Strecke liegt im Schatten oder auch lichtem Wald
- ● der gesamte Weg liegt im Schatten

TV in der Rubrik Kinderwagen gibt an, dass für diese Tour auch eine Variante für die Trage beschrieben wird.

*** = außerordentliches Ziel, bei dem sich auch eine längere Anfahrt lohnt. Es gibt hier ein besonderes Highlight (landschaftliche Schönheit, großer Spielplatz, schöne Badestelle ...), welches in der Gegend so nicht nochmal vorkommt und bei dem man sich eine Weile gut aufhalten kann.

** = ein Ziel/ eine Wanderung, die recht schön ist, jedoch etwas weniger spektakulär. Eine allzu weite Anreise sollte gut überlegt werden, weil die Tour evtl. zu kurz für einen großen Ausflug ist oder irgendeinen Kompromiss miteinschließt (Verkehrsstraßen oder ohne Einkehrmöglichkeit oder keine Spielmöglichkeit für Kinder...).

* = Wanderungen, die man immer wieder man machen kann, wenn man in der Gegend ist. Eine lange Anreise ist nicht empfehlenswert, da ähnliche Touren oftmals auch in der eigenen Region vorhanden sind oder nicht so viel geboten ist, so dass es eher ein kurzer Ausflug wird.

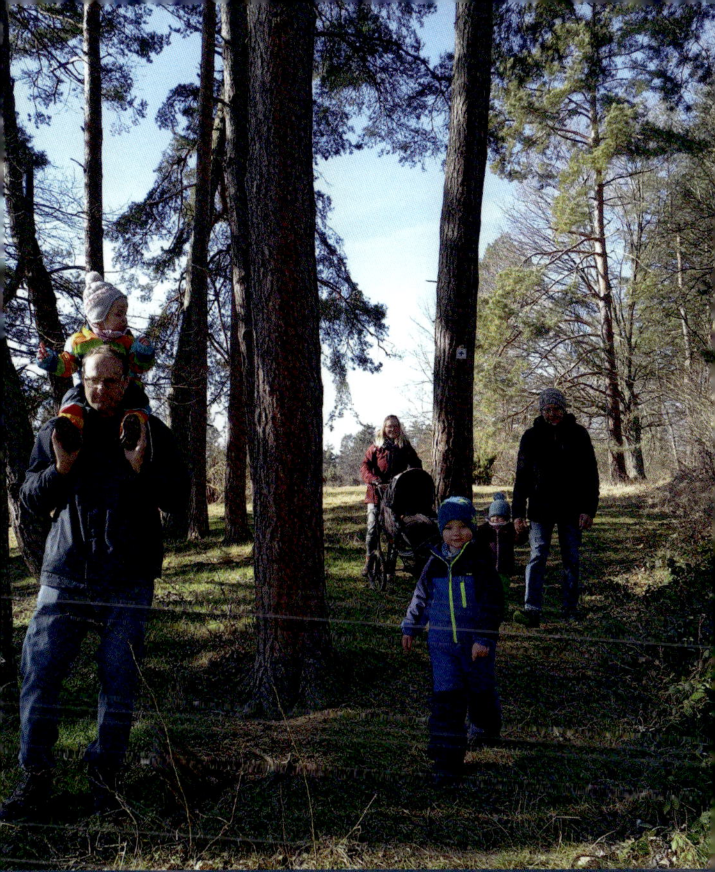

I. Westliche Alb

Heuberg und Zollernalb

Ein Blick hinter die Kulissen auf: **wandaverlagtoptouren**

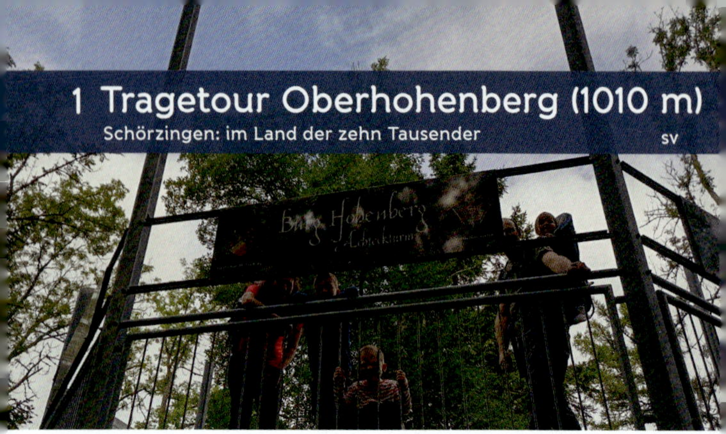

1 Tragetour Oberhohenberg (1010 m)

Schörzingen: im Land der zehn Tausender SV

Der Oberhohenberg ist mit 1010 m der zweithöchste Berg der Schwäbischen Alb und gehört mit neun weiteren Bergen im Umkreis zu den zehn Tausendern. Heute erinnert eine Metallstangenkonstruktion auf dem Gipfel, welche die Achteckform des Burgturms nachzeichnet, an die ehemalige Burg Oberhohenberg. Über einen steilen Aufstieg durch den Wald und eine Hängebrücke können kleine und große Burgenfans die Anlage erobern. Wer danach noch nicht genug hat, für den gibt es noch eine Holzburg auf dem Spielplatz.

Wetter: Anforderung: Gesamtdauer: 1 h

Anforderung:	Schwer; 91 Hm; starke Steigung bzw. Gefälle im Auf- und Abstieg; großteils Waldpfade.
Dauer:	RW: 1 h; 2 km.
Wetter:	Klassisches Wanderwetter.

Wanderwert für (Geschwister) Kinder:

2–3 Jahre:	Spielplatz mit großer Spielburg, Seilbahn und Sitzgelegenheiten an der Schutzhütte. Hängebrücke auf dem Oberhohenberg. Auf dem Gipfel sind die Kleinen am besten in der Trage aufgehoben, da es überall steil bergab geht.

4–6 Jahre:	Siehe 2–3 Jahre. Die schmalen steilen Pfade animieren zum Wandern. Beim Abstieg ist Trittsicherheit gefordert, nicht immer ist der Weg breit genug, dass ein Erwachsener nebenher gehen kann. Am Gipfel viele Infotafeln, die für Ritterfans interessant sind.
Kinderfahrrad:	Nein.

Navi: Nähe 72355 Schömberg-Schörzingen, Oberhohenbergstraße (Überlandstraße zwischen Deilingen und Schörzingen).

Anfahrt: Auf der B27 bis Schömberg fahren. Nach dem Ortsende links Richtung Spaichingen/Deilingen/Schörzingen abbiegen. Der Straße bis Deilingen folgen. Nach dem Ortseingang in die zweite Straße rechts einbiegen (kleines Schild „Erlebnistreff Oberhohenberg") und der Reuthof-Straße immer geradeaus über die Felder folgen. Am Waldrand befindet sich der Wanderparkplatz auf der linken Seite.

Bus/Bahn: -

Ausgangspunkt/P: Wanderparkplatz Oberhohenberg.

Infos/Gaststätten: *Schutzhütte Oberhohenberg, kleine Blockhütte mit Gastraum und WC, www.heubergbaar-gau.albverein.eu/region-gau/schoerzingen, geöff. Sonn und Feiertage vom 1. Mai–3. Okt. *Infos Oberhohenberg, www.zollernalb.com/attraktionen/erlebnistreff-burg-oberhohenberg.

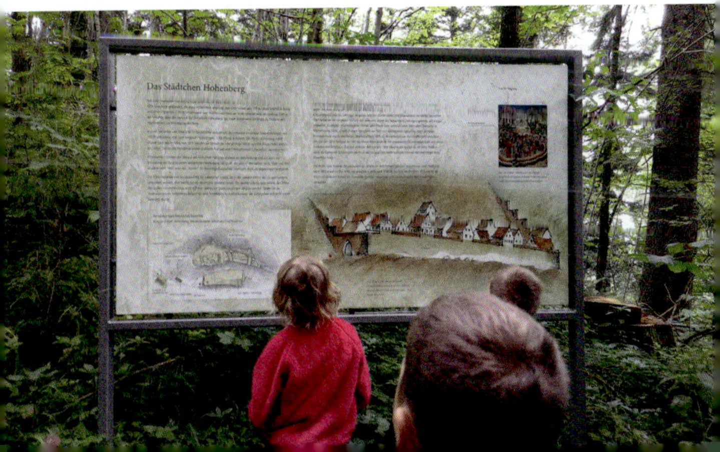

Wegbeschreibung: Ab dem Wanderparkplatz den grünen Schildern, die den Burgweg Oberhohenberg ausweisen, folgen. Erst geradeaus auf einem Asphalt- und später Schotterweg. Rechts unterhalb befinden sich die Schutzhütte und der Spielplatz. Danach führt der Weg kurz steil bergauf zum ehemaligen Städtchen Hohenberg, anschließend folgt ein längerer, steiler und steiniger Aufstieg auf den Berg. Der Weg führt dann ohne größere Steigung links direkt an der Traufkante entlang, die Kleineren bitte unbedingt beaufsichtigen oder sichern. Es gibt noch einen parallelen Alternativweg ohne Absturzgefahr (ausgeschildert). Wichtig ist, egal welchen Weg man nimmt, dass man den Schildern zur Hängebrücke folgt, um dieses Highlight nicht zu verpassen. Direkt danach folgt ein kurzer Aufstieg zum Gipfel und der o.g. Metallkonstruktion. Der Abstieg zur Nikolauskapelle beginnt als schmaler, steiler Waldweg und kommt nach der Kapelle am Waldrand wieder mit unserem Hinweg zusammen. Auf diesem zurück zum Ausgangspunkt.

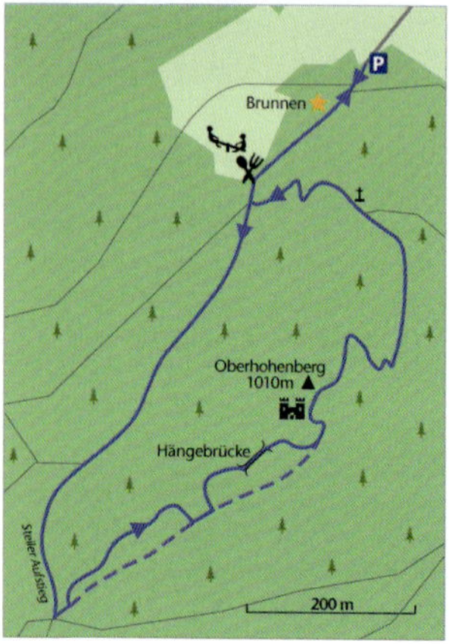

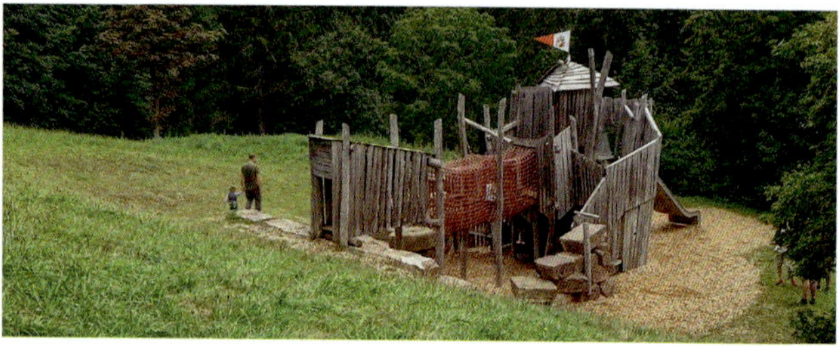

2 Plettenberg (1002 m)

Dotternhausen: Wahrzeichen der Balinger Berge sv

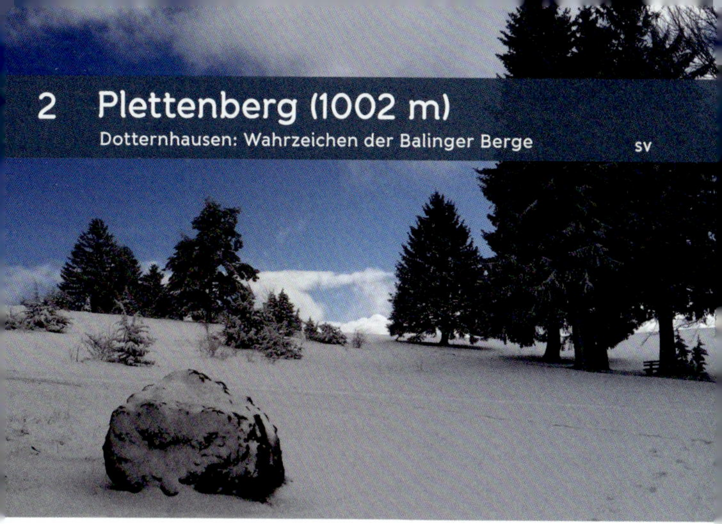

Viele Wege führen zum Plettenberg. Genau deshalb ist für jede Wanderfreundin/jeden Wanderfreund etwas dabei. Zahlreiche leichte und schwere Wanderwege erschließen den markanten Berg mit dem hohen Turm von allen Seiten. Unsere Tour ist eine der leichtesten und sowohl für Kleinkinder, mit Kinderwagen als auch für Personen, die nicht ganz so gut zu Fuß sind, geeignet. Die Tour verläuft auf der Zufahrt zum Steinbruch auf der anderen Bergseite, wir empfehlen sie deshalb besonders für Wochenenden, dann hat auch die urige Hütte geöffnet.

Wetter: Anforderung: Gesamtdauer: 1 ¼ h

Anforderung: Mittel, 76 Hm; steile Asphaltstraße, danach nur geringe Steigung; Hälfte Asphalt, Hälfte grobe Schotterstraße.

Dauer: Eine Strecke: 40 min; 1,8 km.

Wetter: Tragevariante nur bei trockenem Wetter. Bei Neuschnee kann es sein, dass der Parkplatz nicht erreichbar ist. Infos dazu gibt's bei der Plettenberghütte - unbedingt vorab informieren.

Wanderwert für (Geschwister) Kinder:	
2–3 Jahre:	Großer Spielplatz bei der Plettenberghütte mit Grillstelle. Alte Baumstämme und Bäume zum Klettern um die Hütte herum. Der Weg selbst ist im Aufstieg eher langweilig und anstrengend.
4–6 Jahre:	Siehe 2–3 Jahre. Der Wald um den Wanderparkplatz herum bietet mit bemoosten Felsen viele Spielmöglichkeiten. Die Tragevariante ist eine gute Aufstiegsalternative zur langweiligen Asphaltstraße.
Kinderfahrrad:	Nicht empfohlen aufgrund des steilen Abstiegs.

Navi: 72359 Dotternhausen, Plettenbergstraße 31, letztes Haus.

Anfahrt: B27 von Balingen kommend in Dotternhausen links auf die Dormettinger Straße einbiegen und der Beschilderung Sportanlagen/Plettenberg durch den Ort folgen. Von der Hauptstraße rechts in die Lindenstraße einbiegen. Diese wird zur Plettenbergstraße. Der Straße nach dem Ortsende für 2,4 km immer bergauf bis zum großen Wanderparkplatz auf der linken Seite folgen. Eine Weiterfahrt bis zur Hütte ist ab hier nur Befugten gestattet.

Bus/Bahn: -

Ausgangspunkt/P: Großer Wanderparkplatz ca. 2,4 km nach dem Ortsende Dotternhausen.

Infos/Gaststätten: *Plettenberghütte, Tel. 0176 32597399, www.plettenberghuette.com, geöff. am Wochenende, Öffnungszeiten und Infos bei facebook: Plettenberghütte.

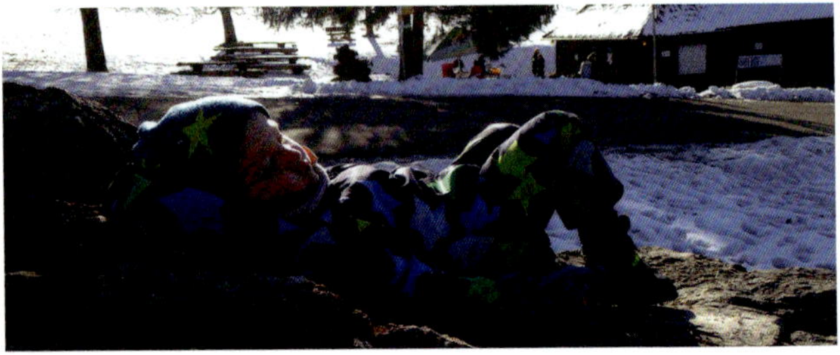

Wegbeschreibung: Vom Parkplatz der Asphaltstraße an der Schranke vorbei bergauf folgen. Der Weg ist durchgehend mit gelben Schildern bezeichnet. Ab der Plettenberghütte, etwa auf halber Strecke, wird aus der Asphaltstraße ein breiter grober Schotterweg. Kurz vor der Einfahrt in den Steinbruch zweigt der Weg links zur Traufkante hin ab. Bitte an dieser Stelle die kleineren Kinder an der Hand führen. Auf demselben Weg zurück. Tragevariante: Nach etwa 5 Minuten nach dem Parkplatz zweigt rechts, bevor die Leitplanken beginnen, ein Waldweg ab. Diesem bis zu einer Kreuzung mit mehreren Wanderwegen folgen, ein steiler Waldweg führt dann zur Hütte hinauf (beschildert). Ab der Plettenberghütte geht es auf oben beschriebenem Weg weiter. Wegverlängerung ca. 300 m.

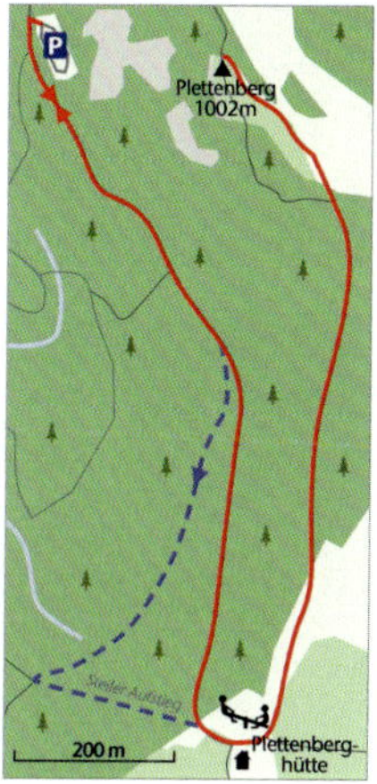

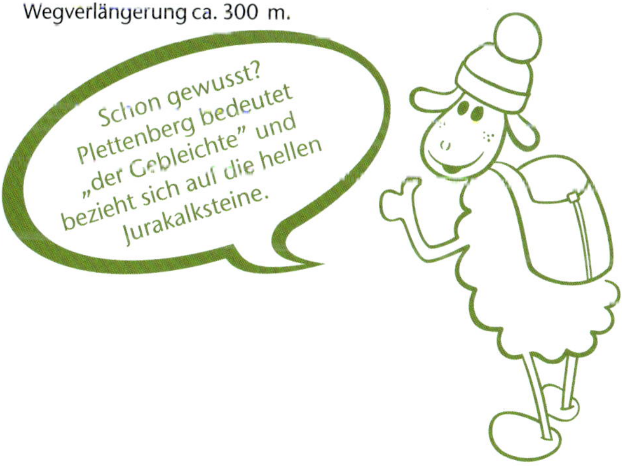

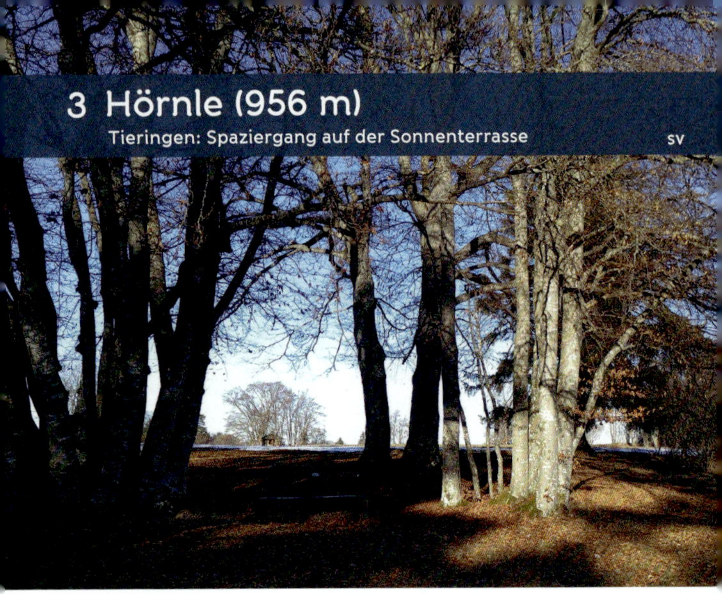

3 Hörnle (956 m)

Tieringen: Spaziergang auf der Sonnenterrasse

SV

Wer dringend ein paar Sonnenstrahlen sammeln will – ab aufs Hörnle! Die beliebte Tour auf der Hochfläche, an knorrigen alten Bäumen vorbei, ist vor allem bei schönem Wetter ein echter Genuss und überrascht mit einer großartigen Fernsicht. Auf der Hälfte des Weges ist ein Holzpavillon in einer Baumgruppe versteckt, der immer zum Spielen und Rasten einlädt. Im Herbst eignet sich die Hochfläche toll zum Drachen steigen lassen und im Winter kann der Schlitten statt dem Kinderwagen mitgenommen werden.

Wetter: Anforderung: Gesamtdauer: 1 h

Anforderung: Leicht; 26 Hm; fast eben, großteils Wiesenwege.

Dauer: Eine Strecke ½ h; 1,3 km.

Wetter: Klassisches Wanderwetter, allerdings nicht im Hochsommer empfohlen, da kein Schatten oder Schutz durch Bäume.

Wanderwert für (Geschwister) Kinder:	
2–3 Jahre:	Am hinteren Ende des Wanderparkplatzes gibt es eine Grillstelle. Der Wiesenweg zum Hörnle ist leicht zu laufen, alte knorrige Bäume am Wegesrand zum Klettern und Erkunden. Bitte an der Traufkante die kleineren Kinder unbedingt an der Hand führen.
4–6 Jahre:	Siehe 2 – 3 Jahre.
Kinderfahrrad:	Ja, für geübte FahrerInnen, die über eine Wiese fahren können.

Navi: Nähe 72469 Meßstetten-Tieringen, Katzensteig 2.

Anfahrt: B463 in Balingen-Weilstetten in Richtung Tieringen/Meßstetten verlassen, auf L440 bis Tieringen, dann durch Tieringen der Beschilderung nach Meßstetten folgen und nach dem Ortsende Richtung Sportplatz Tieringen den Berg hoch. In der Rechtskurve nach links abbiegen Richtung Wanderparkplatz Hörnle (beschildert) und ca. 1,5 km fahren bis zum Ende der geteerten Straße. Dort befindet sich unter hohen Bäumen der Wanderparkplatz Hörnle.

Bus/Bahn: -

Ausgangspunkt/P: Wanderparkplatz Hörnle.

Infos/Gaststätten: *Kein Ghf. entlang der Tour. *Sehr gute Infos über die Schneelage gibt es unter www.sv-tieringen.de/hoernleloipe.html.

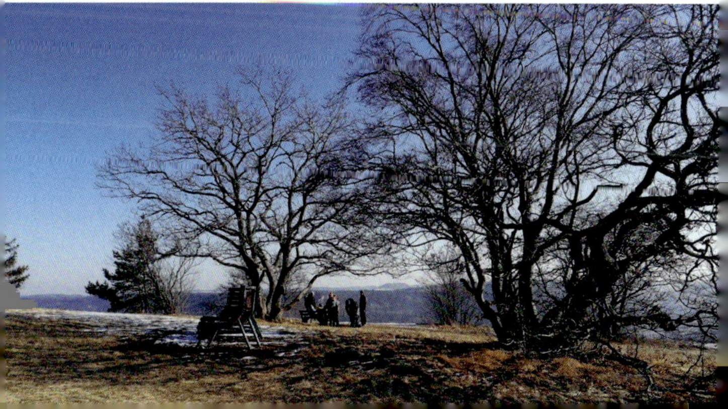

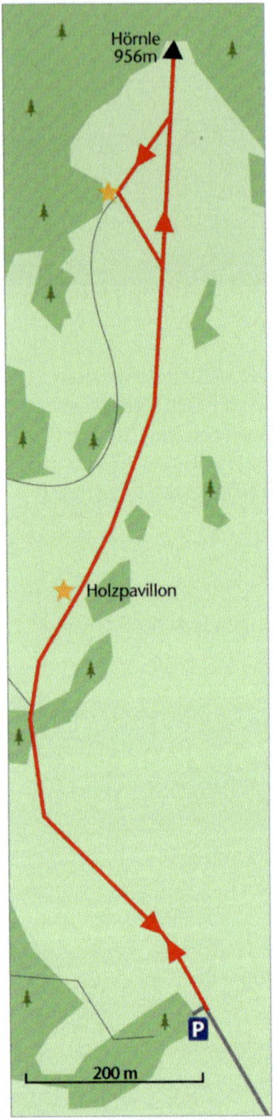

Wegbeschreibung: Ab dem Wanderparkplatz den gelben Schildern Richtung Aussichtspunkt Hörnle erst kurz auf einem groben Schotterweg, dann über einen Wiesenweg bis zum Aussichtspunkt folgen. Auf dem Rückweg kurzer Abstecher über einen großen Gedenkstein (bereits vom Aussichtspunkt sichtbar – mit dem Rücken zur Traufkante stehend, liegt der Stein auf der rechten Seite des Weges) und dann einem Wiesenweg auf dem bereits bekannten Hinweg zurück zum Parkplatz folgen.

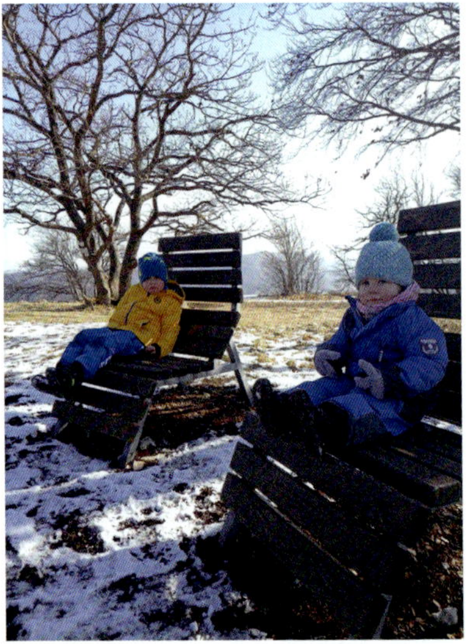

4 Tragetour Mammutbäume (821 m)

Balingen: riesige Gäste aus Nordamerika SV

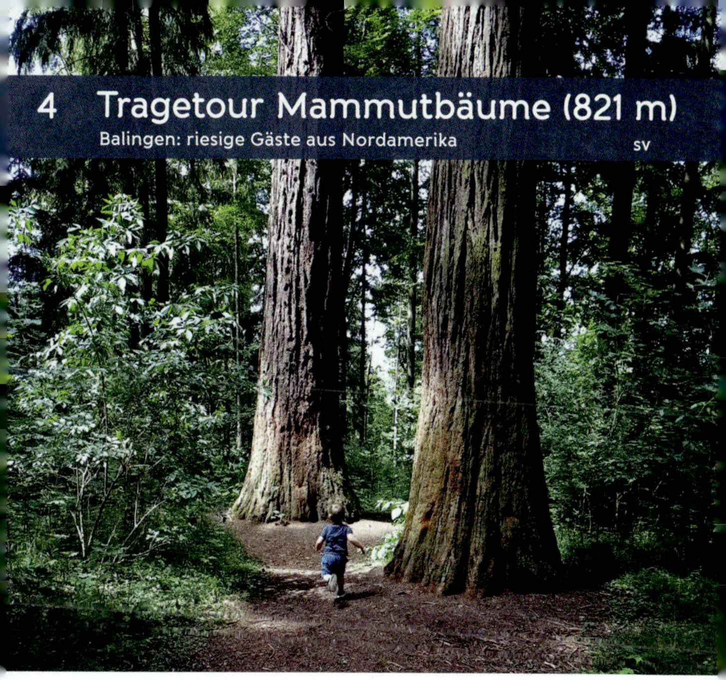

Ein Missverständnis sorgte dafür, dass 1864 viel zu viele Samen der Mammutbäume aus Nordamerika geliefert wurden (genauer nachzulesen auf der Infotafel bei den Bäumen), die deshalb heute in ganz Württemberg verteilt in den Wäldern wachsen. Die Tour verläuft im Wald, über Schotterwege und schmale, teils verwurzelte Waldpfade.

Wetter: Anforderung: Gesamtdauer: 1 ¼ h

Anforderung:	Mittel; 95 Hm; Beginn und Ende steilere Passagen, dazwischen überwiegend flach; Schotterwege und Waldpfade.
Dauer:	RW 1 ¼ h; 2,6 km.
Wetter:	Klassisches Wanderwetter.

Wanderwert für (Geschwister) Kinder:	
2–3 Jahre:	Die Mammutbäume sind eine nette Spielgelegenheit für sich (fangen um die Bäume herum/ wie viele Personen braucht es, um einen Baum zu umarmen ...). Das Wurzelwegle animiert auch schon die Kleinsten zum Drüberkraxeln. Nehmt bitte ein kleines Blatt Papier zum Stempeln mit.
4–6 Jahre:	S. 2–3 Jahre.
Kinderfahrrad:	Nein.

Navi: Nähe 72336 Balingen, Wannental.

Anfahrt: Auf der B27 bis Balingen, dann der Ausfahrt in Richtung Sigmaringen/ Albstadt/Balingen Süd auf die B463 folgen. Nehmt direkt danach die Ausfahrt in Richtung Frommern/Gewerbegebiet Gehrn (L446) bis BL-Dürrwangen. In der Ortsmitte links in die Stockenhausener Straße abbiegen, dieser durch BL-Stockenhausen folgen und nach dem letzten Haus rechts auf eine schmale Asphaltstraße einbiegen. Der Straße bergauf über die Felder bis in den Wald folgen. Links am Straßenrand auf einen großen Wanderparkplatz einbiegen.

Bus/Bahn: -

Ausgangspunkt/P: Wanderparkplatz Wannental.

Infos/Gaststätten: *Kein Ghf. entlang der Strecke, daher wie bei allen Touren über einer Stunde Gehzeit ausreichend Proviant mitnehmen. *Infos Traufgänge www.traufgaenge.de. *Die Touren für den Stempelpass Traufgänge sind überwiegend nicht kindergeeignet, wer trotzdem Interesse hat, hier gehts zum Download: www.traufgaenge.de/Service/Traufgaenge-Stempelstationen-und-Stempelpass.

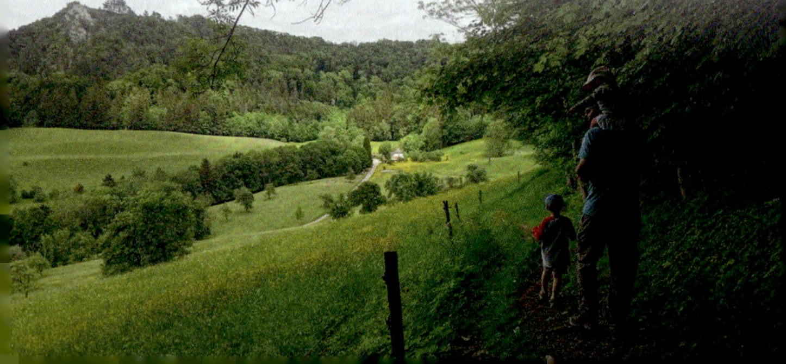

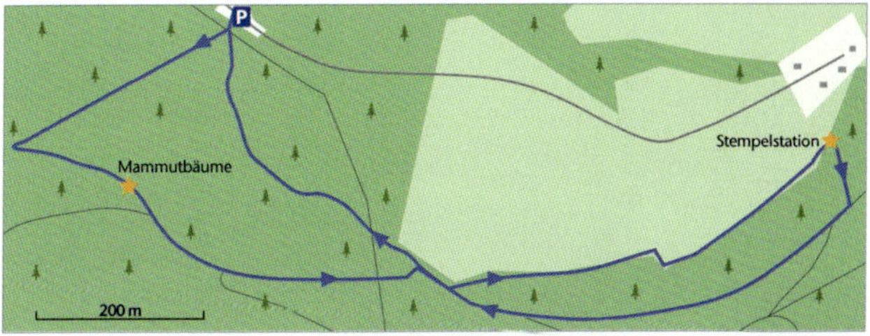

Wegbeschreibung: Am Wanderparkplatz der Beschilderung Hirschguldenweg (Sichtzeichen = Hirschgeweihe) Richtung Mammutbäume folgen. Ab den Mammutbäumen befindet ihr euch auf dem Traufgang Felsenmeerweg, nun diesen Schildern in Richtung Wannental folgen. Der Weg verläuft am Waldrand und ist stark verwurzelt, man kann sich über längere Zeit auch nur von Wurzel zu Wurzel weiterbewegen. Nach der Stempelstation rechts dem Pfad bergauf bis zu einem Schotterweg folgen. Ab hier wieder auf dem Hirschguldenweg zurück zum AP.

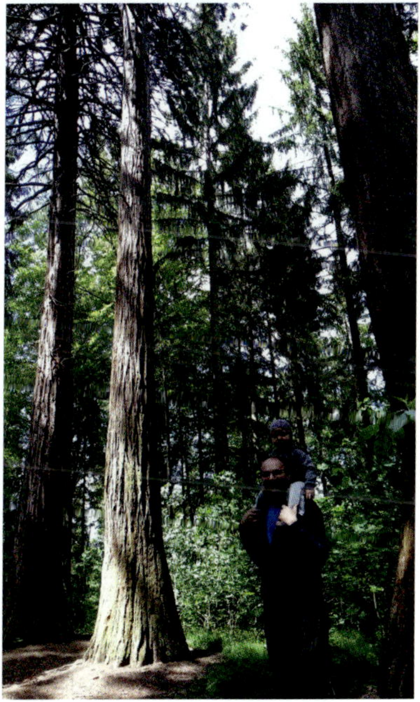

5 Heersbergrunde (951 m)

Burgfelden: über die Albhochfläche

SV

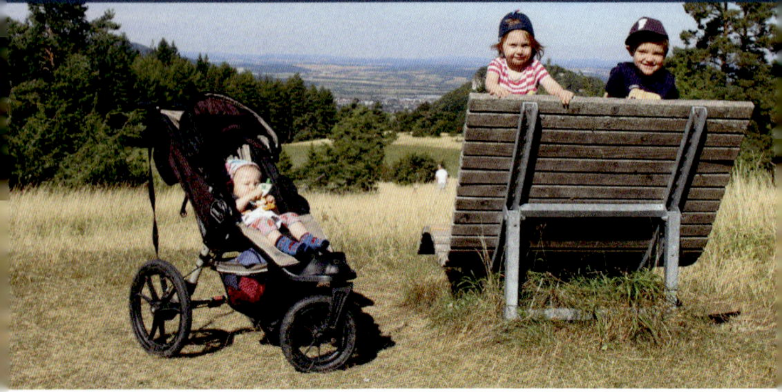

Die Tour auf der Albhochfläche bietet herrliche Panoramaausblicke und eine Wanderung durch die für die Alb typische Wacholderheide. Im Herbst kann man Drachen steigen lassen und im Winter wird die Runde – mit einem etwas anderen Verlauf und ca. 1,5 km Verlängerung – als Premium-Winterwanderweg „Schneewalzer" präpariert und kann mit dem Schlitten oder einem geländegängigen Kinderwagen begangen werden.

Wetter: Anforderung: Gesamtdauer: 1 ¼ h

Anforderung: Mittel; 57 Hm; wenige, mittlere Steigungen; Asphalt- und gute, überwiegend feine Schotterwege, teils holprige Wiesenwege; im Winter gewalzte Piste.

Dauer: RW: 1 ¼ h; 3,8 km.
Wintervariante RW: 2 ½ h; 5,3 km.

Wetter: Grundsätzlich bei jedem Wetter geeignet, jedoch bei starkem Wind und Regen nicht zu empfehlen. Kaum Schatten.

Wanderwert für (Geschwister) Kinder:	
2–3 Jahre:	Großzügig angelegter Spielplatz mit Grillstelle, Sandkasten, Spielturm, Schaukeln und Seilrutsche kurz nach dem Wanderparkplatz auf der linken Seite am Waldrand. Auf der Hochfläche kann man im Herbst gut Drachen steigen lassen.
4–6 Jahre:	Siehe 2–3 Jahre. Viele alte Bäume zum Klettern am Aussichtspunkt/Rastplatz.
Kinderfahrrad:	Ja, aber nur für geübte FahrerInnen, die über Wiesenwege fahren können.

Navi: Nähe 72459 Albstadt-Burgfelden, Burgweg 4, der Straße am Ortsausgang folgen.

Anfahrt: B27, in Balingen abzweigen auf B463 Richtung Albstadt/Sigmaringen. B463 folgen nach Albstadt-Lautlingen. In Albstadt-Lautlingen links Richtung Albstadt-Pfeffingen (K7151), dort innerorts an der Kreuzung links Richtung Balingen (L442). Kurz nach Ortsende Albstadt-Pfeffingen links Richtung Albstadt-Burgfelden. In der Ortsmitte in den Burgweg einbiegen. Am Ortsausgang der Straße nach links, am letzten Haus vorbei, auf Parkplatz Heersberg folgen, ein Alternativparkplatz befindet sich bereits am Ortseingang Albstadt-Burgfelden.

Bus/Bahn: Hst. Burgfelden Ortsmitte. Wegverlängerung ca. 500 m, 6 min. Nach der Hst. die Kreuzung Eschenbachstraße/Kesselstraße queren und in die Straße Burgweg einbiegen. Dieser bis zum großen Parkplatz am Ortsrand folgen.

Ausgangspunkt/P: Großer Wanderparkplatz Heersberg am Ortsende von Burgfelden. Alternativparkplatz am Ortseingang Burgfelden rechts, Wegverlängerung ca. 1 km, 12 Minuten Fußweg.

Infos/Gaststätten: *Kein Ghf. entlang der Tour. *Infos zur Schneelage/Präparierung des Wintertraufgangs über Tourist-Information Albstadt, Tel. 07431 1601204, www.traufgaenge.de. *An Winterwochenenden bitte vor der Anreise informieren, ob noch genügend Parkraum zur Verfügung steht, über Instagram @albstadttourismus wird im Winter über die Auslastung der verschiedenen Parkplätze informiert.

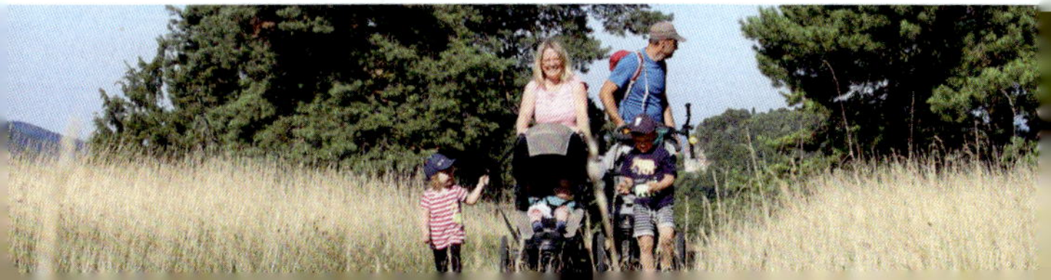

Wegbeschreibung: Die Tour beginnt am großen Wanderparkplatz auf einem Asphaltweg, der von Burgfelden eben über die Hochfläche wegführt. Vorerst folgt man den rechteckigen Schildern mit roter Raute in Richtung Lautlingen. Der Weg führt bei mittlerer Steigung rechts an einer kleinen Bergkuppe vorbei. An einer Kreuzung endet das Asphaltsträßchen und wird zu einem guten Schotterweg, der weiter geradeaus führt. Wer möchte, kann an der Kreuzung rechts abbiegen und einen Abstecher zur Heersberghütte machen, die wenige Meter im Wald

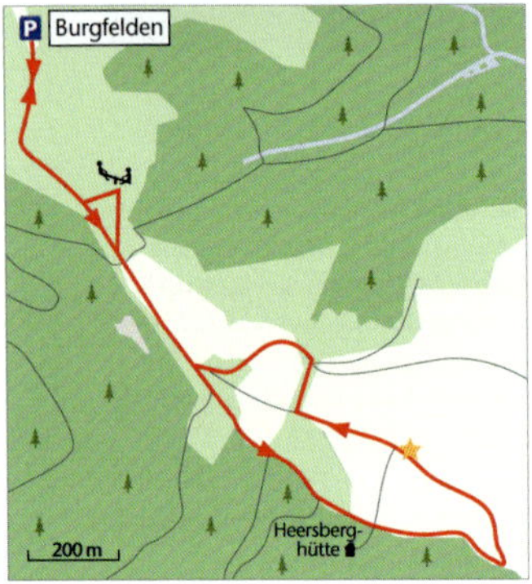

an der Traufkante liegt (nicht bewirtschaftet, Selbstversorgerhütte zur Vermietung). Dies ist ein schöner Aussichtspunkt ins Eyachtal. Zurück auf unserem ursprünglichen Weg umrundet man weiter die kleine Bergkuppe. An deren hinterem Ende führt ein Wiesenweg durch eine Wacholderheide hinauf zum Aussichtspunkt. Nun der gelben Beschilderung „Traufgänge Felsenmeersteig" folgen. Der Weg ist ausreichend breit, aber steil und mitunter holprig. Ab hier ist ein geländegängiger Kinderwagen erforderlich. Nach dem höchsten Punkt folgt ein kleiner Rastplatz mit Bänken und vielen alten Bäumen zum Klettern. Dem gelben Schild „Parkplatz Burgfelden" über den Wiesenweg bergab folgen, nach 200 m kann das Wäldchen und der etwas steilere Abstieg rechts auf einem Wiesenweg umgangen werden, anschließend gelangt man wieder auf das anfangs beschriebene Asphaltsträßchen und zurück zum Ausgangspunkt. „Wintervariante Schneewalzer": Im Winter wird der Rundweg etwas anders präpariert, bitte einfach dem Wegverlauf folgen, es sind dann blaue Schilder für den Wintertraufgang aufgestellt. Wegverlängerung beachten.

6 Felsquellweg (931 m)

Oberdigisheim: Variante eines HochAlbPfades

SV

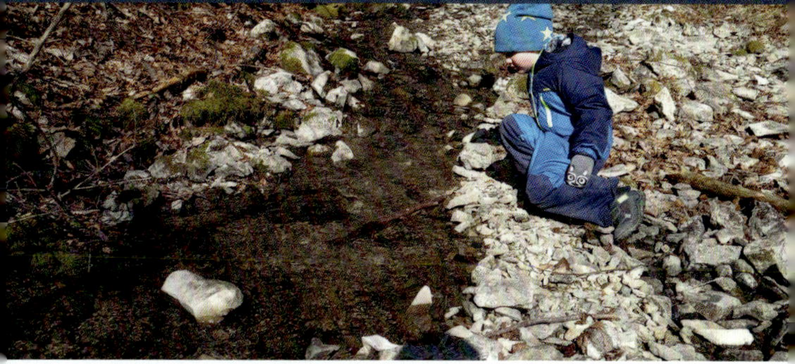

Der Name ist Programm, denn der Weg folgt dem Kohlstattbrunnenbach, der unterhalb des Ausgangspunktes in einen Stausee mündet, zurück bis zur Quelle. Im wasserreichen Kohlstattbrunnenbachtal kann man Biberdämme, aktive und ehemalige Fischteiche und Felsstufen im Wasser entdecken. Es gibt außerdem immer wieder die Möglichkeit, im und am Wasser zu spielen (Handtuch für nasse Füße nicht vergessen). Wir haben uns für den ersten Teil des insgesamt 10 km langen Premiumwanderweges entschieden. Mit einem geländegängigen Kinderwagen ist die Tour problemlos machbar.

Wetter: Anforderung: Gesamtdauer: 2 ½ h

Anforderung: Schwer; 122 Hm; Anfang und Ende ein steiles Wegstück, sonst mäßige Steigung; breite Schotter- und Wiesenwege, teils steinige Waldwege.

Dauer: RW: 2 ½ h; 5,5 km.

Wetter: Klassisches Wanderwetter, aber auch noch bei leichtem Regen möglich, da die meisten Stellen, die rutschig oder matschig sein könnten, umgangen werden können.

Wanderwert für (Geschwister) Kinder:	
2–3 Jahre:	Spielmöglichkeiten am Bach, Rastplatz mit Holzliege auf der Hochfläche Richtung Geyerbad, und am Stausee gibt es noch einen Spielplatz mit Rutsche, Schaukeln, Sandkasten usw. Bademöglichkeit im Stausee mit Liegewiese (keine dauerhafte Wasseraufsicht, Baden auf eigene Gefahr).
4–6 Jahre:	Siehe 2–3 Jahre.
Kinderfahrrad:	Nein.

Navi: 72469 Meßstetten, Am Stausee 2.

Anfahrt: Von Balingen auf der B463 nach Weilstetten. Der Abfahrt Stockach/Tieringen/Beuron folgen, über den Lochenpass bis Tieringen, dann der Beschilderung nach Oberdigisheim folgen. Ab Oberdigisheim ist der Stausee angeschrieben, den Ort Richtung Obernheim verlassen. Nach dem Stausee links auf den Wanderparkplatz einbiegen.

Bus/Bahn: Bus 362, Hst. Oberdigisheim Abzw. Geyerbad. Hst. direkt unterhalb des Parkplatzes.

Ausgangspunkt/P: Oberer Stauseeparkplatz.

Infos/Gaststätten: *Kein Ghf. entlang der Tour. *Infos zu den HochAlbPfaden unter www.hochalbpfade.de.

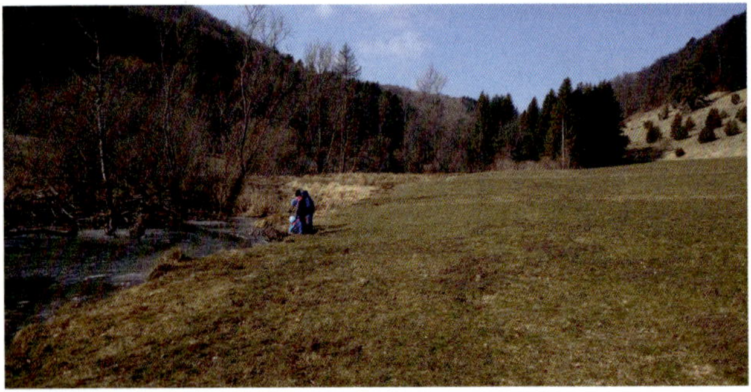

Wegbeschreibung: Vom Wanderparkplatz aus der Beschilderung „HochAlbPfade" in Richtung Kohlstattbrunnen folgen. An der Bushaltestelle wird die Straße gequert. Auf dem Schotterweg geht es entlang des Kohlstattbrunnenbachs. Nach kurzer Zeit zweigt der HochAlbPfad rechts bergauf ab und verläuft parallel oberhalb durch die Wacholderheide, bevor die Wege am Taleingang wieder zusammenkommen. Ab der Kohlstattbrunnenquelle der Beschilderung Richtung Geyerbad folgen, über einen steinigen, teils verwurzelten Waldweg hinauf auf die Albhochfläche. Kurz vor dem Weiler Geyerbad führt der Weg ein kurzes Stück über einen schmalen Waldweg hinunter zur Straße (Dieses Stück ist nur mit

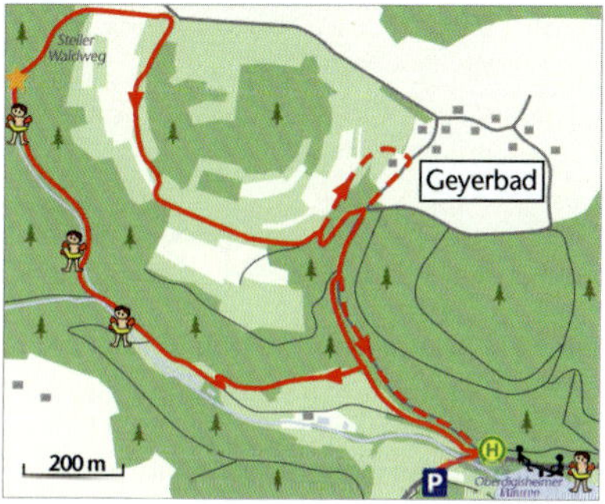

einem geländegängigen Kinderwagen machbar. Kann aber umgangen werden, wenn man geradeaus in den Weiler Geyerbad hineinläuft und dann die Straße hinunter zum Stausee nimmt). Ab dieser Kreuzung (Wegpunkt Alte Heusteige) verlässt man den Felsquellweg und nimmt ein kurzes Stück die wenig befahrene Straße bergab, bevor rechts ein Waldweg abzweigt, der parallel zur Straße verläuft und mit unserem Hinweg zusammentrifft. Diesem folgt man zurück bis zum Parkplatz. Wem der Waldweg zu holprig ist, der kann einfach weiter der Straße zurück zum Ausgangspunkt folgen.

7 Plattenkalklagune (900 m)

Nusplingen: geologischer Rundweg SV

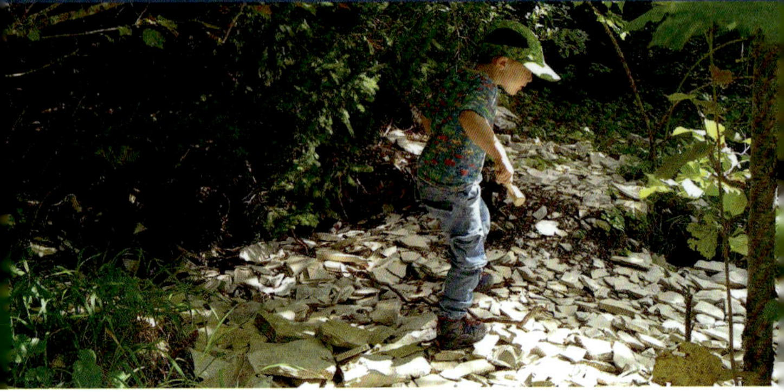

Die Rundwanderung auf dem Westerberg hat ihren Namen „Im Reich der Meerengel" von rochenartigen Haifischen, die sich hier mit anderen Meereslebewesen vor 150 Millionen Jahren in einer tropischen Lagune tummelten. Im Plattenkalk-Steinbruch wird durch das staatliche Museum für Naturkunde nach Fossilien gegraben, der Zutritt ist leider nur Befugten erlaubt. Allerdings können kleine und große EntdeckerInnen auf einem Klopfplatz am Ende des Lehrpfades ihr Glück versuchen. Unbedingt einen kleinen Hammer mitnehmen und Profis packen noch Schutzbrille und Handschuhe dazu ein.

Wetter: Anforderung: Gesamtdauer: 2 h

Anforderung: Mittel; 50 Hm; leichte Steigung; gute Schotter- und Waldwege, großteils Wiesenwege, die etwas holprig sind.

Dauer: RW: 2 h; 4,7 km.

Wetter: Bei jedem Wetter geeignet. Der erste Teil meist ohne Schatten, der letzte Teil des Weges verläuft im Wald.

Wanderwert für (Geschwister) Kinder:	
2–3 Jahre:	Auf der Hochfläche können auch ungeübte LäuferInnen über die Wiesen eine Weile mitlaufen. Bei der Schautafel Nr. 6 „Zauberwald“ werden alte knorrige Bäume erklettert und am Klopfplatz können fleißig Steine bearbeitet werden. Da der Klopfplatz auch für eine längere Zeit begeistern kann, führt diese Tour erst am Schluss hier vorbei, der Rundweg ist natürlich auch in die andere Richtung ausgeschildert und begehbar.
4–6 Jahre:	Siehe 2–3 Jahre.
Kinderfahrrad:	Nein, die Wiesenwege sind zu mühsam.

Navi: Nähe 72362 Nusplingen, Am Scheibenbühl.

Anfahrt: Von Balingen über die B463 nach Balingen-Weilstetten, anschließend auf die L440 Richtung Stockach über den Lochenpass bis Unterdigisheim, dann der Nusplinger Straße L433 bis Ortsmitte Nusplingen folgen. Vor dem Rathaus im Ortskern rechts abbiegen, ab hier sind der Geo-Lehrpfad und der Parkplatz Laisental ausgeschildert. Der schmalen asphaltierten Straße („Am Scheibenbühl“) aus dem Ort hinaus folgen. Am Straßenende links abbiegen, der Parkplatz befindet sich auf der rechten Seite.

Bus/Bahn: -

Ausgangspunkt/P: Parkplatz Laisental.

Infos/Gaststätten: *Kein Ghf. entlang der Tour.

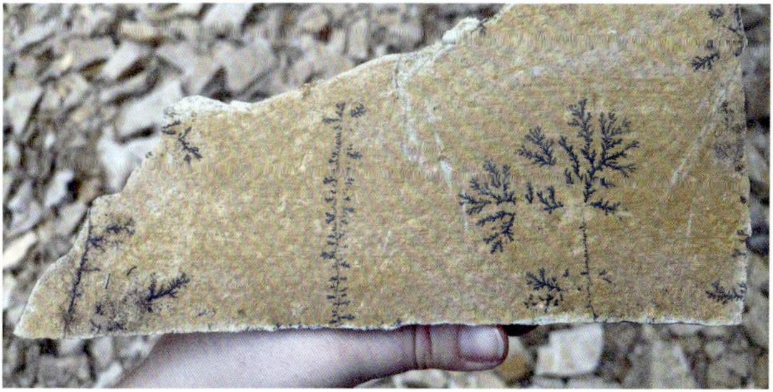

Wegbeschreibung: Am Parkplatz Laisental dem Schild „Kurzweg Nusplinger Steinbruch“ auf der asphaltierten Straße folgen. Die Tour führt nach kurzer Zeit nach rechts auf einen Wiesenweg. Die Schilder „Geologischer Lehrpfad“ mit dem abgebildeten Meerengel führen an zwölf Infotafeln vorbei (eure erste Tafel ist die Nummer 11). Der Weg verläuft abwechselnd im Wald (feiner Schotter) oder über die Felder (holpriger Wiesenweg). Nach ca. einem Kilometer erreicht man den geologischen Steinbruch. Dieser ist zwar nicht zugänglich, aber am Rand befinden sich Bänke und Infotafeln. Der Wiesenweg führt weiter über die Hochfläche, bis er an dem Nordrand des Westerbergs wieder auf einen Schotterweg trifft. Dieser führt leicht bergauf. Nach etwa der Hälfte des Weges an der Kreuzung links abbiegen auf den längeren der beiden angeschriebenen Rückwege zum Parkplatz. Nach dem Aussichtspunkt Tannenfels folgt einen Kilometer später an einem unscheinbaren Abzweig links unterhalb der Klopfplatz. Zurück auf unserem Wanderweg kreuzt nach einigen hundert Metern die Straße von Nusplingen kommend, dieser folgt man zurück zum Parkplatz.

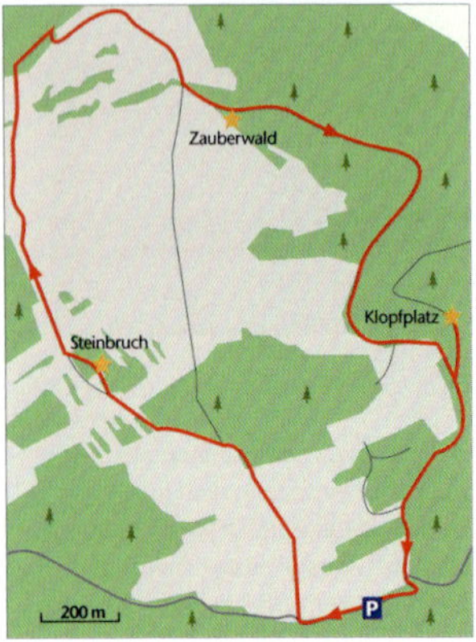

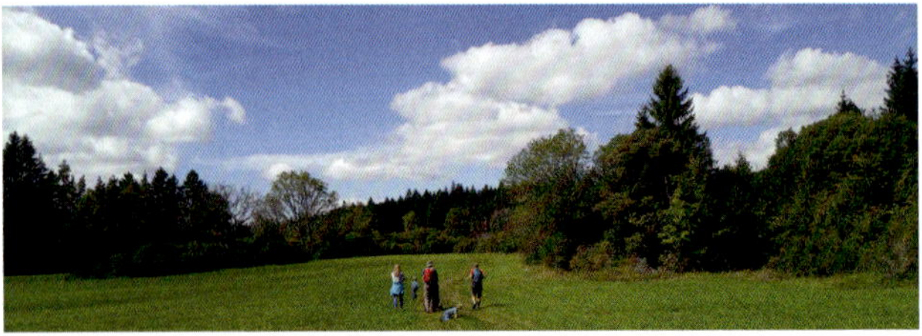

8 Albbärweg (704 m)

Bärenthal: Familienwanderweg

SV

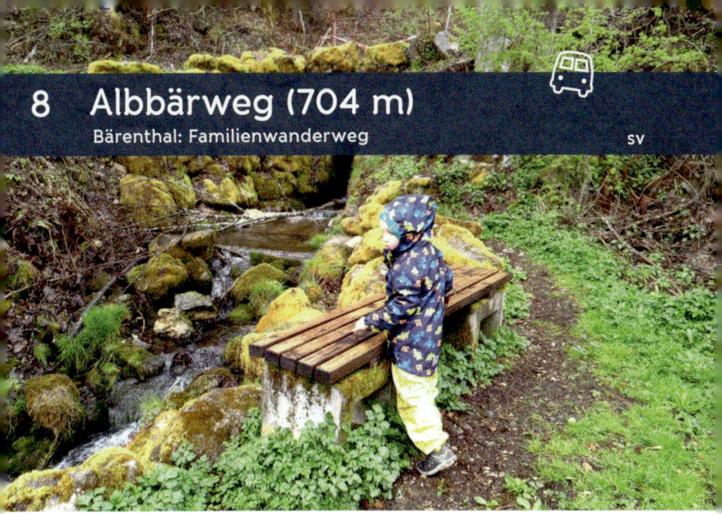

Als einer von mehreren Bärenrundwegen wurde diese Runde extra für Familien inkl. zwei Spielstationen geschaffen. Der abwechslungsreiche Weg führt erst entlang des Flusses Bära, dann durch einen alten Steinbruch. In diesem geht es mit dem Kinderwagen nicht weiter, aber keine Sorge, wir haben auch eine Alternative hierfür gefunden (s. Wegbeschreibung). Wer alle Highlights besuchen möchte, geht die Runde mit der Trage.

Wetter: ◑ Anforderung: Gesamtdauer: 1 ½ h

Anforderung:	Tragevariante: Mittel; 69 Hm; ein kurzer steiler Anstieg durch den Steinbruch, ansonsten überwiegend flach, kurze Teilstücke mit schmalen Waldpfaden. Kinderwagenvariante: Mittel; 69 Hm; breite Wald- und Wiesenwege.
Dauer:	Beide Varianten: RW: 1 ½ h; 3,8 km.
Wetter:	Beide Varianten: Klassisches Wanderwetter, auch noch bei leichtem Regen möglich.

Wanderwert für (Geschwister) Kinder:	
2–3 Jahre:	Zu Beginn: kleine Höhle, dann der Zauberwald(weg) und eine Brücke unterhalb eines Wasserfalls, Gelegenheit, am Bach zu spielen. Rastplatz oberhalb des Steinbruchs mit kleinem Barfußbereich und Holzxylophon.
4–6 Jahre:	Siehe 2–3 Jahre. Rastplatz am Waldrand mit Wippe und Kletternetz. Mit gehenden Kindern ist es lustiger, die Tragevariante zu wählen.
Kinderfahrrad:	Kinderwagenvariante: Ja. Tragevariante: Nein.

Navi: Nähe 78580 Bärenthal, Kirchstraße 13.

Anfahrt: Von Stuttgart kommend, B27 bis Balingen, dann auf B463 Richtung Albstadt. Ausfahrt Richtung Rottweil/Tieringen/Weilstetten, der L440 ca. 25 km bis Bärenthal folgen, an der Kreuzung L440/Kirchstraße rechts abbiegen. Der Wanderparkplatz befindet sich direkt auf der rechten Seite. Oder von Rottweil über die B462 auf die B27 Richtung Tübingen/Balingen/Oberndorf bis Schömberg fahren. Rechts abbiegen auf L435 (Schilder nach Wehingen/Deilingen), ab Wehingen weiter auf Reichenbachstr./L433 Richtung Nusplingen, dann auf L440 weiter wie oben beschrieben.

Bus/Bahn: Bus 305, Hst. Rathaus Bärenthal. Der Kirchstraße Richtung Umgehungsstraße L440 folgen und überqueren, auf der rechten Seite befindet sich der Wanderparkplatz. Wegverlängerung ca. 2 min.

Ausgangspunkt/P: Wanderparkplatz Bärenthal.

Infos/Gaststätten: *Ghf. Lieblingsküche, veganes Restaurant, Tel. 07466 5759986, www.meine-lieblingskueche.com, Ruhetage: Mo, Di. Das Restaurant ist ca. 200 m vom Ausgangspunkt entfernt. Als veganes Restaurant ist es auf der Schwäbischen Alb jedoch eine Rarität.

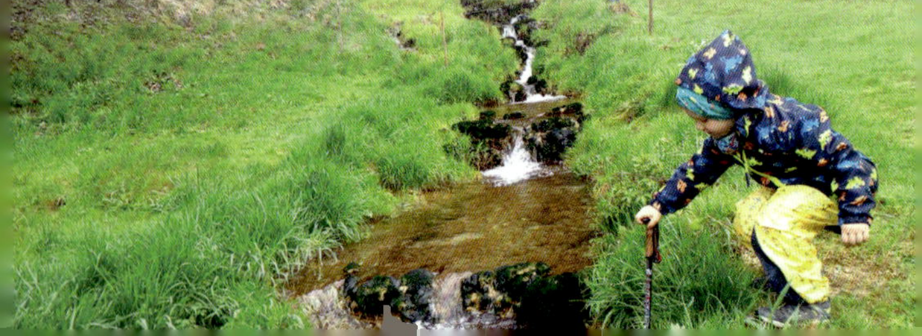

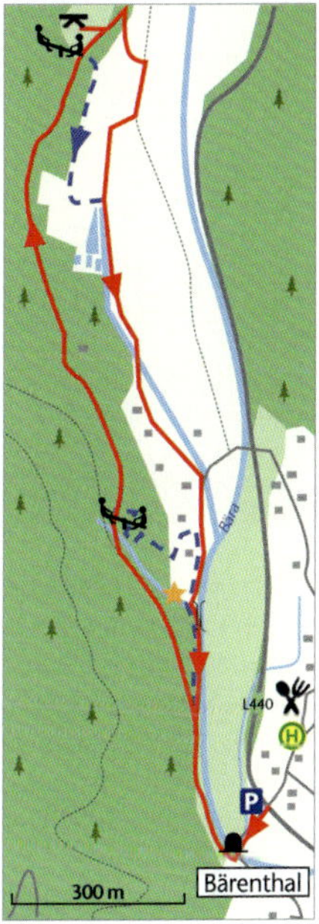

Wegbeschreibung: Tragevariante: Vom Ausgangspunkt sieht man schon die Höhle auf der anderen Flussseite. Ihr folgt dem Schotterweg nach rechts parallel zum Fluss. Nach etwa 5 Minuten zweigt der Weg rechts in den Zauberwald ab. Die Kennzeichnung der Familienrunde ist einmal das orangefarbene Albbär-Gesicht oder der gelbe Kreis. Leider besteht nicht durchgehend eine perfekte Beschilderung, ab und zu muss gesucht werden. Nach den Serpentinen durch den Steinbruch folgt die erste Spielstation und ein kleiner Abstecher nach links zur Ölmühlquelle. Es folgt eine längere Strecke auf breiten Schotterwegen. Der Rundweg zweigt dann rechts bergab auf einen schmalen Waldpfad ab. An dieser Stelle kann aber zuerst noch links oberhalb die zweite Spielstation am Rastplatz am Waldrand besucht werden. Über Wiesenwege geht es nun zurück bis zum alten Steinbruch, hier trefft ihr wieder auf den Hinweg und folgt diesem zurück zum Ausgangspunkt. Kinderwagenvariante: Nicht der Abzweigung in den Zauberwald folgen (siehe 2. Satz Tragevariante), sondern dem Schotterweg weiter bergauf bis zu Ölmühlquelle. An der ersten Gabelung rechts halten, nach wenigen Metern trifft man am ersten Rastplatz auf den Familienrundweg. Am Rastplatz den Schotterweg weiter bergab gehen, dann nach rechts der Asphaltstraße für 2 Minuten folgen und bei der ersten Möglichkeit wieder links auf einen Wiesenweg einbiegen. Nach kurzer Zeit trefft ihr an den Insektenhotels wieder auf den Albbärweg. Keine nennenswerte Wegeverlängerung.

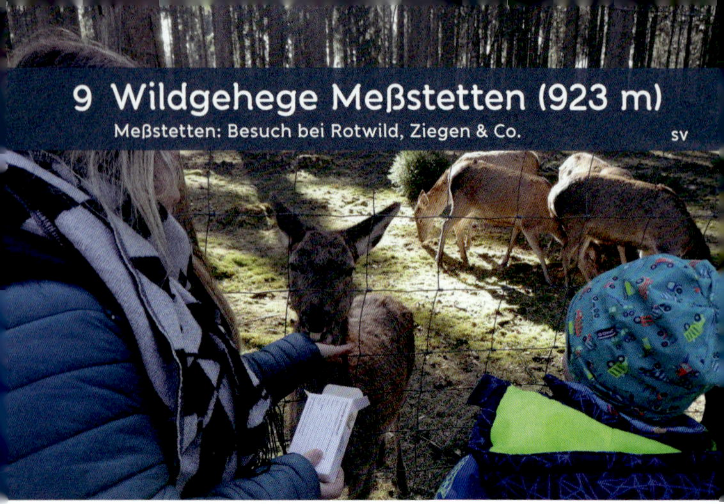

9 Wildgehege Meßstetten (923 m)

Meßstetten: Besuch bei Rotwild, Ziegen & Co. sv

Schon mal direkt neben einem Hirsch geparkt? Hier kann euch das durchaus passieren. Das unterste Gehege endet nämlich direkt am Parkplatz und wir haben öfters bereits beim Aussteigen einen Hirsch oder eine Herde Rotwild am Zaun gesehen. Wer alle Tiere entdeckt hat, kann sich am Ende noch auf dem tollen Spielplatz austoben. Meßstetten ist eine der höchstgelegenen Städte Deutschlands, lieber immer eine zusätzliche Jacke einpacken und vergesst die Münzen für den Futterautomaten nicht.

Wetter: Anforderung: Gesamtdauer: ¾ h

Anforderung: Leicht; 33 Hm; gleichmäßige mittlere Steigung auf den ersten 200 m auf breiter Asphaltstraße, danach fast eben; Asphalt, im Wald Schotterwege.

Dauer: RW: ¾ h; 1,7 km.

Wetter: Das Wildgehege ist ganzjährig begehbar, bei starkem Schneefall ist aber schon die Anfahrt nach Meßstetten nicht zu empfehlen.

Wanderwert für (Geschwister) Kinder:	
2–3 Jahre:	An Futterstationen können die Tiere gefüttert werden (Futterautomaten vorhanden). Neben dem Wild gibt es auch noch Gehege mit Hasen, Pfauen und Ziegen zu entdecken. Der großzügig angelegte Spielplatz mit Seilbahn, Rutsche, Schaukel, Sandkasten usw. ist direkt neben dem Ziegengehege und bietet außerdem noch Sitzgelegenheiten und eine Grillstelle.
4–6 Jahre:	Siehe 2–3 Jahre.
Kinderfahrrad:	Ja.

Navi: Nähe 72469 Meßstetten, Geißbühlstraße 51/50.

Anfahrt: Der B463 von Balingen in Richtung Albstadt/Sigmaringen ca. 10 km folgen. In Lautlingen nach rechts in Richtung Meßstetten abbiegen. Unter der Eisenbahnbrücke hindurch fahren und der Tierberger Straße/K7151 durch ein Tal hindurch bis nach Meßstetten hinauf folgen. Man erreicht Meßstetten auf der Unteren Talstraße. Von dieser nach links auf die Hauptstraße abbiegen und ihrem Straßenverlauf durch den Ort hinaus folgen. Am Ortsrand an der großen Kreuzung rechts abbiegen. Nach 2,3 km befinden sich das Wildgehege sowie ein Wanderparkplatz auf der linken Straßenseite.

Bus/Bahn: -

Ausgangspunkt/P: Wanderparkplatz am Wildgehege.

Infos/Gaststätten: *Infos zum Wildgehege: www.wildgehege-messstetten.de, RP Futterautomat € 1. *Kiosk im Wildgehege, Tel. 0174 7201762, Infos facebook: Kiosk im Wildgehege Meßstetten, geöff. bei schönem Wetter tgl. Apr.–Okt. *Webcam der Stadt Meßstetten für Wetterinfos: www.stadt-messstetten.de/aktuelles/webcam.html.

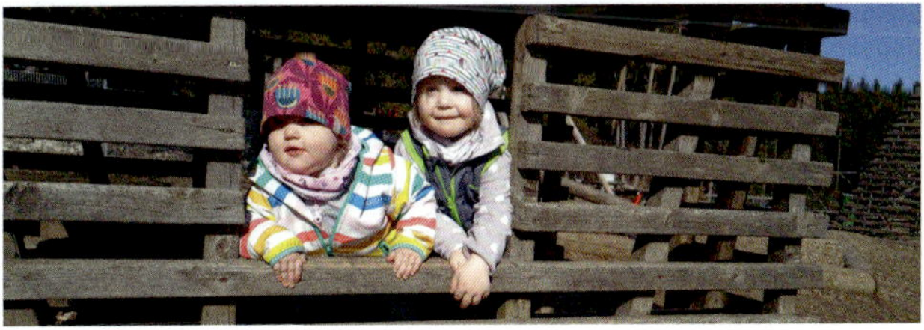

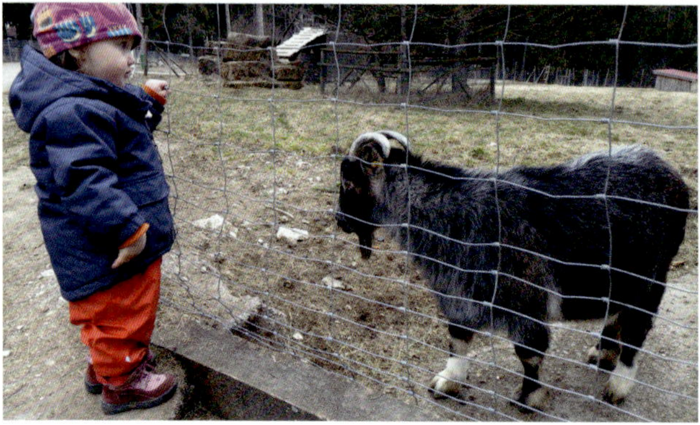

Wegbeschreibung: Vom Parkplatz den Schotterweg zwischen den ersten beiden Gehegen bergauf nehmen. Der Rundweg ist mit Holzschildern ausgeschildert. Nach etwa der Hälfte erreicht ihr den Kiosk mitten im Wald. Am Wildschweingehege rechts geht es weiter zum Spielplatz. Vom Spielplatz aus führt der Weg erst über die Wiese, dann parallel zur Straße zurück zum Parkplatz.

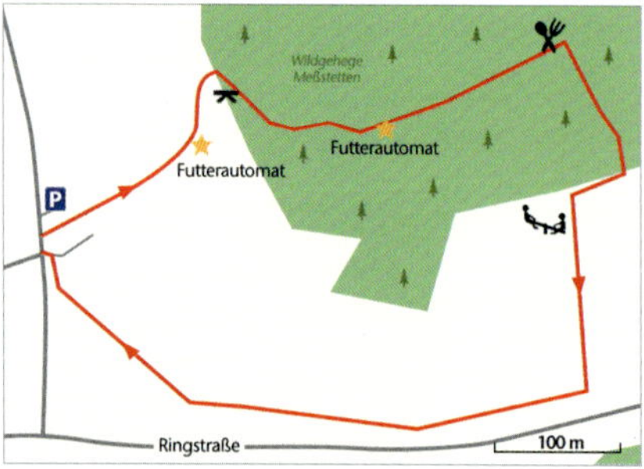

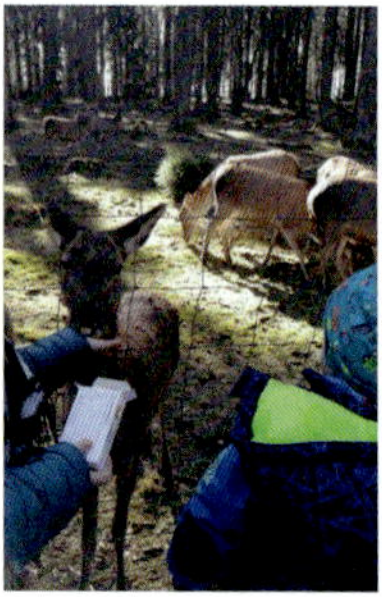

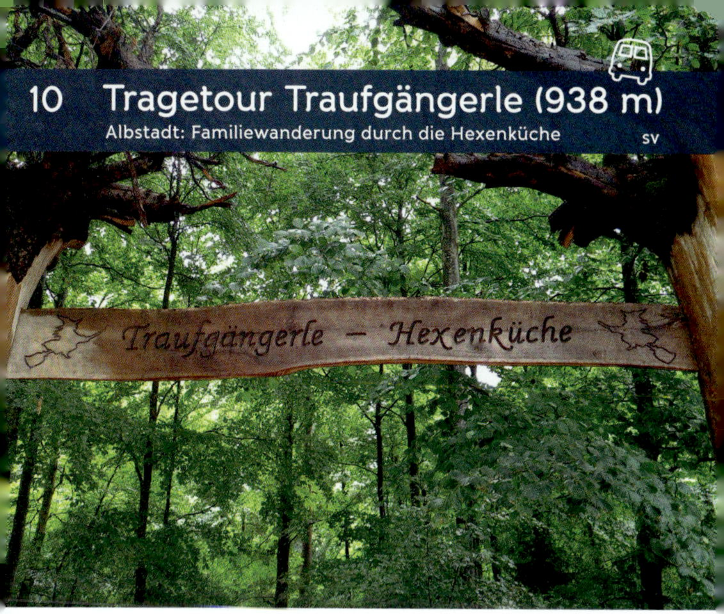

10 Tragetour Traufgängerle (938 m)

Albstadt: Familiewanderung durch die Hexenküche

SV

Ein Premiumwanderweg extra für Kinder war der Gedanke für den kurzesten aller Traufgänge rund um Albstadt. Ausgangspunkt ist das bei Einheimischen besonders beliebte und sehr attraktive Freizeitgelände Waldheim. Das Traufgängerle bietet spannende Waldwege und felsiges Gelände mit der sog. Hexenküche, eine große Höhle unterhalb des Schlossfelsens, wo Rußspuren an der Decke den Platz des Hexenkessels zeigen.

Wetter: Anforderung: Gesamtdauer: 1 ¾ h

Anforderung:	Schwer; 129 Hm; einige steilere Passagen, dazwischen flache Teilstücke; großteils Waldpfade.
Dauer:	RW: 1 ¾ h; 4,1 km.
Wetter:	Klassisches Wanderwetter, bei leichtem Regen möglich, wenn alle sehr trittsicher unterwegs sind.

Wanderwert für (Geschwister) Kinder:	
2–3 Jahre:	Großzügiger Spielplatz am AP, schmale Waldwege animieren zum Selberaufen, viele Rastmöglichkeiten unterwegs. Tierbeobachtungsturm und Holztiere am Wildgehege. Höhle „Hexenküche" und der Schlossfelsenturm sind echte Highlights.
4–6 Jahre:	Siehe 2–3 Jahre. Minigolfanlage und Kletterwald am Waldheim.
Kinderfahrrad:	Nein.

Navi: 72458 Albstadt, Waldheim 1.

Anfahrt: Auf der B27 bis zur Ausfahrt Sigmaringen. Weiter auf der B463 nach Albstadt-Ebingen in Richtung Hauptbahnhof. Dann Beschilderung folgen Richtung L448 Bitz. Nach dem Ortsende Abzweigung Richtung Süßer Grund/Waldheim nehmen. Auf einer Asphaltstraße bergauf durch den Wald, an Sportanlagen vorbei, dann befinden sich links und rechts der Straße Parkmöglichkeiten.

Bus/Bahn: Hst. Ebingen Süßer Grund. Wegverlängerung ca. 20 min auf der beschriebenen Straße durch den Wald, evtl. vielbefahren und ermüdend für Kinder.

Ausgangspunkt/P: Wanderparkplatz am Waldheim.

Infos/Gaststätten: *Das Waldheim, großer Biergarten und Minigolf, Tel. (Biergarten) 01578 6606634, www.daswaldheim.de, tgl. geöff. *Kletterpark, Bambiniparcour ab 3 J., Tel. 07433 1402950, www.kletterpark-waldheim.de, geöff. saisonabhängig, vorher informieren. *Schlossfelsenturm unter www.albstadt-tourismus.de/Media/Ausflugsziele/Schlossfelsenturm, Eintritt frei.

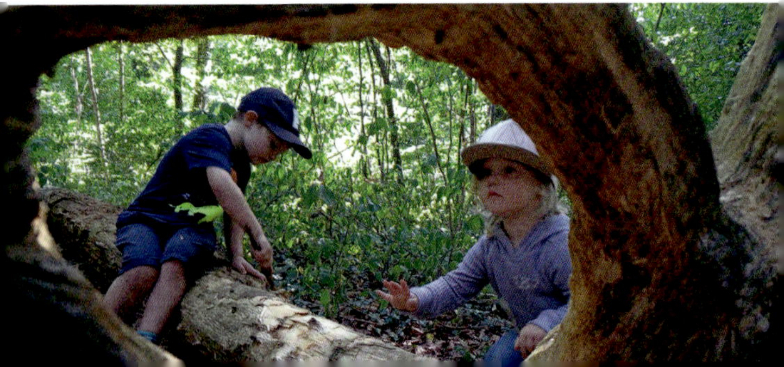

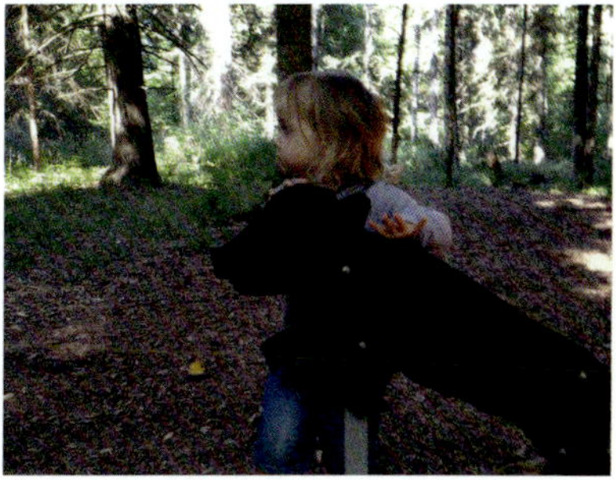

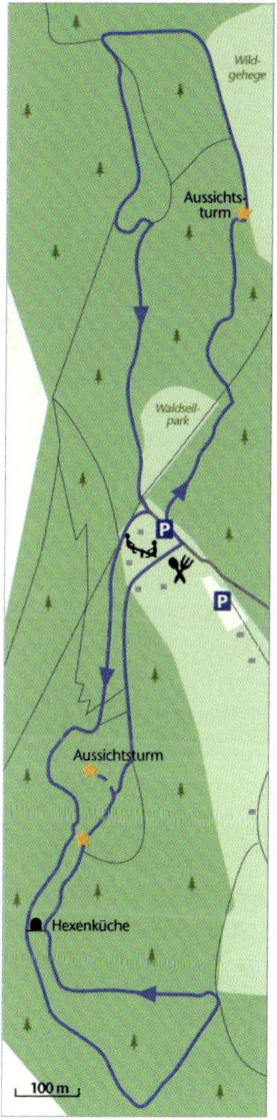

Wegbeschreibung: Am Parkplatz durch das Traufgängerle-Tor (zwei umgedrehte Baumstämme) der „Traufgang"-Beschilderung mit dem Hexenhut folgend durch den Wald zum Wildgehege. Teils auf Waldpfaden, teils auf Schotterwegen zurück, am AP vorbei, unter dem Schlossfelsen zur Hexenküche. In diesem Teilstück geht es neben dem schmalen Weg steil bergab, kleine LäuferInnen unbedingt an der Hand führen oder am besten in die Trage nehmen. Der sehr guten Beschilderung zurück folgen, wer noch seine Beinmuskeln trainieren will, kann einen kleinen Abstecher zum bzw. auf den Schlossfelsenturm machen (Wegverlängerung zum Turm ca. 3 Minuten). Über einen Schotterweg geht es danach bergab bis zum Waldheim. Am Biergarten vorbei, dann links der Straße folgend erreicht ihr direkt danach den Ausgangspunkt.

11 Märchenpfad (530 m)

Hechingen: märchenhafte Runde am Martinsberg

SV

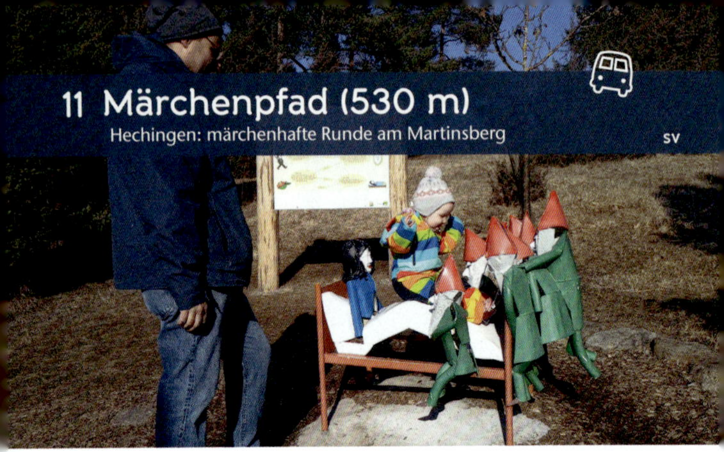

Habt ihr Lust, die Sieben Geißlein zu suchen, das Rotkäppchen-Lied mitzusingen und bei Rapunzel mal um den Turm zu schleichen? Entlang des schönen Fußweges kann die ganze Familie gemeinsam an zehn teils interaktiven Stationen in die Märchenwelt eintauchen. Die Stationen begeistern, auch wenn man sich mit Märchen (noch) nicht gut auskennt, z.B. gibt es an der ersten Station ein Wimmelbild zu entdecken. Nach dem kurzen Aufstieg zum Martinsberg geht es über eine Wacholderheide wieder zurück. Der gesamte Weg ist mit einem geländegängigen Kinderwagen sehr gut machbar. Die Tour ist zwar kurz – wir verbringen aber immer einige Zeit an den Stationen und in der schönen Umgebung.

Wetter: Anforderung: Gesamtdauer: ¾ h

Anforderung: Mittel; 30 Hm; geringe Steigung; Wald- und Wiesenwege.

Dauer: RW: ¾ h; 1,3 km.

Wetter: Der Märchenpfad ist für jedes Wetter geeignet, auch bei leichtem Regen. Die Runde über den Martinsberg mit Kinderwagen bei trockenem Wanderwetter.

Wanderwert für (Geschwister) Kinder:	
2–3 Jahre:	Auf dem Märchenpfad ist nach einer Station meistens schon die nächste sichtbar, animiert zum Weiterlaufen. Den Märchenpfad kann jedes Kind, das schon sicher laufen kann, bewältigen. Grill- und Rastplatz mit kleinem Steinunterstand auf dem Martinsberg.
4–6 Jahre:	Siehe 2–3 Jahre. Minigolfanlage und das Hallen-Freibad Hechingen befinden sich in unmittelbarer Nähe des Parkplatzes 2.
Kinderfahrrad:	Auf dem Märchenpfad: Ja. Auf-und Abstieg Martinsberg nicht möglich.

Navi: 72379 Hechingen, Niederhechinger Str. 59, Parkplatz 2.

Anfahrt: B27 Ausfahrt Hechingen-Mitte. Die dritte Ausfahrt aus dem Kreisverkehr auf die Sigmaringer Straße (K7178) in Richtung Haigerloch/Hechingen-Unterstadt nehmen. Am nächsten Kreisel wieder die dritte Ausfahrt auf die Hofgartenstraße (K7178) wählen und dann die erste Ausfahrt aus dem nächsten Kreisel auf die Haigerlocher Straße nehmen. Die nächste Möglichkeit links in die Badstraße abbiegen. Ab der Gabelung Haigerlocher Straße/Badstraße ist der Märchenpfad ausgeschildert. Der Niederhechinger Straße bis zum Ende folgen, dann links in die Friedrichsstraße abbiegen und dieser bis zum kleinen Parkplatz rechts oberhalb der Straße folgen.

Bus/Bahn: Bus 304 vom Bhf./ZOB Hechingen, Hst. Hallen-Freibad Hechingen. Wegverlängerung zum Parkplatz Martinsberg 1,2 km.

Ausgangspunkt/P: Parkplatz Martinsberg, ca. 12 Parkmöglichkeiten sind direkt am Märchenpfad vorhanden. Parkplatz 2: Wanderparkplatz beim Schützenhaus, Niederhechinger Straße 59, 72379 Hechingen. Wegverlängerung ca. 400 m und 8 min.

Infos/Gaststätten: Am Parkplatz 2: *Thommy's im Schützenhaus, Tel. 07471 2832, www.tommys-hechingen.de, Ruhetag: Mo. *Minigolfanlage Rapphof, 18 Bahnen und Kiosk, Tel. 0172 7318875, www.minigolfclub-hechingen.jimdofree.com, geschl. über die Wintermonate, RP Erw. € 3, Ki. € 2. *Hallen-Freibad Hechingen, Kinderplanschbecken innen und außen vorhanden, Tel. 07471 7397739, www.hechingen.de/Hallen-Freibad, RP Erw. € 4, Ki. ab 4 J. € 2.

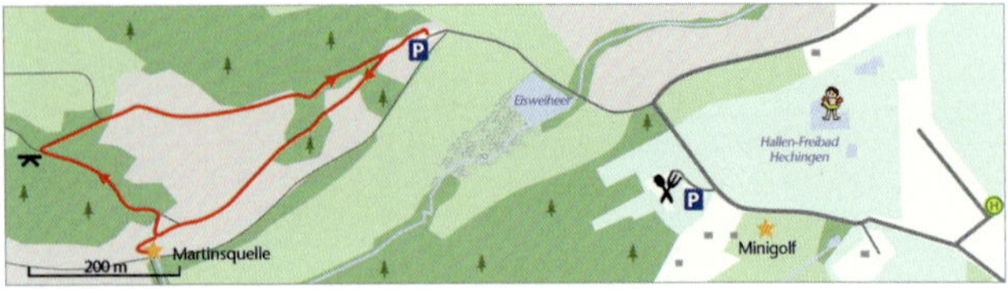

Wegbeschreibung: Ab dem Parkplatz ist der Weg sehr gut bis hinauf zum Martinsberg beschildert. Oben angekommen, dem gelben Schild Richtung Parkplatz Märchenpfad durch eine Baumgruppe und über eine Wacholderheide folgen (kleine Schilder mit blauem Kreuz auf weißem Grund). Durch einen lichten Wald geht es stellenweise verwurzelt und steil bergab. Es ist aber möglich, zu steile Wegstellen mit dem Kinderwagen zu umfahren. Der Weg trifft an der ersten Station des Märchenpfades wieder auf den Hinweg, diesem folgt man die letzten Meter bis zum Parkplatz.

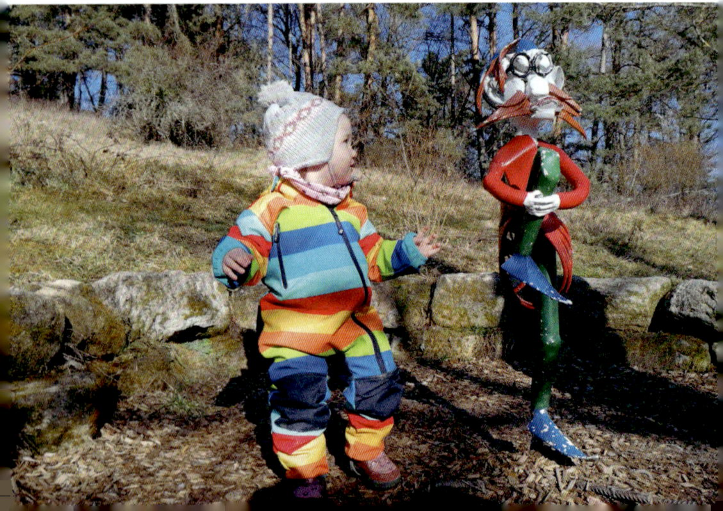

12 Schaukelweg Hechingen (528 m)

Hechingen: Spielmöglichkeiten und Stadtbummel sv

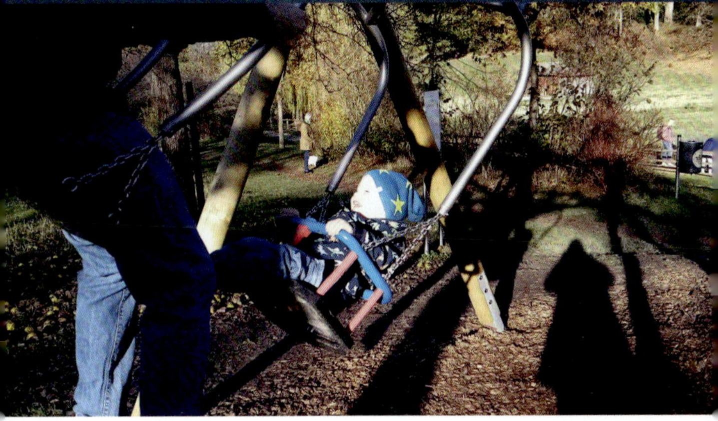

Wenn ihr einen Besuch in der attraktiven Hechinger Innenstadt inklusive Ausblicke auf die Burg Hohenzollern mit einem lustigen und kurzweiligen Weg verbinden möchtet, dann bietet der Schaukelweg genau das Richtige: Insgesamt zehn Schaukelstationen sind über den Rundweg verteilt und der Obertorplatz lädt mit vielen Sitzmöglichkeiten, einem Wasserlauf, Fontänen-Feld, Trampolin und Bewegungs-Parcours zu einer längeren Pause ein.

Wetter: Anforderung: Gesamtdauer: 1 ½ h

Anforderung:	Leicht; 20 Hm; fast eben; sehr gute Wegebeschaffenheit; Asphalt oder feine Schotterwege; für jeden Kinderwagen geeignet.
Dauer:	RW: 1 ½ h; 4 km.
Wetter:	Zu jeder Jahreszeit geeignet, der erste Teil (ca. 50 %) bis in die Innenstadt überwiegend schattig. Ab der Innenstadt kein Schatten mehr.

Wanderwert für (Geschwister) Kinder:	
2–3 Jahre:	Super geeignet, bitte Länge beachten. Neben den Schaukelstationen gibt es noch zwei Spielplätze, den Barfußpfad und viele Spielmöglichkeiten am Obertorplatz. An der Schaukelstation Nr. 9 sowie nach der Schrebergartensiedlung besteht die Möglichkeit, am Bach zu spielen.
4–6 Jahre:	Siehe 2–3 Jahre.
Kinderfahrrad:	Ja, aber beim Abstieg in die Unterstadt geht es kurz steil bergab, hier am besten das Laufrad schieben oder tragen.

Navi: 72379 Hechingen, Schillerstraße 2.

Anfahrt: B27, Abfahrt Hechingen Süd, Richtung Hechingen, dann Richtung Hechingen Unterstadt. Von der Weilheimer Straße links in die Schillerstraße einbiegen und dann sofort rechts auf den Schotterparkplatz.

Bus/Bahn: Hst. Am Feilbach.

Ausgangspunkt/P: Kostenloser Schotterparkplatz P1 an der Kreuzung Schillerstraße/Weilheimer Straße, mit WC.

Infos/Gaststätten: Sehr viele Gaststätten in der gesamten Innenstadt, z.B. *Hotel-Café Klaiber, Tel. 07471 2257, www.hotel-klaiber.de, Ruhetage: Fr–Sa. *Eiscafé O Sole Mio, kein Telefon, facebook: Eis Café O Sole Mio., Instagram: @eiscafe_o_sole_mio, tgl. geöff. *Der Schaukelweg ist kostenlos und ganzjährig begehbar, Infos zum Schaukelweg auf Instagram: @haeppy_hch.

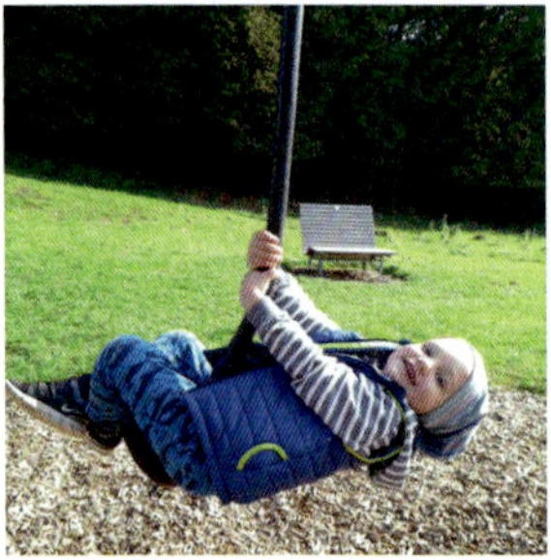

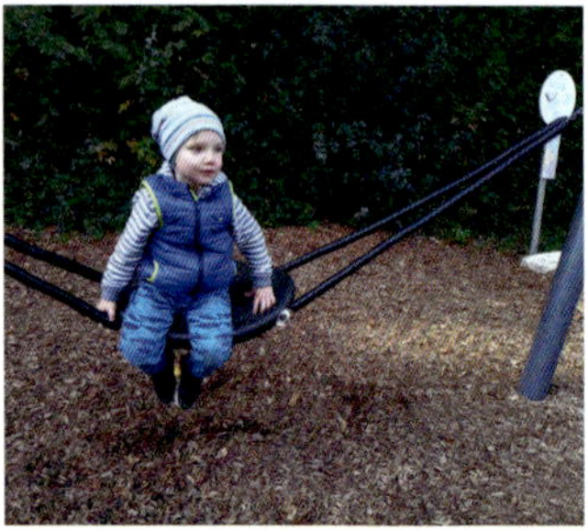

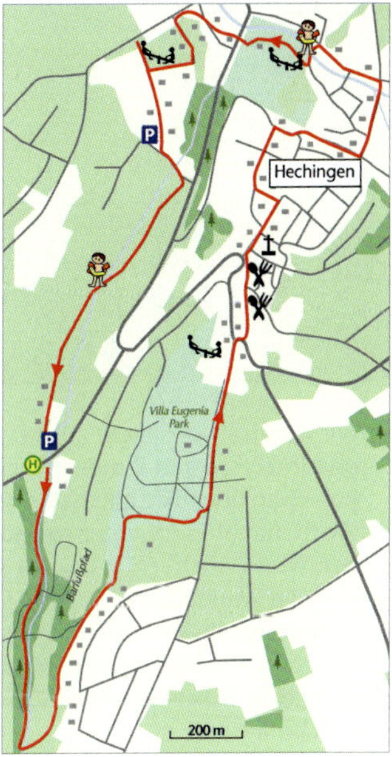

Wegbeschreibung: Der Schaukelweg ist sehr gut beschildert, allerdings sind die kleinen weißen Schilder/ manchmal Sticker mit der bunten Schrift in der Innenstadt oft erst nach kurzem Suchen auszumachen. Den Parkplatz auf der Zufahrt verlassen und die Weilheimer Straße über den Zebrastreifen queren. Ab hier werden bereits die Infotafel zum Schaukelweg und die ersten beiden Schaukeln sichtbar. Der Weg führt leicht bergauf, immer den kleinen weißen Schildern mit der bunten „häppy"-Beschriftung folgend. Nach 200 m könnt ihr einen kurzen Abstecher auf den Barfuß-„erlebdich"-Pfad machen, dieser ist jedoch nicht kinderwagentauglich. Zurück auf dem Schaukelweg erreicht man nach dem Park mit der Villa Eugenia einen neu gestalteten Spielplatz und anschließend den Obertorplatz in der Hechinger Innenstadt. Am anderen Ende des Platzes, bei der Stiftskirche, folgt ihr den kleinen Schildern hinab in die Unterstadt. Von der Unterstadt führt der Weg wieder leicht ansteigend erst durch die Stadt (der ausgeschilderte Abstecher zum Spielpatz Tobelstraße ist aufgrund von zwei Treppen zum Spielplatz leider nicht kinderwagentauglich), dann durch Schrebergärten wieder zum Ausgangspunkt.

13 Zollerhalde (650 m)

Bisingen: Runde unterhalb der Burg Hohenzollern

fö

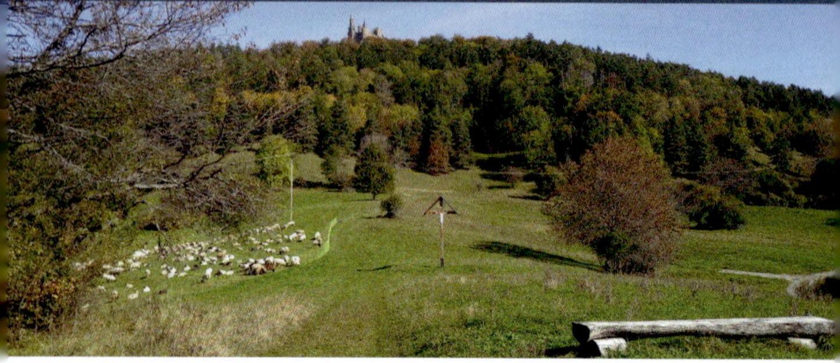

Wir waren schon länger auf der Suche nach einer kinderfreundlichen und interessanten Runde in Sichtweite der Burg Hohenzollern. Der Rundweg über die Zollerhalde ist mittlerweile eine unserer häufigsten Wochenendtouren, da sie bei jedem Wetter möglich ist (im Winter haben wir sie auch schon bei viel Schnee mit dem Schlitten begangen) und die Wanderung mit einer (ausgedachten) Rittergeschichte sehr kurzweilig sein kann. Die Tour lässt sich auch mit einer anschließenden Besichtigung der Burg verbinden. Tipp: Der Schaukelweg in Hechingen (Tour Nr. 12) bietet ebenfalls schöne Ausblicke auf die Burg und ist nicht weit entfernt.

Wetter: Anforderung: Gesamtdauer: 1 ¼ h

Anforderung:	Mittel; 100 Hm; mittlere Steigung; zu Beginn und am Ende ein kurzer Teil auf asphaltierten Straßen, überwiegend gute Wiesen- oder feine Schotterwege.
Dauer:	RW: 1 ¼ h; 3 km.
Wetter:	Bei jedem Wetter geeignet. Im Frühjahr und Herbst kann der Aufstieg nach längeren Regenfällen matschig sein. Schatten nur beim Aufstieg.

Wanderwert für (Geschwister) Kinder:	
2–3 Jahre:	Aufgrund der Länge auch für kleine Füße schon sehr gut geeignet. Großer Spielplatz am Ausgangspunkt mit Spielturm, Rutsche, Trampolin und Schaukeln (auch Babyschaukel).
4–6 Jahre:	Siehe 2–3 Jahre. Die Wiesenwege animieren zum Selberlaufen. Das großzügige Gelände um den Grillplatz lädt zum Toben und im Herbst zum Drachensteigen ein. Im Winter ist die zweite Hälfte des Weges ein Highlight, da sie fast komplett mit dem Schlitten abgefahren werden kann.
Kinderfahrrad:	Nein.

Navi: 72406 Bisingen, Kreuzung Am Zollerberg/Zellerhornstraße.

Anfahrt: B27, Abfahrt Hechingen-Süd/Wessingen/Burg Hohenzollern/Brielhof. Im Kreisverkehr die dritte Ausfahrt auf die K7111 in Richtung Bisingen-Zimmern/Wessingen nehmen. Dem Verlauf der Tübinger Straße durch Wessingen bis Zimmern folgen. In der Ortsmitte von der Schloßstraße links auf die Straße Am Zollerberg einfahren. Der Wanderparkplatz erstreckt sich entlang der rechten Straßenseite.

Bus/Bahn: Hst. Am Zollerberg-Zimmern (schräg gegenüber dem Wanderparkplatz).

Ausgangspunkt/P: Wanderparkplatz Kaiserweg, gegenüber dem Spielplatz.

Infos/Gaststätten: *Ghf. Adler, Tel. 07471 16975, www.gasthof-adler-bisingen.com, Ruhetage: Mo, Di. *Ob die Schneelage für eine Begehung mit Schlitten ausreicht, ist leider online oder telefonisch nicht zu erfragen. Am besten Kinderwagen und Schlitten mitbringen. *Burg Hohenzollern, vom AP 5 Min./1,6 km mit dem Auto entfernt, Tel. 07471 2428, www.burg-hohenzollern.com, RP Erw. 22 €, Ki. ab 12 J. 10 €.

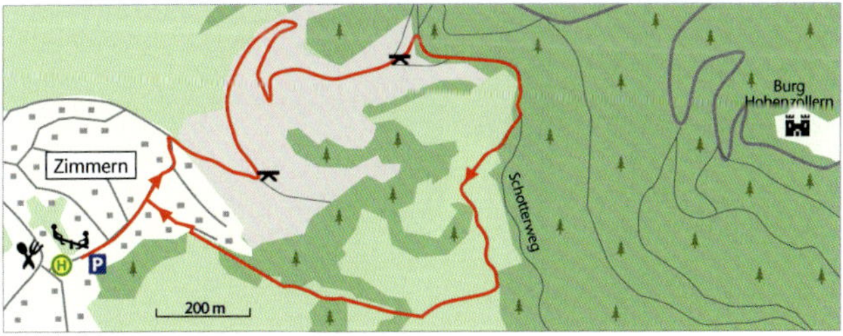

Wegbeschreibung: Vom Wanderparkplatz die Straße „Am Zollerberg" hinauflaufen. Nach dem letzten Haus bei der Wanderinfotafel rechts auf einen breiten Wiesenweg einbiegen. Den kleinen weißen Schildern mit gelbem Kreis vorerst folgen. In wenigen Kehren geht es die Zollerhalde hinauf bis zu einem Grillplatz. Der Weg ist ausreichend breit, mit geländegängigem Kinderwagen auch nicht zu holprig. Oberhalb des Grillplatzes erreicht man einen feinen Schotterweg, der einmal rund um den Zollerberg mit der Burg Hohenzollern führt. Diesem nach rechts folgen und nach 300 m an einem Holzschild mit der Aufschrift „Zimmern" auf einen Wiesenweg abzweigen, der bergab führt. Der Weg ist breit genug für einen geländegängigen Kinderwagen und auch nicht verwurzelt. Der Wiesenweg führt immer bergab, an einem Feldkreuz vorbei, bis er auf einen Schotterweg trifft. Diesem nach rechts leicht bergauf folgen und nach wenigen Metern geradeaus, an einem Jägerhochsitz, wieder verlassen und einem Wiesenweg bergab zwischen Feldern und einem Wohngebiet folgen, bis dieser auf die Straße „Burglesrain" trifft. Der Straße nach links folgen, bis ihr wieder zur Straße „Am Zollerberg" kommt. Bergab gehend erreicht ihr nach kurzer Zeit den Wanderparkplatz und Spielplatz.

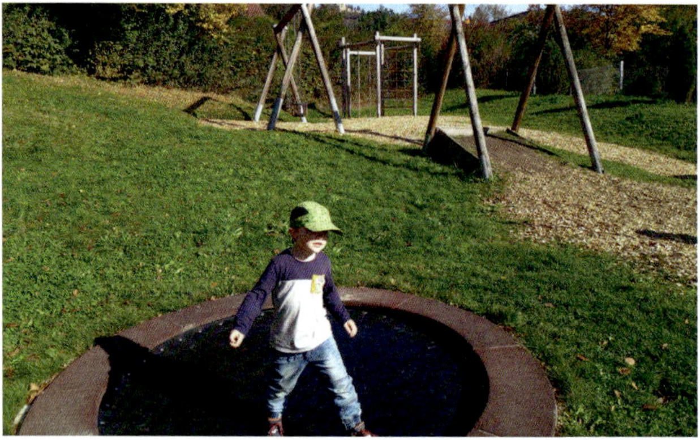

14 Tragetour Ebersberg (685 m)

Bisingen: Landschaftskino am Albrand

SV

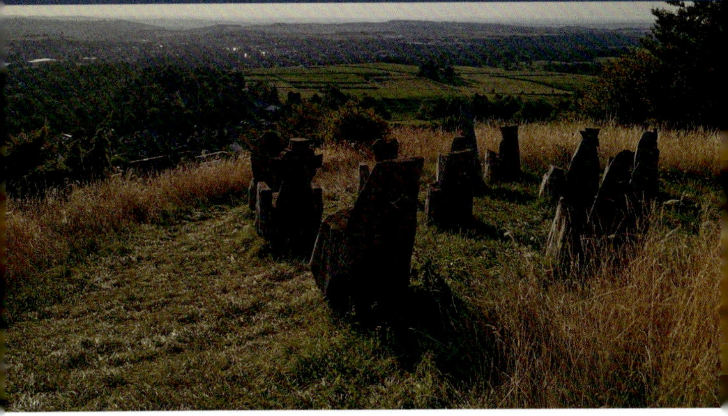

Einen besonderen Aussichtspunkt findet man auf dem Höhenrücken über Bisingen-Thanheim direkt am Albaufstieg. Auf geschnitzten Holzsesseln kann man das Panorama über Bisingen bis zum Schwarzwald genießen. Die Wegle, auf denen der Auf- und Abstieg erfolgt, sind sehr schön mit Kindern zu laufen. Mit dem Kinderwagen ist der Aufstieg allerdings extrem anstrengend, deshalb ist die Runde als Tragetour beschrieben.

Wetter: Anforderung: Gesamtdauer: 1 ½ h

Anforderung: Mittel; 90 Hm; im Aufstieg stetige, dafür leichte Steigung, im Abstieg ebenfalls leichtes Gefälle; überwiegend Wiesen- und Waldpfade, kurzzeitig auch Asphalt.

Dauer: RW: 1 ½ h, 4,2 km.

Wetter: Bei jedem Wetter geeignet, nach längeren Regenfällen ist mit rutschigen Stellen zu rechnen.

Wanderwert für (Geschwister) Kinder:	
2–3 Jahre:	Gut geeignet, bitte Länge beachten. Der Wiesenweg auf dem Höhenrücken ist auch für ungeübte LäuferInnen schön zu gehen. Die Holzsessel und das Fernrohr am Aussichtspunkt sind sehr interessant. Im Abstieg quert man ein Bächle und häufig sind hier Ziegen und Schafe zur Landschaftspflege eingesetzt, die beobachtet werden können.
4–6 Jahre:	Siehe 2–3 Jahre.
Kinderfahrrad:	Nein.

Navi: 72406 Bisingen, Härlesstraße 1.

Anfahrt: B27, Ausfahrt Richtung Albstadt-Nord/Bisingen folgen. Durch Bisingen auf Heidelbergerstraße, diese wird zur Hauptstraße, knickt nach links ab und wird zur Thanheimer Straße. Nach dem Ortsausgang links auf K7111 und nach dem Friedhof rechts in die Härlesstraße einbiegen. Direkt auf der linken Seite befindet sich der Wanderparkplatz.

Bus/Bahn: Bus 305, Hst. Thanheim Härlesstraße, Bisingen. Hst. liegt auf der beschriebenen Tour.

Ausgangspunkt/P: Wanderparkplatz Thanheim am Friedhof.

Infos/Gaststätten: *Kein Ghf. entlang der Tour.

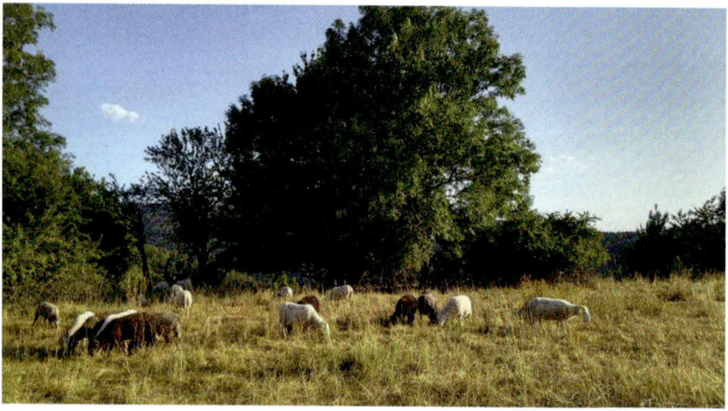

Wegbeschreibung: Vom Wanderparkplatz aus folgt man den gelben Schildern Richtung Ebersberg auf der Härlesstraße durch Thanheim (Achtung: Die Angabe von 0,7 km stimmt nicht mit unserer Tour überein, hier ist der Direktaufstieg gemeint). Nach einem Fußgängerweg in der Johann-Strauß-Straße ist man am Ortsrand angekommen und folgt ab hier den kleinen viereckigen Albvereinsschildern mit blauem Dreieck nach links einen Wiesenweg hinauf. Dieser führt links vom Höhenrücken in den Wald hinein und umrundet diesen halb. Oben auf der Hochfläche angekommen, führt ein breiter Wiesenweg leicht bergab nach vorne zum Aussichtspunkt. Auf diesem Weg geht es wieder zurück bis zum

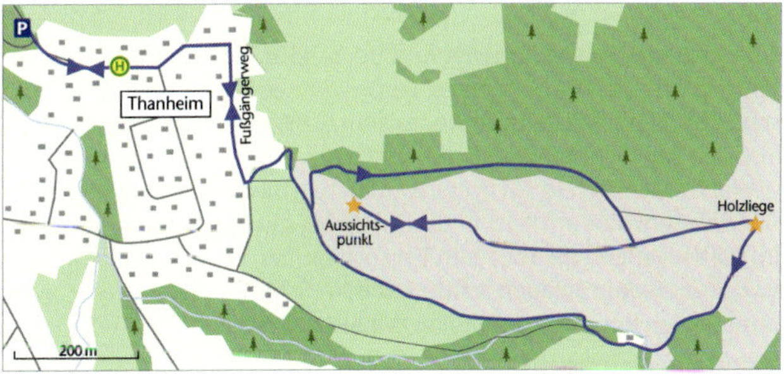

Ende der Hochfläche. An einer Kreuzung bei der Holzliege führt der Weg hier rechts hinunter. Der Rückweg umrundet nun die zweite Hälfte des Ebersbergs. Der Wiesenweg wird zum groben Schotterweg und schließlich zu einer Asphaltstraße. Nach einer Schranke geht es rechts wieder auf einem Wiesenweg (das blaue Dreieck ist schwer zu finden) an einer Schaf- und Ziegenweide vorbei und man trifft unterhalb des Aussichtspunktes wieder auf den Hinweg. Diesem folgt man bis zum Wanderparkplatz zurück.

15 Zollernburg-Panorama (956 m)

Onstmettingen: Panoramaweg und Wintermärchen

SV

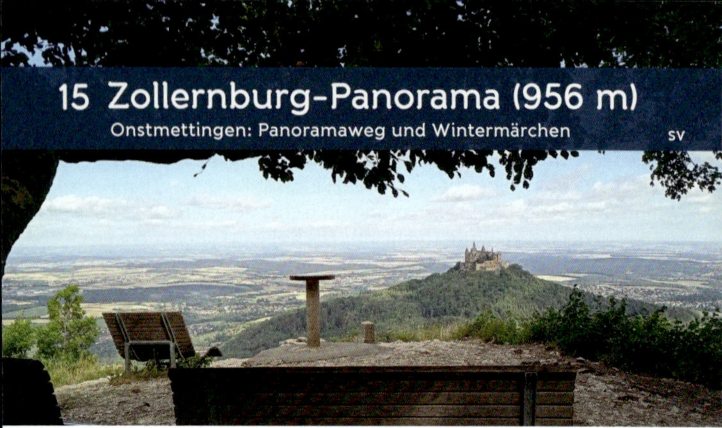

Ein ganzjähriges Ausflugsziel und bei schönem Wetter auch Touristenmagnet, um die bekannten Fotos von der Burg Hohenzollern zu schießen. Der erste Teil des Weges zum Aussichtspunkt Zeller Horn ist auch für Familienmitglieder, die nicht ganz so gut zu Fuß sind, bestens geeignet, da ein breiter Schotterweg dorthin führt. Der zweite Teil führt über Wiesenwege am Raichbergturm vorbei zum Gasthaus Nägelehaus. Im Winter verläuft die Tour zum Teil auf dem Traufgang Wintermärchen. Wir sind die Runde auch schon mit dem Schlitten gegangen – auch ohne steilen Rodelhang ein tolles Wintererlebnis!

Wetter: Anforderung: Gesamtdauer: 2 h

Anforderung: Mittel; 77 Hm; wenige kurze Anstiege mit mittlerer Steigung; großteils Schotter- und teils wurzelige Wiesenwege. Ein geländegängiger Kinderwagen ist deshalb erforderlich.

Dauer: Sommer: RW: 2 h; 4,9 km.
Winter: Eine Strecke: 1 h, 3km (Rückweg ohne Zeller Horn nur 2 km).

Wetter: Auch bei leichtem Regen geeignet. Im Winter bei ausreichender Schneemenge als Winterwanderweg präpariert.

Wanderwert für (Geschwister) Kinder:

2–3 Jahre:	Breite Wege sind schon für LaufanfängerInnen bestens geeignet (Am Aussichtspunkt Zeller Horn kleinere Kinder bitte an der Hand führen). Spielgelegenheiten am Nägelehaus. Als Schlittentour ist der Weg vermutlich interessanter als im Sommer.
4–6 Jahre:	Siehe 2–3 Jahre. Der Raichbergturm kann bestiegen werden.
Kinderfahrrad:	Ja, für sehr geübte FahrerInnen, die die lange Strecke schon schaffen und problemlos über eine holprige Wiese fahren können.

Navi: 72461 Albstadt-Onstmettingen, Zollersteighof 2.

Anfahrt: B27 Ausfahrt Bisingen/Albstadt-Onstmettingen nehmen, durch Bisingen und Thanheim der L360 bis Albstadt-Onstmettingen folgen. Erst der Thanheimer, dann der Nägelestraße aus dem Ort hinaus folgen, ab dem Ortsrand den Schildern Richtung Berghotel Zollersteighof folgen. Der Wanderparkplatz befindet sich hinter dem Hotel.

Bus/Bahn: -

Ausgangspunkt/P: Wanderparkplatz Zollersteighof.

Infos/Gaststätten: *Berghotel Zollersteighof, regionale Speisekarte, Tel. 07432 21840, www.hotel-restaurant-zollersteighof.de, Ruhetage: Mi, Do. *Höhengasthof Nägelehaus, Tel. 07432 21715, Spielgelegenheiten und Lowa-Wanderschuh Testcenter, www.naegelehaus.de, Ruhetage: Mo, Di. *Raichbergturm, tgl. geöff., www.albstadt-tourismus.de/Media/Ausflugsziele/Raichberg-Turm, RP Erw. € 0,5, Ki. € 0,25. *Infos zur Schneelage/Präparierung des Wintertraufgangs über Tourist-Information Albstadt, Tel. 07431 1601204, www.traufgaenge.de. *An den Winterwochenenden kommen die Parkplätze an ihre Kapazitätsgrenze. Bitte vor der Anreise informieren. Über Instagram @albstadttourismus wird im Winter über die Auslastung der verschiedenen Parkplätze informiert.

Wegbeschreibung: Sommervariante: Ab dem Wanderparkplatz den Schildern zum Aussichtspunkt Zeller Horn auf einem breiten Schotterweg folgen. Auf dem Rückweg vom Aussichtspunkt am Waldrand links abbiegen Richtung Raichberg/Nägelehaus. Es geht erst ein Stück am Waldrand entlang, dann in den Wald hinein. Der Weg ist ausreichend breit für den Kinderwagen, allerdings auch verwurzelt und steinig. Nach ca. 2 Minuten führt der Weg links bergauf bis auf eine Hochfläche. Dem Wiesenweg folgen, der hinauf zum Raichbergturm führt. Dahinter befindet sich der Höhengasthof Nägelehaus. Von dort lauft ihr die Asphaltstraße bis zum Parkplatz Fuchsfarm entlang, diesen überqueren und dem Waldweg folgen, bis ihr eine große Kreuzung erreicht (Wegpunkt Dagersbrunnen). Geradeaus den gelben Schildern zum Zollersteighof folgend, erreicht ihr nach wenigen Minuten den Ausgangspunkt.

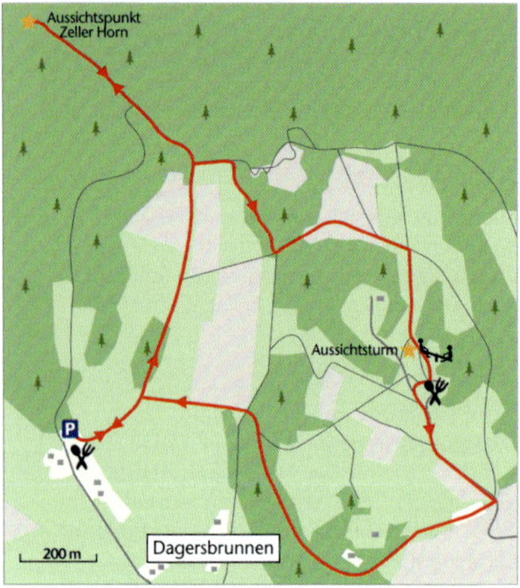

Wintervariante: Im Winter wird der Rundweg etwas anders präpariert, einfach dem Wegverlauf folgen, es sind dann blaue Schilder aufgestellt. Der Abstecher zum Aussichtspunkt Zeller Horn ist nicht als Winterwanderweg ausgeschildert, kann aber trotzdem gut begangen werden. Bis zum Nägelehaus verläuft der Winterwanderweg auf der Sommervariante. Bei wenig Schnee könnte die Tour, wie oben beschrieben, als Rundweg gelaufen werden, bei unsicherer Schneelage empfehlen wir aber, ab dem Nägelehaus auf dem Hinweg (ohne Abstecher zum Zeller Horn) zurückzulaufen.

16 Tragetour Inzigkofer Felsengärten

Inzigkofen: unterwegs im fürstlichen Park

sv

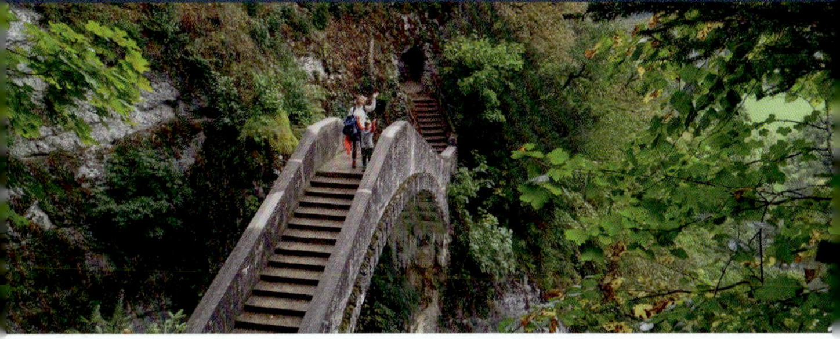

Vor etwa 200 Jahren wurde diese Parkanlage, die von Natur aus mit Felsen, Schluchten, Uferauen und der Donau ausgestattet war, als „grüner Salon" der FürstInnen von Hohenzollern-Sigmaringen angelegt. Heute darf jeder die Anlage besuchen und auf den schmalen felsigen Wegen über Brücken, Treppen und Holzstegen zum Amalienfelsen oder zur Teufelsbrücke wandern. Unsere Runde kann auch beliebig zu den Grotten oder der Eremitage auf der anderen Donauseite erweitert werden. Da alles sehr gut beschildert ist, erfolgt keine Beschreibung dieser Varianten.

Wetter: Anforderung: Gesamtdauer: 1 h

Anforderung:	Schwer; 40 Hm; kurze steile und felsige Passagen, dazwischen überwiegend flach; großteils Waldpfade.
Dauer:	RW: 1 h; 2 km.
Wetter:	Klassisches Wanderwetter. Auch im Hochsommer und bei Trittsicherheit auch noch bei leichtem Regen möglich.

Wanderwert für (Geschwister) Kinder:	
2–3 Jahre:	Schmale und abwechslungsreiche Wege. Der erste Teil bis zur Hängebrücke kann von guten LäuferInnen schon allein bewältigt werden. Danach sind die Kleinen besser in der Trage aufgehoben. Spielen an der Donau nur unter Aufsicht.
4–6 Jahre:	Siehe 2–3 Jahre. Holztreppen und Stege nach der Teufelsbrücke motivieren zum selbst Laufen. Vorsicht, das Holzgeländer am Weg hat oft keinen Zwischenbalken, so dass der zweite Teil des Weges ab der Hängebrücke nur für geübte und trittsichere WanderInnen geeignet ist.
Kinderfahrrad:	Nein.

Navi: 72514 Inzigkofen, Kirchstraße 23.

Anfahrt: B463 von Balingen Richtung Sigmaringen folgen. In Sigmaringen die Ausfahrt von der B313 auf die Ausfahrt Sigmaringen/Gewerbegebiet Käppeleswiesen nehmen. Am Kreisverkehr an der dritten Ausfahrt auf die Laizer Straße einbiegen und dieser durch Laiz hindurch folgen. Die Straße heißt nun Meßkircher Straße. In Inzigkofen rechts auf die Kirchstraße einbiegen, an deren Ende befindet sich der AP.

Bus/Bahn: Bus 600 oder 102, Hst. Römerstraße. Der Römerstraße Richtung Ortsausgang (Fahrtrichtung Sigmaringen) folgen, bis links die Kirchstraße abzweigt. Dieser bis zum ehemaligen Kloster folgen. Wegverlängerung ca. 6 Min.

Ausgangspunkt/P: Parkeingang am ehemaligen Kloster zwischen Teehaus und dem Parkstüble.

Infos/Gaststätten: *Kostenfreier Parkplatz Römerhalle, Vilsinger Str. 12, 72514 Inzigkofen. *Mehrere gebührenpflichtige Parkplätze um den fürstl. Park, z.B. Festplatz Inzigkofen Bahnhofstraße, 72514 Inzigkofen. RP Tagesticket € 5. *Auskünfte zu Parkführungen bei Gemeindeverwaltung Inzigkofen, Tel. 07571 73070, www.inzigkofen.de. *Parkstüble, mit Biergarten, Tel. 07571 51733, www.parkstueble-inzigkofen.de, tgl. geöff. *Kräutergarten Kloster Inzigkofen, in den Sommermonaten tgl. geöff., Eintritt frei, Anfrage Führungen Tel. 07571 5686, info@nabu-sigmaringen.de.

Wegbeschreibung: Am Parkeingang den grünen Schildern Richtung Amalienfelsen hinunter zur Donau folgen. Anschließend über die wackelige Hängebrücke auf die andere Donauseite, dort besteht die Möglichkeit, an den Uferauen am Wasser zu spielen. Zurück über die Hängebrücke geht es rechts einen steilen felsigen Pfad nach oben. Die grünen Schilder führen euch zur berühmten Teufelsbrücke. Durch ein Felsentor geht es dann auf Holzstegen am Fels entlang weiter. Bitte mit der Kraxe vorsichtig testen, ob auch alle durchpassen. Danach dem Schild „unmarkierter Weg – Kloster Inzigkofen" über Holztreppen hinauf folgen. Oben angekommen, befindet ihr euch in einer Allee, dieser folgt ihr zurück zum Kloster. Wer mag, kann hier noch einen kurzen Abstecher in den Kräutergarten machen. Der Fahrstraße durch das Kloster bis zum Ausgangspunkt folgen.

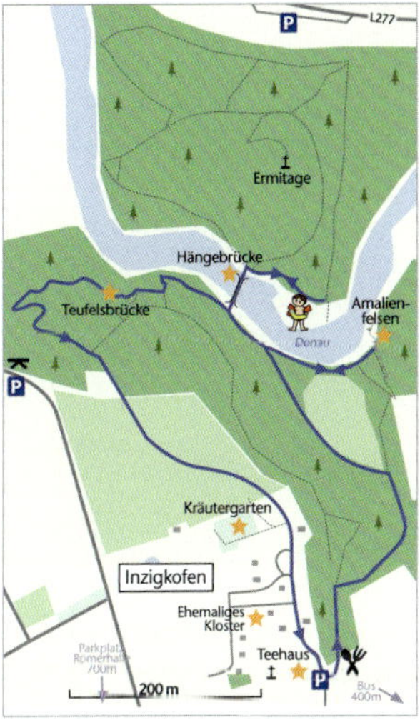

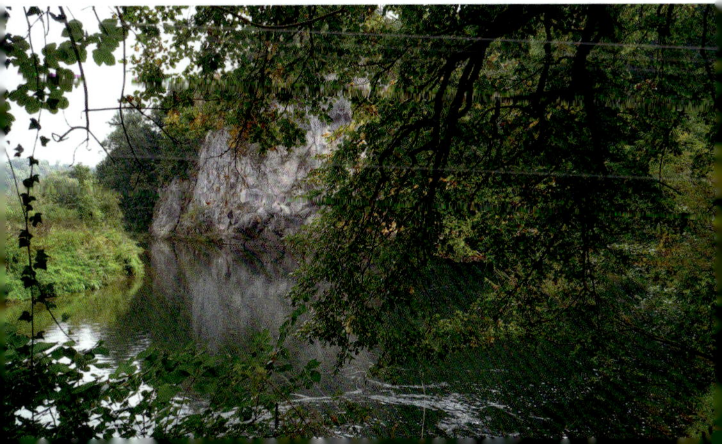

17 Sigmaringer Schaukelweg (581 m)

Sigmaringen: Schaukeln entlang der Donau SV

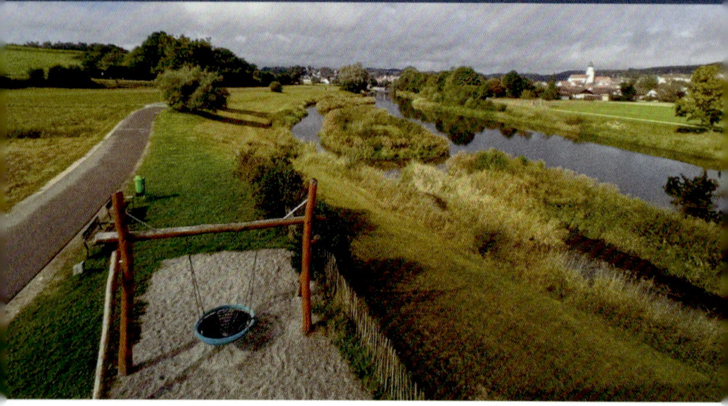

Zwölf Schaukelstationen reihen sich als Perlenschnur zu beiden Uferseiten der Donau zwischen Sigmaringen und Laiz auf. Auf den Schautafeln wird der Weg in umgekehrter Richtung begangen wie hier beschrieben. Aber der große Abenteuerspielplatz am Bootshaus gehört für uns noch dazu, deshalb haben wir diesen als Ausgangspunkt gewählt. Der Weg nach Laiz verläuft auf dem gut frequentierten Donau-Radweg, deshalb kann an schönen Tagen für Rad- und LaufanfängerInnen viel los sein. Mit dem Schaukelweg in Hechingen (Tour Nr. 12) könnt ihr am Nord- und Südrand der Alb nun schaukelnd unterwegs sein.

Wetter: Anforderung: Gesamtdauer: 1 ½ h

Anforderung:	Leicht; 12 Hm; überwiegend flach; großteils Asphalt- und breite Schotterwege.
Dauer:	RW: 1 ½ h; 4,8 km.
Wetter:	Bei jedem Wetter möglich, allerdings nicht im Hochsommer empfohlen, da wenig Schatten.

Wanderwert für (Geschwister) Kinder:	
2–3 Jahre:	Die meisten Schaukeln sind auch schon für dieses Alter geeignet. Der Weg ist zwar nicht so spannend zu gehen, aber die Aussicht auf die nächste Schaukel motiviert zum Laufen. Der Beobachtungsturm am Donauufer lädt zum Besteigen ein (wer hat, Fernglas nicht vergessen), großer Abenteuerspielplatz und Kneippanlage am Bootshaus. Zwischendurch ergeben sich immer wieder Spielmöglichkeiten an der Donau, bitte auf Wasserstand und Fließgeschwindigkeit achten.
4–6 Jahre:	Siehe 2–3 Jahre.
Kinderfahrrad:	Ja. Mit geübten RadlerInnen kann die Runde auch eine tolle Familienradtour sein.

Navi: 72488 Sigmaringen, In den Burgwiesen 9.

Anfahrt: B313/32 Richtung Sigmaringen, die Abfahrt in Richtung Sigmaringen/ Gewerbegebiet/ Käppeleswiesen nehmen. An der nächsten Kreuzung links in die Straße In den Burgwiesen einbiegen. Das Bootshaus liegt nach wenigen Metern auf der rechten Seite.

Bus/Bahn: Mit dem Zug zum Bhf. Sigmaringen, dann Richtung Donauradweg zum Ufer laufen, bis ihr den Steg zum Bootshaus erreicht. Wegverlängerung ca. 12 Min. Oder Bus 1, Hst. In den Burgwiesen, Sigmaringen. Wegverlängerung ca. 2 Min.

Ausgangspunkt/P: Bootshaus Sigmaringen, mehrere Parkplätze in der Straße: In den Burgwiesen.

Infos/Gaststätten: *Bootshaus Sigmaringen, mit Biergarten und Abenteuerspielplatz, Tel. 07571 6867100, www.bootshaus-sig.de, tgl. geöff. *Steakhouse Palmengarten, mit Terrasse, Tel. 07571 7296688, www.outandback.de/palmengarten_sigmaringen, Ruhetage: Mo– Mi. *Backhaus Mahl Laiz, Tel. 07571 2569, www.backhausmahl.de/unsere-fachgeschaefte/shop/341-sigmaringen-laiz-hauptstraße-50, tgl. geöff. *Freibad Sigmaringen, Tel. 07571 92770555, www.stadtwerke-sigmaringen.de/de/Privatkunden/Baeder/Freibad.

Wegbeschreibung: Der Schaukelweg ist nur mit wenigen Schildern bezeichnet, andererseits auch nicht zu verfehlen da, er immer direkt am Donauufer verläuft. Am Bootshaus über den barrierefreien Steg die Donau überqueren und direkt nach rechts auf den Donau-Radweg ein-

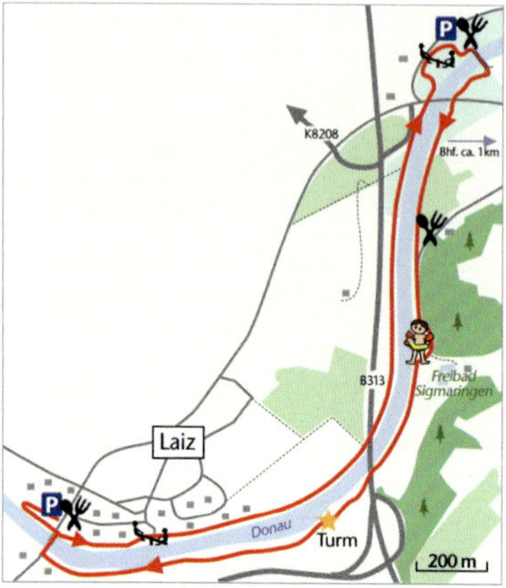

biegen. Diesem immer am Ufer entlang der Donau bis nach Laiz folgen. Unterwegs trefft ihr auf die liebevoll gestalteten Schaukelstationen, meist mit Sitzgelegenheit, das Freibad Sigmaringen und einen großen Tierbeobachtungsturm aus Holz. In Laiz bei der ersten Brücke die Donau überqueren. Um barrierefrei auf den Uferweg (Schotterweg) zu gelangen, nach der Brücke links auf den breiten Fußweg einbiegen, dieser führt nach wenigen Metern hinab zum Uferweg. Nun folgt ihr der Donau wieder in Richtung Sigmaringen, vorbei an weiteren Schaukeln, bis zum Bootshaus.

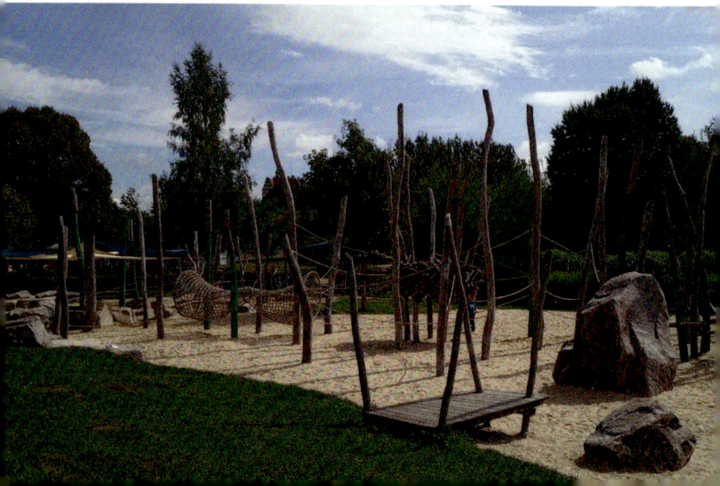

18 Traget. Bittelschießer Täle (631 m)

Bingen: Wanderung zur Ruine Hornstein SV

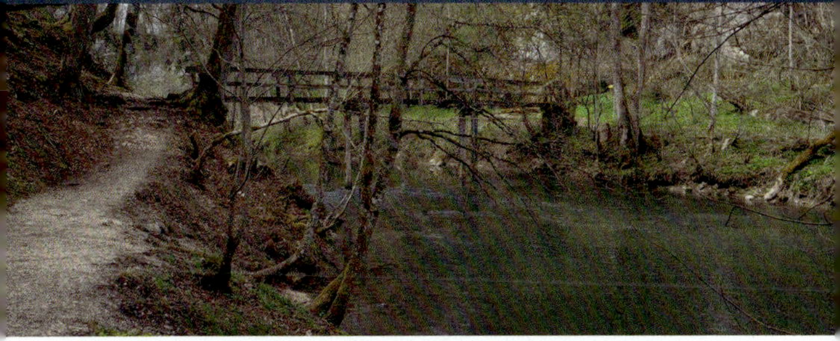

Höhle, Wasser, Ruine, Kuchen – mit diesen Stichworten habe ich dieses Schätzle meiner Schwester beschrieben. Die kurzweilige Wanderung durch das kleine Bittelschießer Täle ist genauso spannend wie die ca. 775 Jahre alte Ruine Hornstein, die in den Sommermonaten sonntags sogar bewirtschaftet ist und wo man zwischen den alten Mauern Kaffee und Kuchen genießen kann. Außerdem gibt es dort auch ein Burggespenst zu entdecken. Wer mit dem Kinderwagen unterwegs ist, muss ab der Ruine den gleichen Rück- wie Hinweg nehmen. Mit einer Trage kann man problemlos den Rundweg gehen. Im Täle sind einmal fünf Stufen auf eine schmale Holzbrücke zu überwinden – deshalb nur für einen geländegängigen Wagen geeignet.

Wetter: Anforderung: Gesamtdauer: 1 h

Anforderung:	Mittel; 69 Hm; zwei steile Anstiege, ansonsten geringe Steigung; großteils Waldwege, zur Ruine hinauf grober Schotterweg.
Dauer:	RW 1 h; 3 km.
Wetter:	Nicht bei Regen oder nach längeren Regenfällen. Besondere Empfehlung an warmen Sommertagen.

Wanderwert für (Geschwister) Kinder:	
2–3 Jahre:	Die Runde ist so abwechslungsreich, dass sie unser Sohn mit 3 Jahren schon komplett allein gelaufen ist. Zu Beginn kann die Bittelschießer Höhle erkundet werden und die Kapelle oberhalb. Bitte an dieser Stelle die kleineren Kinder an der Hand führen, da es überall steil bergab geht. Spielmöglichkeiten am Bach etwa auf der Hälfte (nur unter Aufsicht, je nach Jahreszeit viel Wasser), weitere kleinere Höhlen am Wegesrand und die Ruine mit dem versteckten Burggespenst.
4–6 Jahre:	Siehe 2–3 Jahre. Am Aufstieg zur Ruine ist neben der Schautafel ein Stein aufgestellt, wie viele Schritte es nach oben zur Ruine sind. Leider schlecht zu lesen, aber es motiviert Kinder, die schon zählen können, zum Hinauflaufen (große Füße = 269 Schritte, kleine Füße = 349 Schritte). Spielplatz unterhalb der Burg.
Kinderfahrrad:	Nein.

Navi: 72511 Bingen, Täle.

Anfahrt: B32 durch Sigmaringen Richtung Sig.dorf/Mengen, am Kreisverkehr die dritte Ausfahrt auf die Binger Straße (L277) in Richtung Riedlingen/Bingen. Nach 2,9 km links abbiegen Richtung Bittelschießer Täle/Ruine Hornstein. Der Straße durch den Wald abwärts folgen. Nach der Brücke direkt rechts abbiegen, unterhalb der Straße ist der Wanderparkplatz.

Bus/Bahn: -

Ausgangspunkt/P: Wanderparkplatz Täle.

Infos/Gaststätten: *Ruine Hornstein, Tel. 07571 52050, www.ruine-hornstein.com, die Ruine ist ganzjährig begehbar, aber nur von Mai–Sep. sonntags ab 14 h bewirtschaftet, zusätzliche Veranstaltungen (Weihnachtsmarkt) siehe Homepage.

Wegbeschreibung: Vom Parkplatz an der Schranke vorbei über den Wiesenweg Richtung Taleingang immer an der Lauchert entlang. Der Weg ist vorerst mit den kleinen viereckigen Albvereinsschildchen mit rotem Dreieck beschildert. Nach wenigen Minuten erreicht ihr die große Bittelschießer Höhle. Links von der Höhle gelangt man über einen steilen schmalen Pfad mit Holzstufen nach oben zu einem Rundturm,

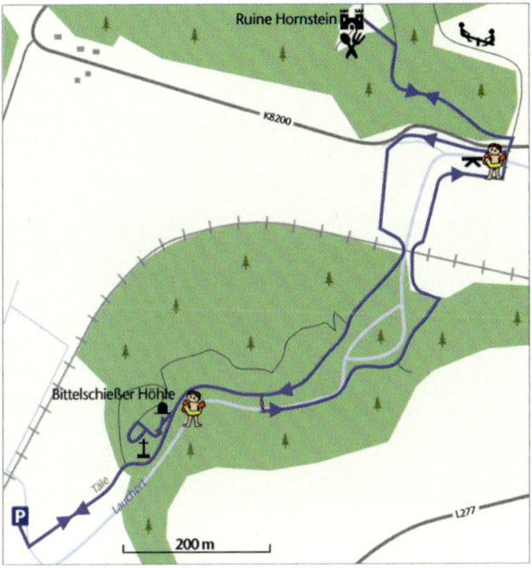

der Bittelschießer Kapelle. Wieder unten angelangt erreicht man nach einer Kurve eine schmale Brücke. Es geht am anderen Ufer weiter immer direkt am Fluss entlang und unter einer Eisenbahnbrücke hindurch. Ab hier kann man schon die Ruine entdecken. Ein feiner Schotterweg führt an einem Picknickplatz über den Fluss und eine Straße (kein Fußgängerüberweg, zwar wenig befahren, aber nicht gut zu überschauen). Auf der anderen Straßenseite dem groben Schotterweg steil nach oben zur Ruine folgen. Abstieg erst auf demselben Weg, dann nach der Straße erst nach rechts auf dem Fußweg der Straße entlang und die erste Möglichkeit links auf einem Wiesenweg auf die vorhin beschriebene Eisenbahnbrücke zu. Auf der anderen Flussseite geht es jetzt auf einem schmalen Wanderweg zurück, über einen Steilaufschwung wieder mit Holzstufen nach oben und auf der anderen Seite steil hinunter. Der Rückweg ist deshalb nur mit einer Trage zu bewältigen. Anschließend trifft man an der Brücke wieder auf den Hinweg und folgt diesem zurück zum Parkplatz.

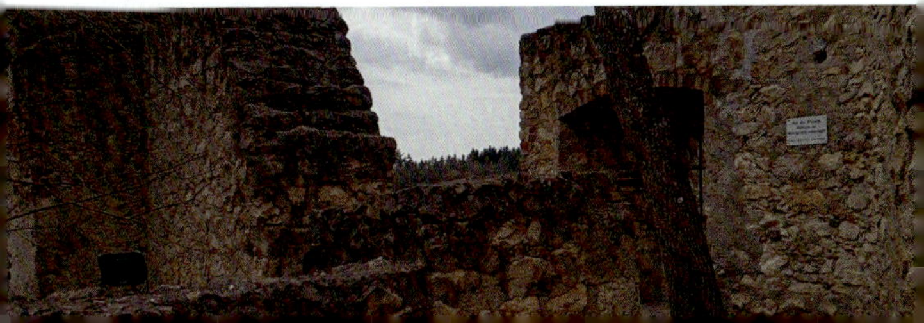

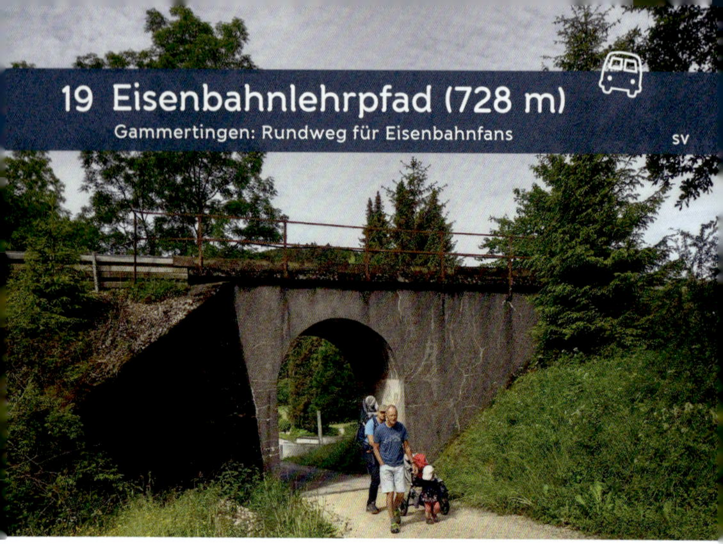

19 Eisenbahnlehrpfad (728 m)

Gammertingen: Rundweg für Eisenbahnfans

SV

Von und für EisenbahnfreundInnen wurde dieser Lehrpfad erstellt. Zugegeben, die Infotafeln interessieren vielleicht eher die größeren Fans, aber wenn ein Zug am Wanderweg vorbeifährt, ist die Begeisterung bei allen riesengroß. Wer die Strecke abkürzen möchte, kann den Parkplatz beim Friedhof oder an der Bahnlinie wählen. Ohne Kinderfahrrad, aber mit begeisterten Läufern ist es besser auf dem Lehrpfad auch wieder zurückzulaufen, der Abstieg und Radweg durch das Fehlatal ist für die Kleineren dann eher langweilig.

Wetter: Anforderung: Gesamtdauer: 2 h

Anforderung: Mittel; 90 Hm; zu Beginn und Ende steilere Passagen, dazwischen überwiegend flach; Wiesen- und Waldwege, Rückweg Asphaltradweg.

Dauer: RW: 2 h, 5,3 km.
Eine Strecke: 1 h; 2,3 km.

Wetter: Klassisches Wanderwetter. Auch noch bei leichtem Regen möglich.

Wanderwert für (Geschwister) Kinder:

2–3 Jahre:	Zugbeobachtungen entlang der Strecke (Achtung: überwiegend kein Geländer o.Ä. zwischen Weg und Gleis), Grillplatz und Steinmännlegarten auf der Hälfte des Lehrpfades. Rast- und Grillplatz am Radweg direkt nach dem Abstieg.
4–6 Jahre:	Siehe 2–3 Jahre. Eisenbahn-Infotafeln mit speziellem Kinderteil sind ab diesem Alter evtl. schon interessant.
Kinderfahrrad:	Ja, aber teils sehr verwurzelte Waldwege auf kurzen steilen Passagen im ersten Teil und steiler Abstieg zum Radweg auf ca. der Hälfte des Weges, die RadlerInnen müssen selbständig und sicher fahren und bremsen können und ggf. das Rad ein kurzes Stück schieben.

Navi: 72419 Neufra, Bahnhofstraße 7.

Anfahrt: B27 bis Hechingen, auf B32 Richtung Jungingen/Burladingen/Gammertingen. Der B32 bis Neufra folgen. An der Kreuzung Hohenzollernstraße/Rathausstraße nach rechts abbiegen (Bahnübergang), dann direkt links in die Bahnhofstraße einbiegen. Der Bahnhof und Parkplatz befinden sich auf der linken Seite.

Bus/Bahn: Hst. Bahnhof Neufra (Hohenz.). Vorher unbedingt über Abfahrtszeiten informieren, keine hochfrequentierte Strecke.

Ausgangspunkt/P: Parkplatz am Bahnhof Neufra. Alternativ: Parkplatz am Friedhof Neufra (Friedhofstraße 69) oder Wanderparkplatz am Eisenbahnlehrpfad nach der Eisenbahnbrücke. Wegverkürzungen ca. 8 Min.

Infos/Gaststätten: *kein Ghf. *Infos Eisenbahnpfad, www.eisenbahnlehrpfad.de.

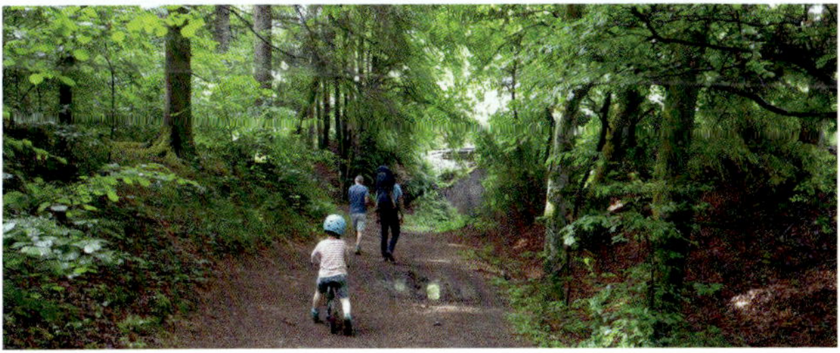

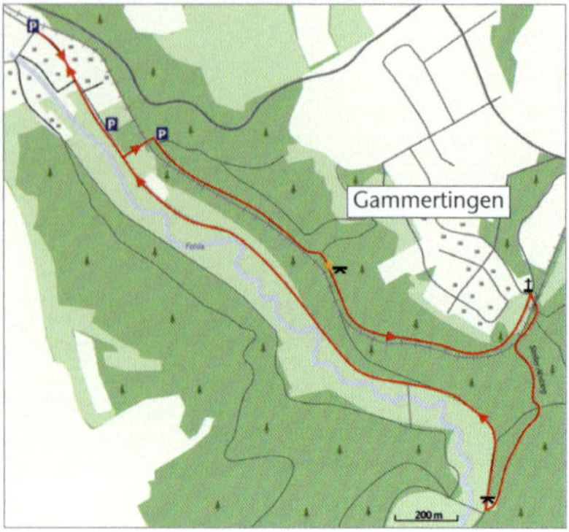

tivparkplatz. Der Lehrpfad verläuft nun überwiegend flach parallel zum Gleisbett. Auf etwa der Hälfte folgen kurze steile Abschnitte, die teils stark verwurzelt sind, mit einem geländegängigen Kinderwagen aber gut bewältigt werden können. Am Ortsrand Gammertingen (Fehlakapelle) endet der Lehrpfad. Auf der anderen Seite der Bahnlinie (Brücke) geht es den Radweg hinab ins Fehlatal. Unten angekommen, dem Radweg zurück nach Neufra folgen, am Friedhof trefft ihr wieder auf den Hinweg. Diesem zurück zum Ausgangspunkt folgen.

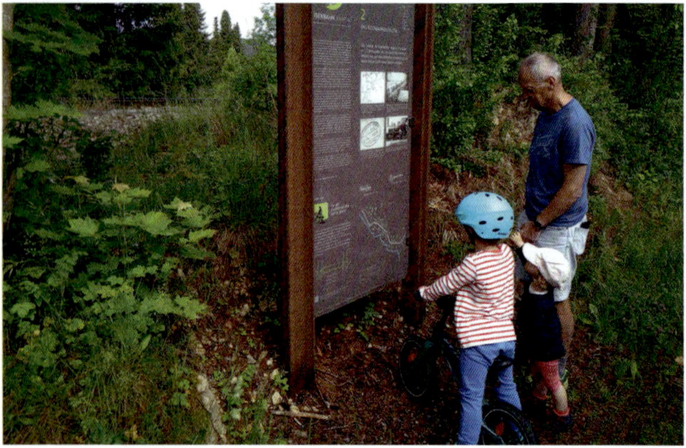

Zusatztipps

... die es noch zu entdecken gibt.

Tieringen:

Tragetour Barfußpfad (856 m)

½ h, 1 km, 31 Hm

Navi: 72469 Meßstetten-Tieringen, Hinter Burg 22

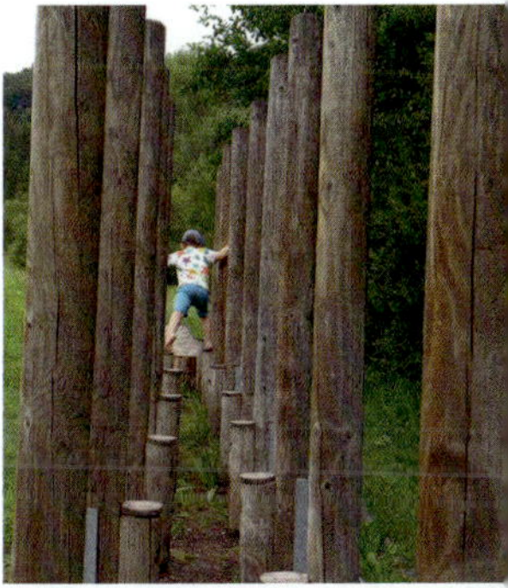

Eine kleine, aber umso feinere Tour, die an heißen Tagen schon wegen der Höhe eine Erfrischung garantiert. Der erste Teil ist als klassischer Barfußpfad mit wechselndem Untergrund und kleinen Hindernissen angelegt, der zweite Teil verläuft überwiegend auf natürlichem Untergrund. Der Barfußpfad allein mag für eine weite Anfahrt nicht in Frage kommen, lässt sich aber mit anderen Touren toll verknüpfen (z.B. Nr. 3 Hörnle, Nr. 6 Felsquellweg). Handtuch und Wechselklamotten garantieren ein sauberes Auto bei der Rückfahrt. Der Weg ist ab dem Parkplatz selbsterklärend und kann gut gefunden werden.

Albstadt:

Tragetour Ochsenbergweg (950 m)

2 h, 4,4 km, 50 Hm

Navi: Nähe 72458 Albstadt, Kreuzung Kreuzbühlstraße/Am Staufen

Auf schmalen Waldpfaden, über Wacholderheiden und durch ein Naturschutzgebiet gelangt ihr, immer an der Traufkante entlang, zu einer inmitten der Natur gelegenen Einkehrmöglichkeit mit einem großen Spielplatz. Wer nicht ganz so gut zu Fuß ist oder den Kinderwagen dabei hat, für den gibt es ein Schotterssträßle ohne große Steigung als Alternative.

Zusatztipps

... die es noch zu entdecken gibt.

Hossingen:

Gräbelsberg (913 m)

1 h, 4,8 km, 12 Hm

Navi: 72469 Meßstetten, Laufener Weg zum Ortsausgang folgen

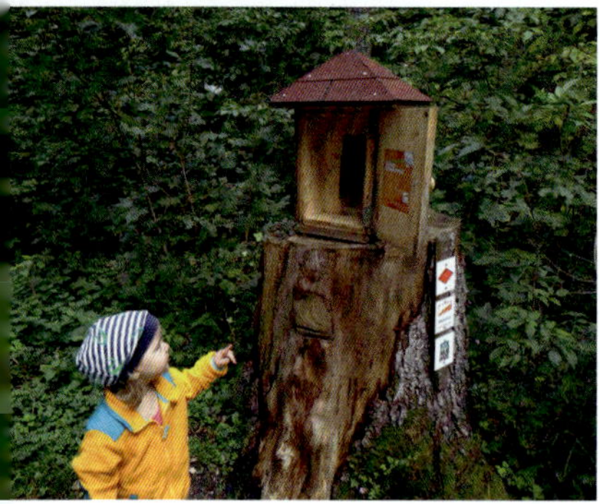

Vom Parkplatz aus den gelben Schildern Richtung Gräbelesberg folgen. Auf einem Schotterweg geht es über die Wiesen und dann in den Wald hinein nach vorne zum Aussichtspunkt. Dieser Weg ist mit jedem Kinderwagen möglich, es kann auf dem Schotterweg ab und zu holprig werden. Rück- wie Hinweg. Variante: Wer mit einem geländegängigen Kinderwagen oder der Trage unterwegs ist und die Kleinen sicher verstauen kann, kann nach dem Aussichtspunkt links der Traufgangbeschilderung immer an der Traufkante entlang zu einem Höhlentrichter folgen. Ab dort geht es auf teilweise verwurzeltem Waldweg immer an der Felskante entlang, bis ihr an der Stempelstation wieder auf den Hinweg trefft. Diesem zum Ausgangspunkt folgen.

Plant ihr eine neue Tour?
Dann schaut vorher unter „Aktuelles zum Buch"
auf wandaverlag.com
Denn manchmal gibt es Änderungen ....

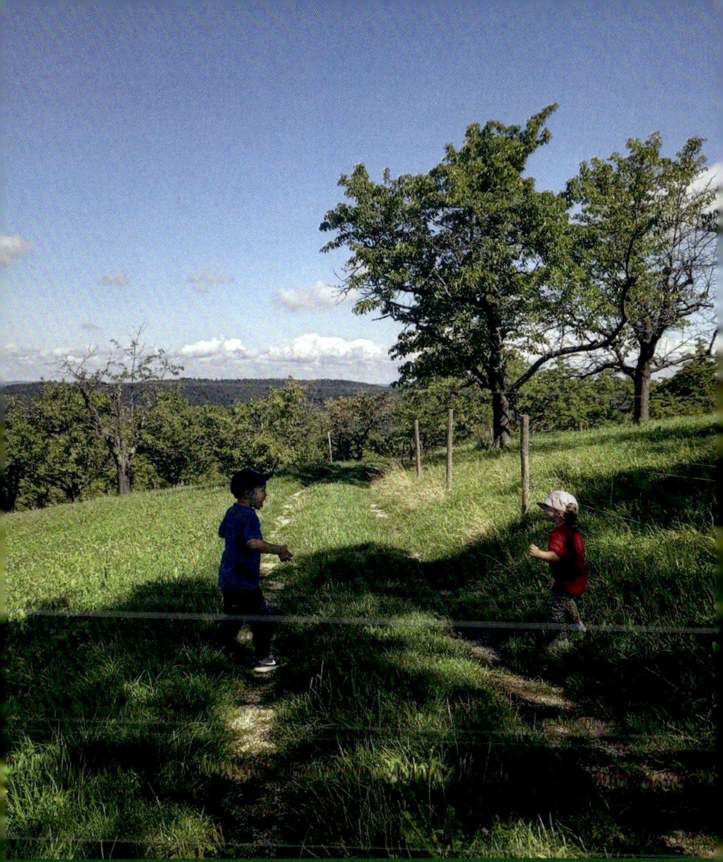

II. Mittlere Alb

Reutlinger Alb, Alb-Donau und Teck-Neuffen

Weitere wunderbare Wege findest du auf YouTube unter: **wandaverlag**

20 Ausflugsziel Lauchertsee (680 m)

Mägerkingen: gemütlicher Spaziergang

SV

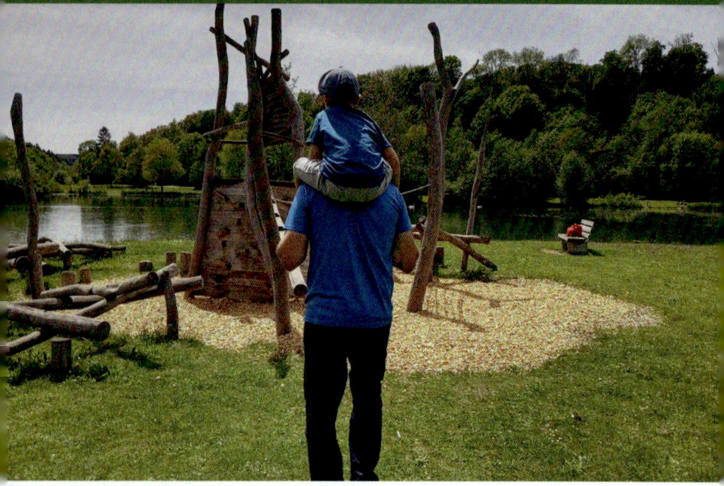

Ein See auf der Alb! Zwar künstlich angelegt und nicht zum Baden freigegeben, trotzdem mussten wir uns diese Rarität genauer anschauen. Herausgekommen ist eine gemütliche, für jede/n geeignete Runde um den See mit vielen Spielmöglichkeiten. Dieser kleine Ausflug lässt sich auch wunderbar mit anderen Touren in diesem Büchle kombinieren wie z.B. Tour Nr. 19 Eisenbahnlehrpfad.

Wetter: Anforderung: Gesamtdauer: ¾ h

Anforderung: Leicht; 15 Hm; keine Steigung; feine Schotterwege und Asphaltstraße.

Dauer: RW: ¾ h; 1,4 km.

Wetter: Klassisches Wanderwetter, auch bei leichtem Regen möglich.

Wanderwert für (Geschwister) Kinder:

2–3 Jahre:	Für kleine Wasserratten gibt es rechts vom Restaurant einen Wasserspielplatz mit Bächle, um die Füße abzukühlen. Mehrere Grillstellen am Ufer.
4–6 Jahre:	Siehe 2–3 Jahre. Mehrere Spielgeräte am Ufer verteilt. Kleiner Fels hinter dem Restaurant zum Herumkraxeln (unter Aufsicht).
Kinderfahrrad:	Ja.

Navi: 72818 Trochtelfingen, Kreuzung L385/B313.

Anfahrt: Von Reutlingen auf B464 Richtung Pfullingen. Auffahrt B312/ B313 Richtung Lichtenstein nehmen. Der B313 bis Trochtelfingen-Mägerkingen folgen. An der Kreuzung B313/ L385 rechts auf die L385 abbiegen und sofort wieder rechts auf den Parkplatz unterhalb der Straße einbiegen.

Bus/Bahn: Hst. Seitenweg, Trochtelfingen. Wegverlängerung ca. 4 Min.

Ausgangspunkt/P: Parkplatz am Ortsrand, an der Kreuzung L385/ B313.

Infos/Gaststätten: *Ghf. Lauchertsee eins, Terrasse direkt am See, Tel. 07124 9337699, www.lauchertsee-eins.de, Ruhetage: Mo, Di.

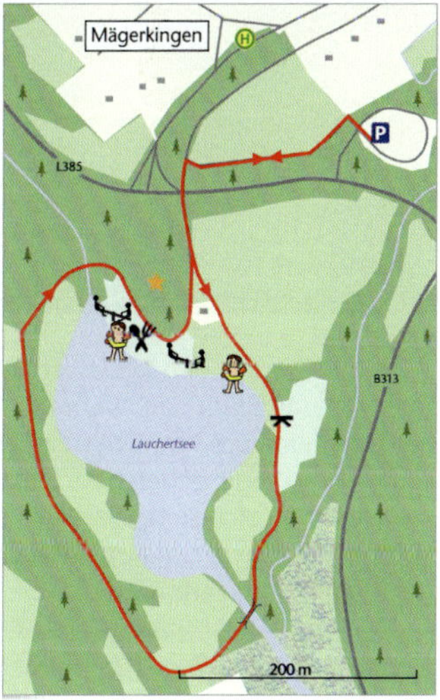

Wegbeschreibung: Vom Parkplatz einem Asphaltsträßchen parallel der L385 bis zu einer Unterführung mit Schranke folgen. Diese durchqueren, dann ist bereits der See sichtbar. Der Rundweg führt einmal am Ufer entlang um den See. Da der See relativ klein und somit sehr gut zu überblicken ist, wurde hier auf eine genauere Wegbeschreibung verzichtet.

21 Ruine Hohenmelchingen

Melchingen: Highlights im Kilometertakt

SV

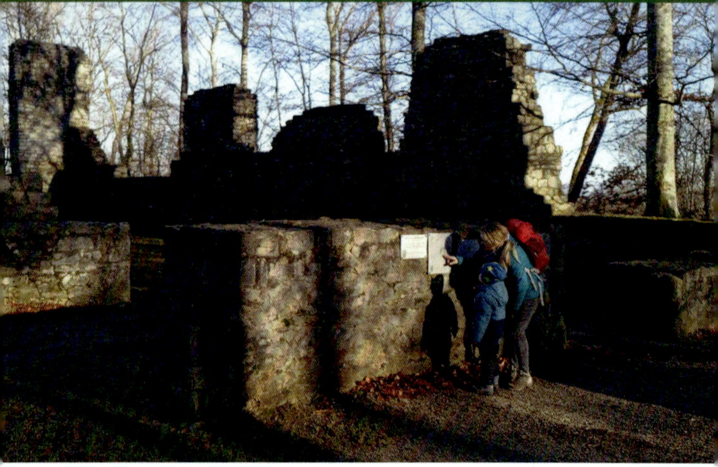

„Wie toll war das denn? Das ist DIE perfekte Tour!" – So lautete das Fazit von uns Eltern nach dem Rundweg. Zwei Spielplätze, der zweite hat sogar eine größere Grillstelle, eine Ruine, die Lauchertquelle und spannende Wegle gehen hier direkt ineinander über, die Kinder haben keine Chance, sich zu langweilen. Zusätzlich zur Gehzeit viel Zeit zum Spielen einplanen. Für die erste Hälfte des Weges ist ein geländegängiger Kinderwagen erforderlich.

Wetter: Anforderung: Gesamtdauer: 1 ¼ h

Anforderung:	Mittel; 80 Hm; ein steiler Aufstieg zur Ruine, ansonsten nur geringe Steigung; erste Hälfte Waldwege, zweite Hälfte Asphaltstraße.
Dauer:	RW: 1 ¼ h; 2,5 km.
Wetter:	Für jedes Wetter geeignet.

Wanderwert für (Geschwister) Kinder:	
2–3 Jahre:	Großzügig angelegte Spielplätze zu Beginn und nach der Ruine. Die Ruine Hohenmelchingen ist frei zugänglich und eignet sich super für Entdeckungstouren mit den Eltern. Am Ende der Tour gibt es einen Picknickplatz an der Lauchertquelle mit Bächle zum Spielen.
4–6 Jahre:	Siehe 2–3 Jahre. Besonders mutige EntdeckerInnen können mit Begleitung eines Erwachsenen den Eingang zum Burgkeller suchen, dieser ist über eine kleine Treppe zu erreichen und besteht aus einem niedrigen Gewölberaum.
Kinderfahrrad:	Nein.

Navi: 72393 Burladingen-Melchingen, Lauchertstraße, letztes Haus.

Anfahrt: B27 von Stuttgart Richtung Mössingen/Hechingen. Ausfahrt Richtung Nehren/Dußlingen nehmen. Der Reutlinger Straße durch Nehren folgen, dann links abbiegen auf Bahnhofstraße und Nehrener Gäßle. Im Kreisverkehr dritte Ausfahrt (K6934) nehmen. Weiter auf L385 bis Melchingen. In der Ortsmitte von der Talheimer Straße links in die Lauchertstraße einbiegen und dieser bis zum Wanderparkplatz folgen (beschildert).

Bus/Bahn: Bus 7635 Hst. Melchingen Rathaus, Burladingen, Wegverlängerung um 850 m, ca. 10 min Gehzeit. Mit Blickrichtung zum Rathaus die Straße Unter den Linden nach rechts entlang gehen, dann rechts in die Lauchertstraße einbiegen und dieser bis zum Wanderparkplatz folgen.

Ausgangspunkt/P: Wanderparkplatz Weiherbach.

Infos/Gaststätten: *Kein Ghf. unterwegs. *Die Ruine Hohenmelchingen ist kostenlos und frei zugänglich.

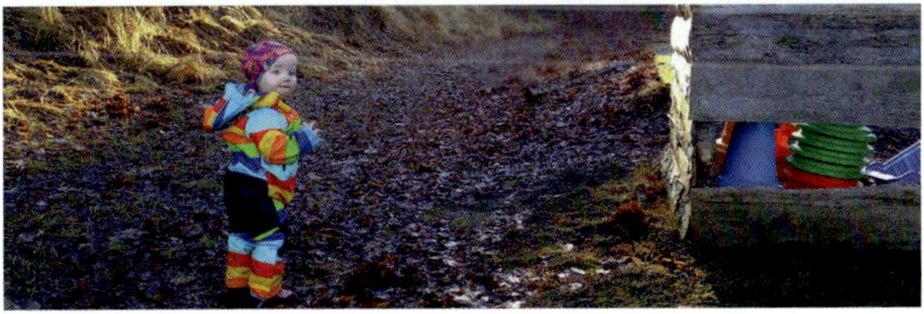

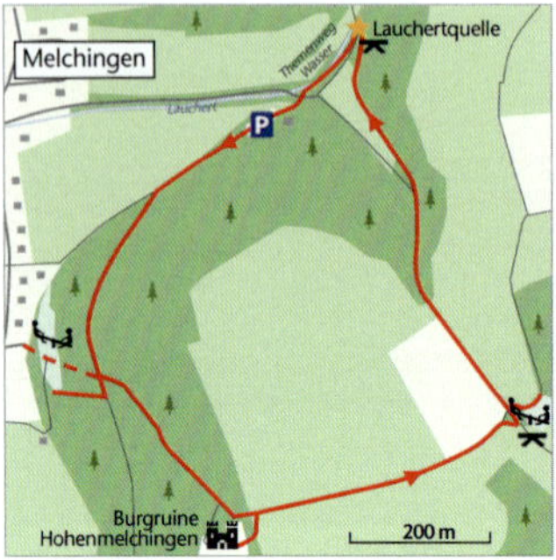

Wegbeschreibung: Vom Wanderparkplatz dem grünen Rundwanderweg „Burgruine Windräder" folgen. Um den ersten Spielplatz zu erreichen, entweder an der Wegkreuzung, wenn der Weg zur Ruine links bergauf abzweigt, den Fußweg rechts hinunter zum Ortsrand Melchingen nehmen oder geradeaus mit einem geländegängigen Kinderwagen dem Waldweg etwa 80 m folgen, dann zweigt rechts ein unscheinbarer steiler Wiesenweg hinunter zum Spielplatz ab. Nach der Ruine geht es nicht mehr auf dem Rundweg weiter. Ihr folgt jetzt den gelben Schildern zur Lauchertquelle. Der Weg führt erst noch an einem tollen Abenteuerspielplatz mit Grillstelle vorbei.
Die letzten Meter nach der Quelle entweder die Asphaltstraße entlang zurück zum Wanderparkplatz laufen oder auf der anderen Seite der Lauchert über den kurzen Themenweg Wasser.

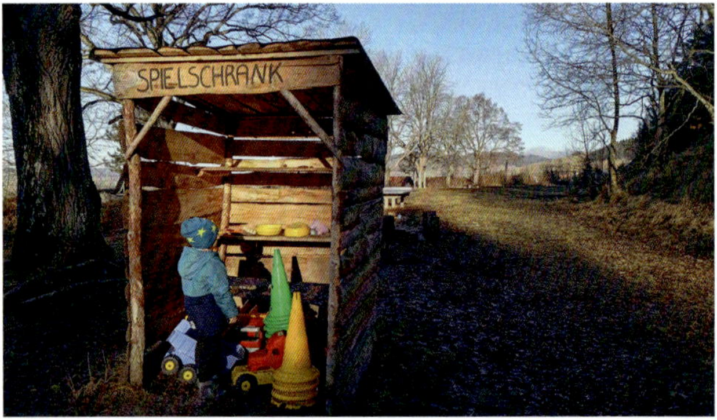

22 Marienkäfer-Waldpfad (847 m)

Sonnenbühl-Erpfingen: Walderlebnis auf der Sonnenmatte

SV

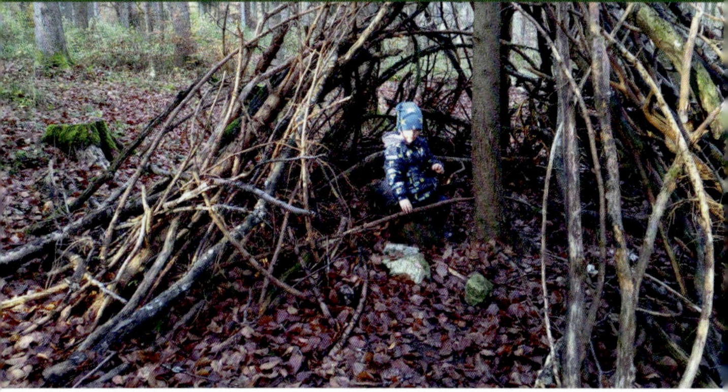

Baumtelefon, Tannenzapfen-Katapult, Weitsprunggrube ... habt ihr sowas schon einmal im Wald entdeckt? Wenn nicht, wird es Zeit für den Walderlebnispfad, der sich hinter dem Feriendorf Sonnenmatte befindet. Der Waldweg ist eine kleine Herausforderung für den Kinderwagen und nur möglich, wenn die Kleinen fest angeschnallt in einem sehr geländegängigen Wagen sitzen können. Wenn nicht gerade Hochsommer ist, gibt es einige matschige Stellen – wer da keine schmutzigen Räder haben möchte, dem empfehlen wir die Runde als Tragetour – die Schuhe bleiben aber trotzdem nicht sauber.

Wetter: | Anforderung: | Gesamtdauer: 1 ½ h

Anforderung:	Mittel; 84 Hm; anfangs steiler Asphaltweg, im Wald keine größeren Steigungen; überwiegend schmaler, teils verwurzelter Waldweg.
Dauer:	RW: 1 ½ h, 3,5 km.
Wetter:	Klassisches Wanderwetter, nach längeren Regenfällen nicht zum empfehlen.

Wanderwert für (Geschwister) Kinder:	
2–3 Jahre:	Es gibt verschiedene Erlebnisstationen wie eine Weitsprunggrube, ein Baumtelefon, einen Tierbeobachtungsturm und als besonderes Highlight ein Tannenzapfenkatapult, das auch Eltern begeistert. Der schmale Waldweg animiert zum selber Laufen.
4–6 Jahre:	Siehe 2–3 Jahre. Am Ausgangspunkt befinden sich eine Sommerbobbahn und ein Kletterpark (ab 6 J. unter Aufsicht eines Erwachsenen).
Kinderfahrrad:	Nein.

Navi: Nähe 72820 Sonnenbühl-Erpfingen, Melchinger Tal 2.

Anfahrt: Von Reutlingen über die B313 Richtung Trochtelfingen, nach Engstingen Richtung Sonnenbühl-Erfpingen abbiegen, auf der Stettner Straße durch Erfpingen fahren und nach dem Haus Nr. 44 (Café Möck) rechts abbiegen, der Beschilderung Bobbahn folgen. Nachdem die Straße links zur Jugendherberge abzweigt (nur Anlieger!) geradeaus fahren, hier befindet sich vor der Bobbahn ein Wanderparkplatz links und rechts entlang der Straße.

Bus/Bahn: Von Reutlingen Hbf. Bus 7635, Hst. Erpfingen-Sonnenmatte. Die Haltestelle befindet sich in der Stettner Straße Nähe Hausnr. 26. Zu Fuß der Anfahrtsbeschreibung folgen. Verlängerung bis zum Ausgangspunkt ca. 1,1 km, 20 Min.

Ausgangspunkt/P: Wanderparkplatz vor der Bobbahn auf beiden Straßenseiten.

Infos/Gaststätten: *Raststätte an der Bobbahn, Tel. 07128 2056, www.sommerbob.de, März–Mitte Nov. tägl. geöff., im Winter nur bei Skiliftbetrieb. *Bobbahn, Tel., Öffnungszeiten s. o., RP Erw. € 3,70, Ki. € 2,20. *Kletterpark, Telefon und Öffnungszeiten s. o., RP Erw. € 13,90, Ki. € 12,90.

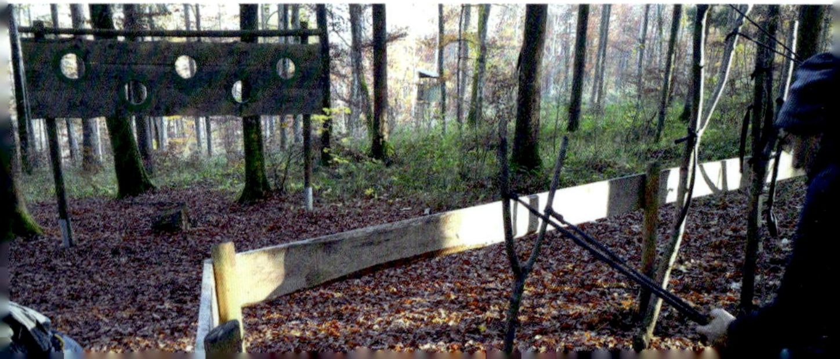

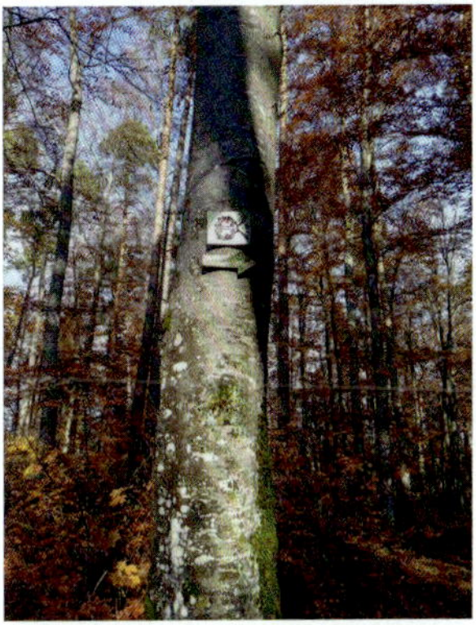

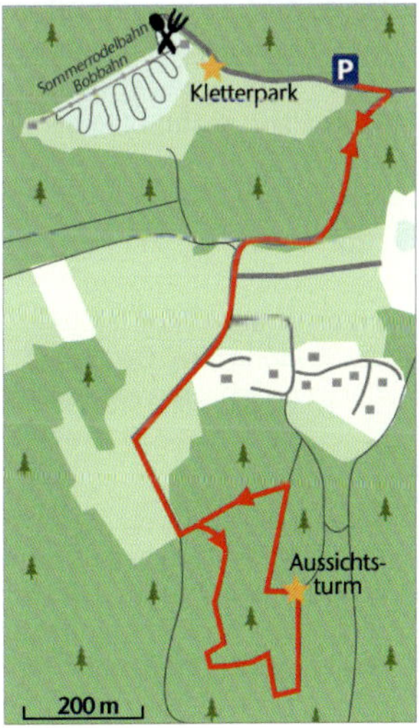

Wegbeschreibung: Vom Parkplatz aus der Beschilderung „Jugendherberge" folgen. Es geht anfangs steil bergauf. Nach ca. 15 Min. ist die Jugendherberge erreicht und es folgt am Straßenrand eine Infotafel zum Walderlebnispfad.

Das erste Marienkäferschild schickt euch weiter auf der Asphaltstraße geradeaus. An der nächsten Wegkreuzung der Beschilderung folgend, geht es links leicht bergauf Richtung Waldrand. Hier sind die Marienkäferle schwer zu entdecken. An der ersten Kreuzung am Waldrand dem Waldweg ganz links kurz folgen, rechts erkennt ihr dann schon die erste Station, die Weitsprunggrube.

Ab hier gibt es keine Wegalternativen mehr, der Waldpfad führt an den verschiedenen Stationen vorbei ohne größere Steigung oder Gefälle, dafür mit teils stark verwurzelten und bei entsprechender Witterung auch sehr matschigen Stellen. 5 Min. nach dem Tierbeobachtungsturm führt der Weg links bergauf und trifft oben wieder mit dem Hinweg zusammen.

Dem anfangs beschriebenen Weg zum Ausgangspunkt zurück folgen.

23 Tragetour Jägerwegle

Nehren: über Stege und Brücken durch den Firstwald

SV

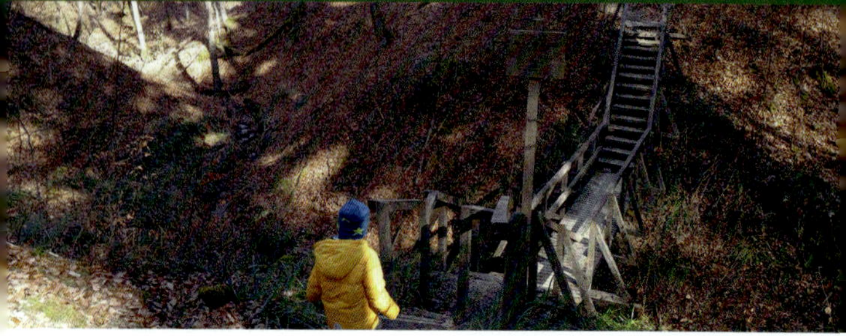

Ganz verzaubert sind wir nach dieser Tour wieder aus dem wunderschönen Firstwald herausgekommen. Stege, Holzbrücken und teils Baumscheiben als Trittsteine führen durch den Wald, der immer wieder von tief eingeschnittenen Bächle durchzogen wird. Zu Beginn und am Ende kann es auf den Schotterwegen auch mal zäh werden, hat man diese Durststrecken allerdings überwunden, sind das verwunschene Jägerwegle auf der Hälfte des Weges und der kleine Barfußpfad gegen Ende absolut lohnenswerte Ziele.

Wetter: Anforderung: Gesamtdauer: 2 ¼ h

Anforderung:	Mittel; 94 Hm; zu Beginn und am Ende längere, gleichmäßige mittlere Steigung bzw. Gefälle auf einem guten Schotterweg; Schotterwege und Waldpfade.
Dauer:	RW: 2 ¼ h; 5,2 km.
Wetter:	Auch bei leichtem Regen möglich, da die Tour fast komplett im Wald verläuft, vereinzelt können dann aber matschige Stellen auftreten. Der Wald ist sehr licht mit vielen Laubbäumen, im Sommer daher viel Schatten, im Frühjahr und Herbst deutlich weniger.

Wanderwert für (Geschwister) Kinder:	
2–3 Jahre:	Abwechslungsreiche, kurzweilige Waldwegle und Holzbrücken können ohne Absturzgefahr begangen werden. Rastplatz „Dicke Eiche" mitten im Wald. Barfußpfad am NABU-Haus. Während der gesamten Tour besteht immer wieder die Möglichkeit, die Bächle zu erkunden. Das Wegsymbol des Früchtetraufs – einen roten Apfel – haben unsere Kinder begeistert gesucht. Achtung, dabei kommt auf jeden Fall „Apfel-Hunger" auf – unbedingt einpacken. Die beiden ausgeschriebenen Spielplätze verfügen kaum/gar nicht über Spielgeräte, schon gar nicht für Kleinkinder.
4–6 Jahre:	Siehe 2–3 Jahre. Nach dem NABU-Haus führt der Weg durch die „Baum des Jahres"-Allee – wer erkennt schon die Baumarten? Holzschilder mit Klappen helfen bei der Lösung.
Kinderfahrrad:	Nein.

Navi: 72147 Nehren, Kreuzung Daimlerstraße/Herdweg, weiter s. Anfahrtsbeschreibung.

Anfahrt: Die B27 von Tübingen kommend nach Dußlingen auf der Ausfahrt Nehren/Dußlingen verlassen. Die dritte Ausfahrt aus dem Kreisverkehr auf die L394 nehmen und dieser durch Nehren folgen. Am anderen Ortsrand rechts auf die Reutlinger Straße abbiegen. Nach ca. 700 m links in den Herdweg einbiegen. Nach der Eisenbahnbrücke ist rechts der Parkplatz Schwanholz angeschrieben. Der schmalen Asphaltstraße bis zum Parkplatz folgen.

Bus/Bahn: Bahnhof Nehren, Wegverlängerung 1,7 km, ca. 20 min.

Ausgangspunkt/P: Parkplatz Schwanholz.

Infos/Gaststätten: *Kein Ghf. unterwegs. *Infos zum Früchtetrauf unter www.früchtetrauf-bw.de.

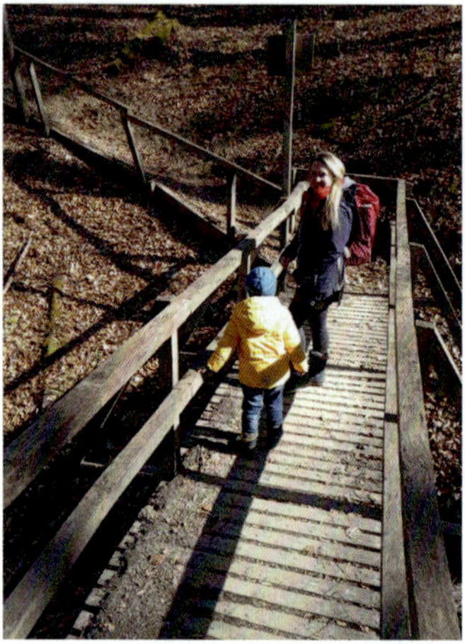

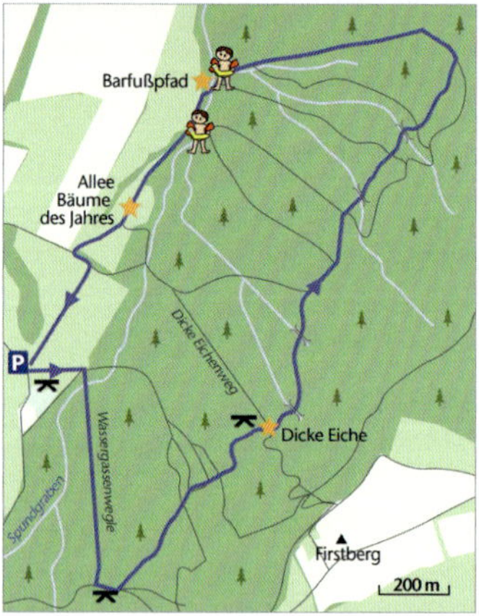

Wegbeschreibung: Am Parkplatz gibt es keine Schilder, die auf das Jägerwegle hinweisen. Ihr folgt dem Sträßchen links vom Grillplatz, das leicht bergab Richtung Waldrand führt. Das Holzschild „Wassergassenweg" weist euch den Weg nach rechts auf einen stetig ansteigenden Schotterweg hinauf zum alten Spielplatz (nur noch eine Grillstelle vorhanden). Dort geht man links und nach ca. 2 Minuten schräg links einen alten Waldweg hinunter an ein paar Mammutbäumen vorbei. In einer Senke beginnt das Jägerwegle.

Der Weg ist erst sporadisch mit einer blauen Raute auf weißem Grund bezeichnet und führt zum Rastplatz „Dicke Eiche". Ab hier wandert man auf dem sehr gut ausgeschilderten Früchtetrauf-Premiumwanderweg Firstwaldrunde (Sichtzeichen: Apfel) bis zum NABU-Haus weiter.

Dort empfehlen wir einen Abstecher auf den kleinen, aber feinen Barfußpfad, bevor euch die Schilder wieder zurück zum Ausgangspunkt führen.

24 Gönninger Seen (600 m)

Gönningen: Rundwanderweg direkt am Wasser sv

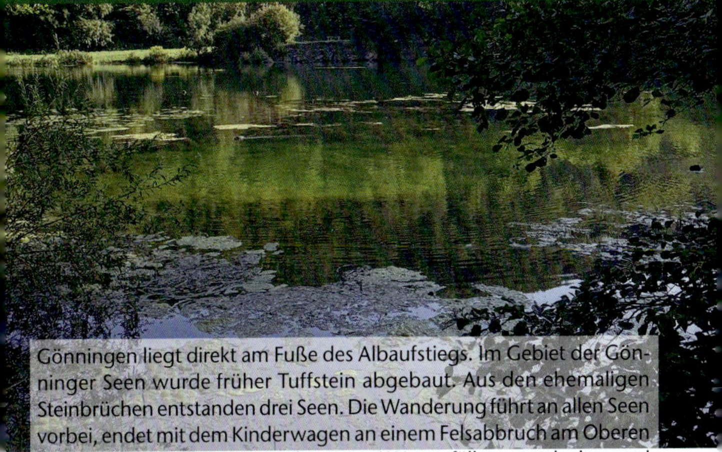

Gönningen liegt direkt am Fuße des Albaufstiegs. Im Gebiet der Gönninger Seen wurde früher Tuffstein abgebaut. Aus den ehemaligen Steinbrüchen entstanden drei Seen. Die Wanderung führt an allen Seen vorbei, endet mit dem Kinderwagen an einem Felsabbruch am Oberen Gönninger See. Unterwegs gibt es zwei Wasserfälle zu entdecken und zahlreiche Enten und Wasservögel zu beobachten. Bereits ab dem Parkplatz ergibt sich die Möglichkeit, am Wasser zu spielen. Die Seen sind allerdings keine offiziellen Badegewässer.

Wetter: Anforderung: Gesamtdauer: 1 ¼ h

Anforderung: Mittel; 40 Hm; bis auf zwei steile Passagen sehr gut für geländegängige Kinderwagen geeignet; breite Wald- oder feine Schotterwege.

Dauer: RW: 1 ¼ h, 2,5 km.

Wetter: Die Wanderung ist grundsätzlich für jedes Wetter geeignet, es gibt allerdings zwei kurze Steilaufschwünge, die bei nassem, rutschigem Untergrund nicht mit Kinderwagen zu empfehlen sind; die Wanderung verläuft zum Großteil im Schatten.

Wanderwert für (Geschwister) Kinder:	
2–3 Jahre:	Gut geeignet, einen Großteil des abwechslungsreichen Weges selbst zu laufen. An der Wiesaz viele Wasserzugänge zum Spielen, an den Seen nur unter Aufsicht eines Erwachsenen.
4–6 Jahre:	Siehe 2–3 Jahre. Am Oberen Gönninger See gibt es eine kleine Höhle und die Möglichkeit für trittsichere KletterInnen, in Begleitung eines Erwachsenen über einen felsigen Pfad nach oben zu kraxeln.
Kinderfahrrad:	Nein.

Navi: 72770 Reutlingen, Lichtensteinstraße 152.

Anfahrt: Von Reutlingen auf der L384 in Gomaringen auf die L230 Richtung Gönningen abbiegen. Durch Gönningen auf der L230 bleibend Richtung Genkingen fahren und nach einer Werksausfahrt (Navi-Adresse) rechts dem Parkplatzschild folgen. Nach einer kleinen Brücke links auf einen großen Parkplatz einbiegen.

Bus/Bahn: -

Ausgangspunkt/P: Großer Parkplatz an den Gönninger Seen.

Infos/Gaststätten: *Kein Ghf. entlang der Strecke.

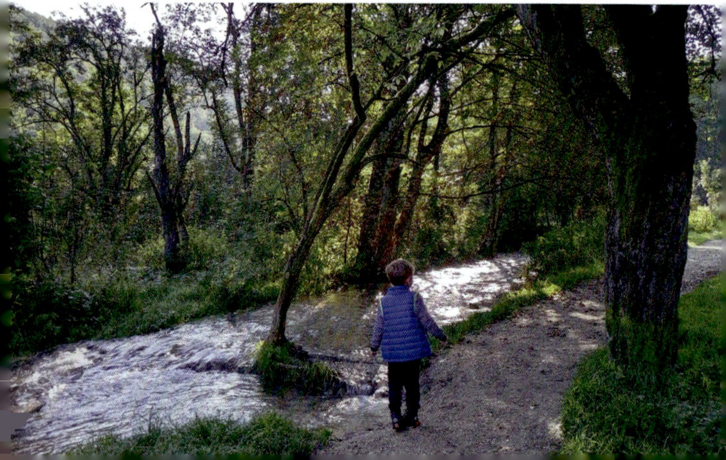

Wegbeschreibung: Am östlichen Rand des Parkplatzes beginnt ein Fußweg entlang der Wiesaz (Schild: Wiesazquelle) zum Unteren Gönninger See. Vor dem See biegt der Weg rechts zum Waldrand hin ab und führt anschließend an der Kreuzung links auf einem Waldweg zwischen dem Unteren und Mittleren Gönninger Seen entlang. Der Weg ist nicht beschildert, deshalb folgt eine ausführlichere Beschreibung. Am südlichen Ende des mittleren Sees folgt ein kurzer, aber steiler Aufschwung auf eine Wiese. Hier hört man bereits das Rauschen eines kleinen Wasserfalls und folgt einem ausgetretenen Pfad wenige Meter nach rechts, um diesen zu erreichen. Zurück auf dem Weg folgt die nächste kurze Böschung. Der Weg ist etwas schräg und im oberen Ende verwurzelt, hier empfiehlt es sich, dass ein zweiter Erwachsener kurz beim Kinderwagenschieben hilft. Oben angekommen, rechts über die Wiese bis zu einem Schotterweg, der vom Unteren Gönninger See direkt hierher führt. Die Tour geht links leicht bergauf an der Wiesaz entlang. Nach ca. 250 m beginnt rechts ein Waldweg, der über eine Brücke zum Wiesaz Wasserfall und anschließend zum Oberen Gönninger See führt. Mit dem Kinderwagen endet der Weg am Felsabbruch am südlichen Ende des Sees. Es geht auf dem selben Weg zurück. Nach dem Wiesazwasserfall links dem Schotterweg direkt hinunter zum Unteren Gönninger See folgen und dann über den anfangs beschriebenen Weg zurück zum Parkplatz.

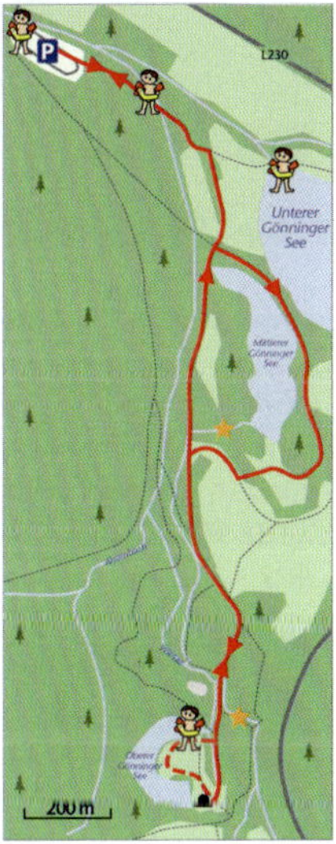

25 „hochgehwachsen" (395 m)

Reutlingen: Wanderung über das Markwasengelände

sv

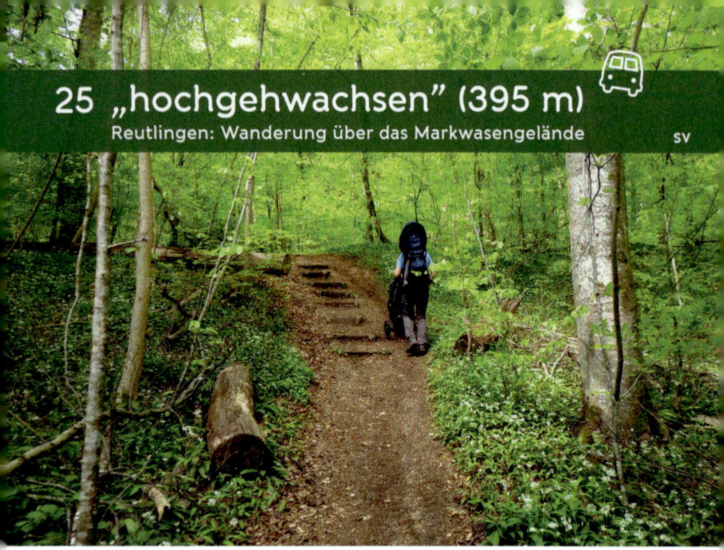

Namensgeber für diese Tour sind die hohen alten Bäume, unter denen man die meiste Zeit entlangwandert. Der Weg führt an einem Wildgehege vorbei, über schmale Waldpfade, kleine Brücken und kurze Treppen. Mit einem sehr geländegängigen Kinderwagen, guten Armmuskeln und wenn einige Passagen von den Kleinen selbst gelaufen werden können, so dass der Kinderwagen „leer" darüber geschoben wird – absolut zu empfehlen. Wer nicht so experimentierfreudig ist, nimmt am besten die Trage mit – die Tour lohnt sich in jedem Fall.

Wetter: Anforderung: Gesamtdauer: 2 ½ h

Anforderung:	Schwer; 90 Hm; wenige kurze, steile Teilstücke; großteils Schotterwege und Waldpfade.
Dauer:	RW: 2 ½ h; 5,9 km.
Wetter:	Klassisches Wanderwetter, nicht zu empfehlen nach längeren Regenfällen wegen rutschiger und matschiger Stellen.

Wanderwert für (Geschwister) Kinder:	
2–3 Jahre:	Schmale interessante Waldpfade mit kleinen Brücken und Treppen. Tierbeobachtungen im Wildgehege und am Breitenbachsee. Spielen am Breitenbach und kleinen Bächle im Wald.
4–6 Jahre:	Siehe 2–3 Jahre.
Kinderfahrrad:	Nein.

Navi: 72762 Reutlingen, Hochlichterrainstraße.

Anfahrt: Vom Stadtzentrum Reutlingen in Richtung Gönningen. Von der Landstraße L383 (Alteburgstraße) rechts abbiegen in Richtung Forsthof auf die Schlattwiesenstraße, dann in die Hochlichterrainstraße. Der Parkplatz befindet sich kurz nach dem Abzweig auf der linken Seite im Wald.

Bus/Bahn: Hst. Reutlingen Roßwasen. Ab der Haltestelle ist der Weg zum AP ausgeschildert. Wegverlängerung ca. 7 Min.

Ausgangspunkt/P: Parkplatz am Roßwasen. Es gibt noch einen offiziellen Ausweichparkplatz in der Schlattwiesenstraße, auch ab hier ist der Weg zum AP beschildert, Wegverlängerung ca. 2 Min.

Infos/Gaststätten: *Ghf. Schützenhaus Reutlingen, direkt am Wildgehege, kleiner Spielbereich und Terrasse, Tel. 07121 270525, www.schuetzenhausreutlingen.de, Ruhetag: Mo. *Infos Premiumwanderwege hochgehberge unter www.hochgehberge.de.

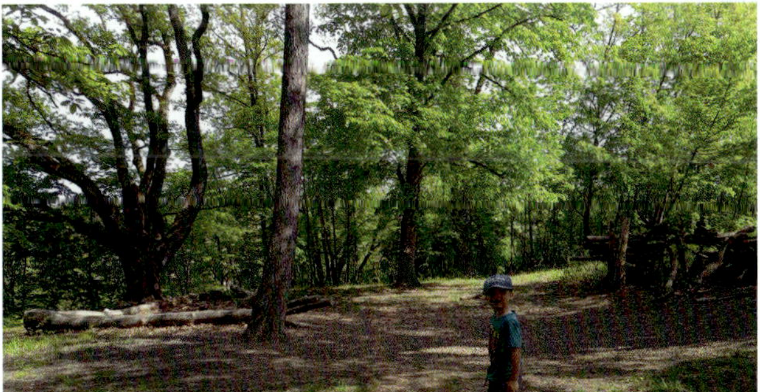

Wegbeschreibung: Vom Parkplatz dem Schotterweg Richtung Naturtheater folgen. Der Weg ist durchgehend sehr gut ausgeschildert. Nach dem Parkplatz am Naturtheater und der Querung über den Breitenbach gibt es jeweils Steigungen mit flachen Holzstufen. Diese können mit einem geländegängigen, idealerweise „leeren" Kinderwagen problemlos überfahren werden. Nach der Schleife über das Wildgehege folgt ein kurzer Steilaufschwung mit Steinstufenabschnitten. Der Kinderwagen muss entweder getragen oder rückwärts auf den Hinterrädern die Stufen hochgezogen werden. Habt ihr diese Schlüsselstellen überwunden, folgt ihr dem Wanderweg über tolle schmale Waldpfade bis zum Grillgelände Jungviehweide am Breitenbachsee. Nach der Umrundung des Sees ist es nur noch ein kurzes Stück durch den Wald bis zum Ausgangspunkt. Hinweis: Alle schmalen Passagen mit Stufen könnten auf den breiten Schotterwegen umgangen werden (vgl. Karte), da hier der Charakter der Tour aber verloren geht und keine durchgängige Beschilderung vorhanden ist, wurde auf eine genauere Beschreibung verzichtet.

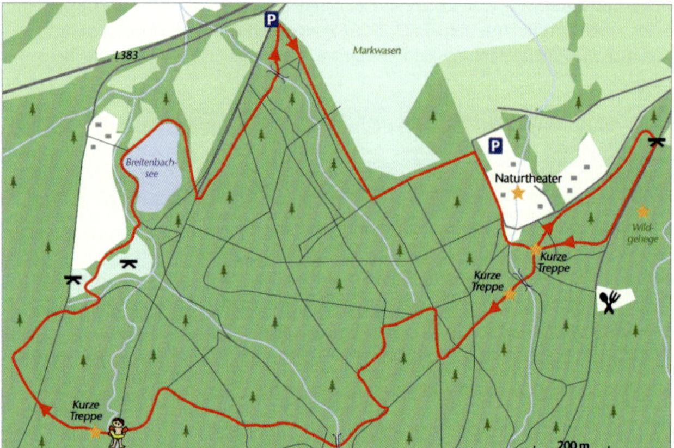

26 Tragetour Sagenweg

Pfullingen: sagenhafte Runde am Ursulaberg

sv

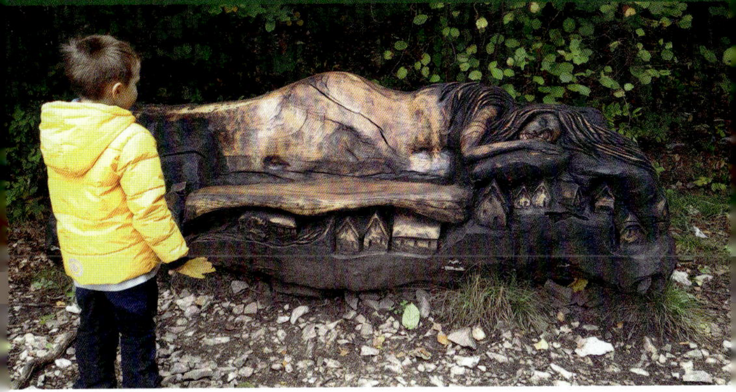

Sämtliche Pfullinger Sagengestalten grüßen hier am Wegesrand, alle wurden besonders kunstvoll mit einer Motorsäge geschnitzt. Der eigentliche Beginn und das Ende des Sagenweges liegen unten in Pfullingen, wir haben uns für eine kürzere Tour ohne den Teil durch die Stadt entschieden und so beginnt der erste Teil des Weges auf breiten Waldwegen, leider auch ein kurzes Stück auf einer Straße. Ab der Figur Nr. 5 beginnen endlich schmale und verwurzelte Waldpfade.

Wetter: Anforderung: Gesamtdauer: 1 ½ h

Anforderung: Mittel; 95 Hm; mehrere steile Passagen, dazwischen überwiegend flach; großteils Schotterwege und Waldpfade.

Dauer: RW: 1 ½ h; 3,6 km.

Wetter: Auch bei heißem Sommerwetter und leichtem Regen geeignet, da überwiegend geschützt im Wald. Nach längeren Regenfällen können die Waldpfade rutschig sein.

Wanderwert für (Geschwister) Kinder:	
2–3 Jahre:	Die Holzfiguren, besonders die „Urschel-Bank" sind spannend zu erkunden. Auf der zweiten Hälfte macht es richtig Spaß, die Waldpfade selbst zu erwandern. Das Gelände ist allerdings oftmals abschüssig und der Weg zu schmal, um bei den Eltern an der Hand zu laufen. Wer noch nicht sicher laufen kann, ist dann am besten in der Trage aufgehoben.
4–6 Jahre:	Siehe 2–3 Jahre. Ab diesem Alter sind die kurzen Texte bei den jeweiligen Sagenfiguren vielleicht schon interessant, aber Achtung, nicht jede Sage ist auch kindgerecht – finden wir.
Kinderfahrrad:	Nein.

Navi: 72793 Pfullingen, Elisenweg letztes Haus.

Anfahrt: B464 durch Reutlingen folgen bis zur Ausfahrt auf die Marktstraße in Richtung Riedlingen/Sigmaringen/Pfullingen-Süd. Der Straße durch die Stadt folgen, im Zentrum an der Martinskirche links auf die Schulstraße einbiegen. Der Straße folgen, diese wird zum Elisenweg. 700 m nach dem Ortsende liegt der Parkplatz nach der Kreuzung mit dem Ursulaweg auf der rechten Seite.

Bus/Bahn: Bürgerbus „BusBürge", Hst. Steinenbolstraße, Pfullingen. Wegverlängerung ca. 12 Min. ausschließlich bergauf.

Ausgangspunkt/P: Wanderparkplatz am Elisenweg.

Infos/Gaststätten: *Ghf. Das Fritz mit Sonnenterrasse und Lounge & Waldcafé mit Restaurant, gehören zusammen, Tel. 07121 3016861, www.fritz-pfullingen.de, Das Fritz, geöff. Apr.–Okt., Ruhetag: Di., Waldcafé geöff. Okt.–Apr., Ruhetage: Mo–Mi. *Infoflyer Sagenweg, www.pfullingen.de/de/entdecken-erholen/Ausflugsziele.

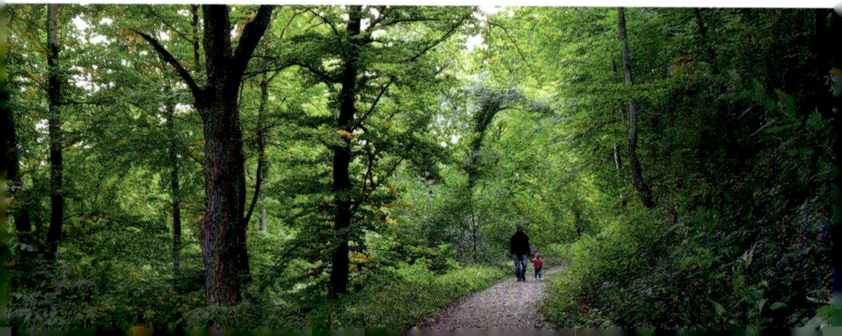

Wegbeschreibung: Vom Wanderparkplatz immer dem „Remmsele" folgen (Pfullinger Holzknopf mit fünf Löchern), der entweder geschnitzt den Weg weist oder auf einem blauen Schild. Nach der Figur Nr. 2 geht es ein kurzes Stück auf einer Straße bergauf, bis der Sagenweg wieder rechts abzweigt und kurzzeitig sehr steil bergauf führt. Bis zur Figur Nr. 5 (Der Haule) wäre der Weg gut mit einem geländegängigen Kinderwagen machbar. Anschließend geht es auf schmalen Pfaden durch teils abschüssiges Gelände bergauf. Glücklicherweise ist Station Nr. 6 eine Sitzbank zum Ausruhen, anschließend trefft ihr bald auf einen Schotterweg. Diesem bergab bis zum Gasthaus „Das Fritz" & Waldcafé folgen. Der Sagenweg zweigt nach den Parkplätzen links ab, ihr folgt der Straße „Ursulaweg" auf dem parallel verlaufenden Fußweg bis zur Kreuzung mit dem Elisenweg. Rechts oberhalb folgt direkt der Ausgangspunkt.

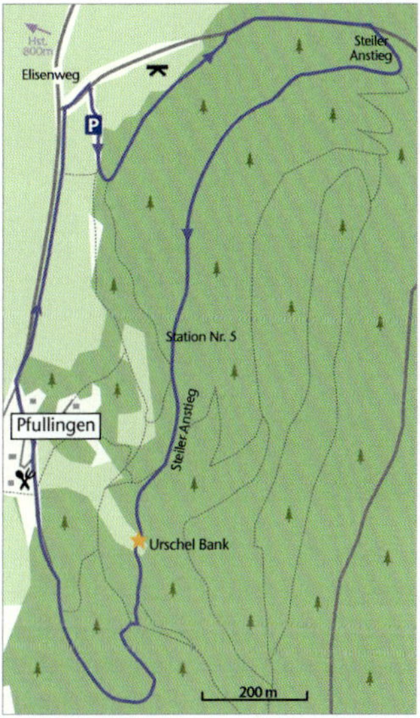

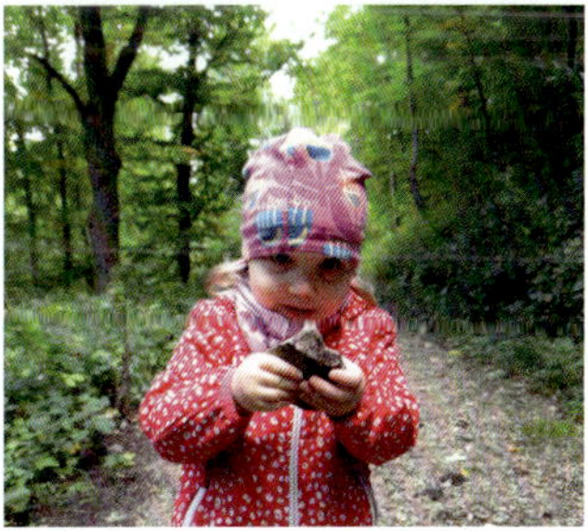

27 Tragetour Honau Tobel (730 m)

Lichtenstein: alpiner Steig zur Echazquelle

SV

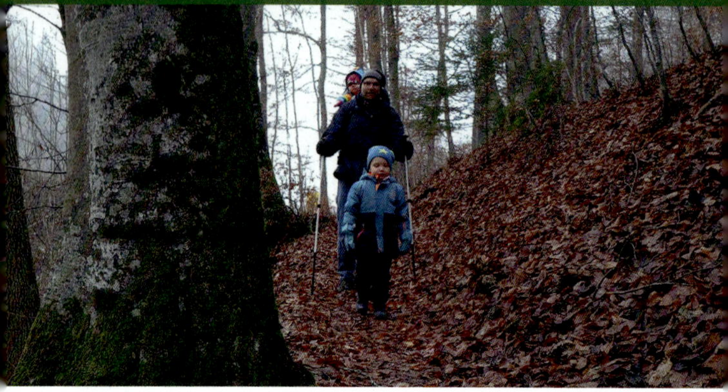

Unterhalb von Schloss Lichtenstein liegt die wunderschön angelegte Echazquelle. Unser Weg durch den schmalen bewaldeten Honau Tobel gleicht stellenweise einem alpinen Pfad und ist bestimmt eine der herausforderndsten Touren in diesem Büchle. Kleine, mit Steinen eingefasste Zuflussbächle kreuzen schon vor dem Ziel unseren Weg und die Quelle selbst bildet einen kleinen See, an dem man auf jeden Fall eine längere Rast einplanen muss. Das Schloss Lichtenstein ist bei dieser Tour leider nicht zu sehen, kann aber im Anschluss besucht werden.

Wetter: Anforderung: Gesamtdauer: 1 ¾ h

Anforderung:	Schwer; 106 Hm; sehr steil zu Beginn und am Ende; schmaler Pfad in steilem Gelände, im Talboden breiter Waldweg.
Dauer:	RW: 1 ¾ h; 3,4 km.
Wetter:	Nur für trockenes Wetter geeignet, im Herbst ist der Weg nahezu komplett mit Laub bedeckt, dann nur bei absoluter Trittsicherheit zu empfehlen.

Wanderwert für (Geschwister) Kinder:

2–3 Jahre:	Die Zuflussbächle sind tolle Spielmöglichkeiten. An der Echazquelle besteht die Möglichkeit, an und im Wasser zu spielen, allerdings nur bei niedrigem Wasserstand. Zu Beginn und am Ende führt der Pfad durch steiles Gelände und es gibt keine Sicherung. Hier sitzen die Kleinen am besten in der Trage oder ihr nehmt eine eigene Sicherung mit (z.B Brustgurt). Von der Grillstelle kann die Tour bis zur Quelle und zurück problemlos alleine gelaufen werden.
4–6 Jahre:	Siehe 2–3 Jahre. Der schmale Pfad zu Beginn und am Ende ist sehr spannend und regt zum Selberlaufen an, der Weg ist allerdings nicht breit genug, um neben einem Erwachsenen an der Hand zu gehen. Evtl. auch in dieser Altersgruppe an eine zusätzliche Sicherung denken.
Kinderfahrrad:	Nein.

Navi: 72805 Lichtenstein, Schloss Lichtenstein 1.

Anfahrt: Von Reutlingen der B312/313 durch Lichtenstein-Honau folgen. Im Ortsteil Traifelberg im Kreisverkehr die erste Ausfahrt auf L230 Richtung Genkingen nehmen. Nach 1,2 km auf den Wanderparkplatz an der rechten Straßenseite einbiegen.

Bus/Bahn: An Sonn- und Feiertagen Buslinie 7635 zur Hst. Aufberg, Parkplatz Schloss Lichtenstein. Wegverlängerung einfache Strecke 1,6 km.

Ausgangspunkt/P: Großer Wanderparkplatz auf der rechten Straßenseite von Lichtenstein Trailfingen kommend.

Infos/Gaststätten: *Schloss Lichtenstein, Tel. 07129 4102, www.schloss-lichtenstein.de, tgl. geöff. März–Dez., RP Führung Erw. € 12, Ki. € 6.

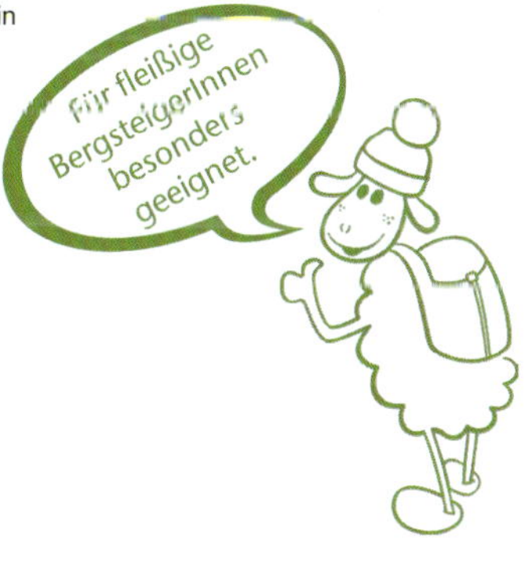

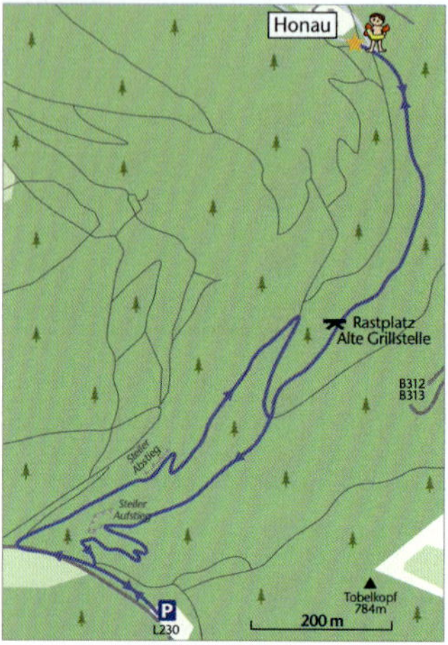

Wegbeschreibung: Vom Parkplatz dem Fußweg an der Straße entlang folgen. Den gelben Schildern erst Richtung Schloss Lichtenstein folgen, nach 2 Minuten ist dann auch die Echazquelle aufgeführt und der schmale Tobelweg führt im Wald nach unten. Auf den ersten 200 m befinden sich im steilen Gelände Felsen unterhalb des Pfades. Im Talboden angekommen folgt man einem Waldweg leicht bergab an einer Grillstelle vorbei (leider ziemlich verfallen) zur Echazquelle. Rückweg auf demselben Weg, an der Kreuzung nach der Grillstelle aber geradeaus dem Waldweg bis fast zum Ende des Tobels folgen. Vor dem Ohafelsen (beschildert) zweigt ein Pfad nach links ab. Dieser ist mit einem Schild (leider erst am anderen Ende) als alpiner Pfad bezeichnet – Begehung auf eigene Gefahr. Der Pfad führt in steilem Gelände bergauf. In den Kehren sind Steinstufen eingelassen. Die letzten 100 m führen wieder oberhalb von Felsen entlang. Oben angekommen befindet man sich wieder auf dem bekannten Fußweg und folgt diesem zurück zum Parkplatz.

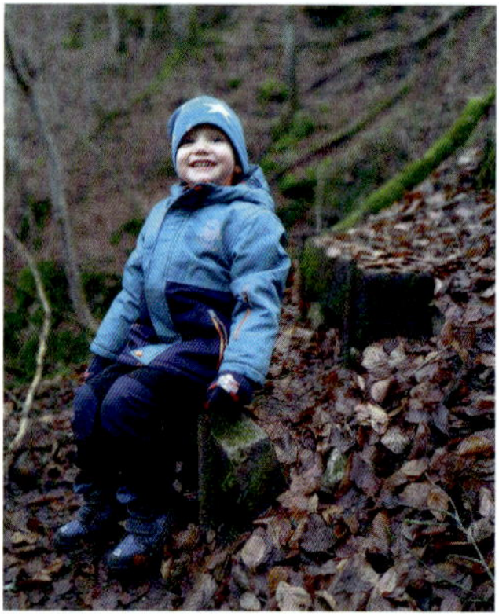

28 Tragetour Häulesrain (810 m)

Meidelstetten: Natur mit allen Sinnen erleben

SV

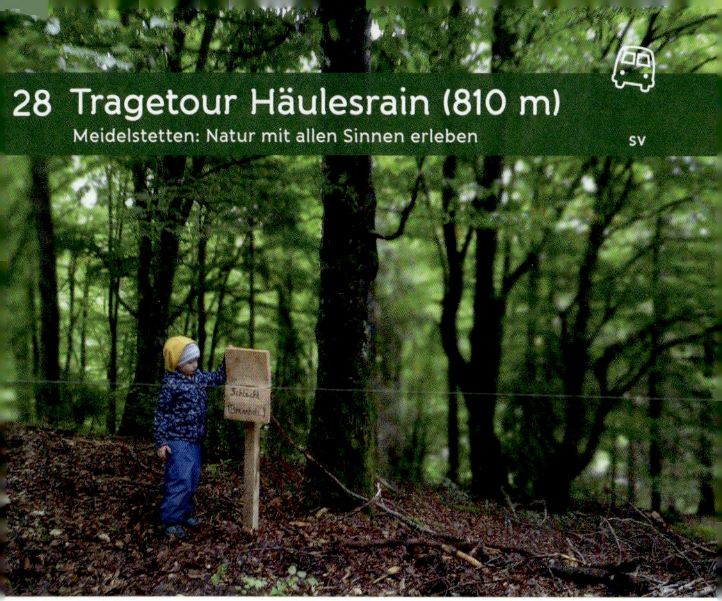

Wer gerne in der Natur unterwegs ist, auf Bäume und Felsen klettert, sein Vesper auch mal auf einem umgestürzten Baum essen möchte, im Wald Holzkegel umwerfen oder auf einem Holzxylophon spielen will, dem wird dieser Naturerlebnispfad sehr gut gefallen. Der erste Teil des Weges verläuft am Waldrand und durch eine Wacholderheide, der zweite Teil auf einem Schotterweg durch den Wald und Obstbaumwiesen.

Wetter: Anforderung: Gesamtdauer: 1 ¼ h

Anforderung: Leicht; 55 Hm; geringe Steigung, Wald- und Wiesenpfade und Schotterwege.

Dauer: RW: 1 ¼ h; 2,7 km. Wegverlängerung über Grillstelle ca. 5 Min.

Wetter: Klassisches Wanderwetter, auch noch bei leichtem Regen möglich.

Wanderwert für (Geschwister) Kinder:	
2–3 Jahre:	Naturerlebnisstationen am Wegesrand und naturnahe Spielmöglichkeiten unter hohen Bäumen, viel Totholz zum Lager-Bauen und bemooste kleine Felsen für erste Kletterversuche. Rastplatz am Parkplatz und Grillstelle am Ende des Weges.
4–6 Jahre:	Siehe 2–3 Jahre. An der ersten Station kann mit einem Hammer (vorhanden) Sandstein geklopft werden. Wer mag, ein Fernglas für den kleinen Beobachtungsturm mitnehmen.
Kinderfahrrad:	Nein.

Navi: 72531 Hohenstein-Meidelstetten, Kreuzung Am Häule/Erpfinger Straße.

Anfahrt: B312 von Reutlingen über Pfullingen und Engstingen bis Bernloch folgen. Am Ortsrand rechts auf die K6737 in Richtung Meidelstetten abbiegen. In Meidelstetten rechts auf die Erpfinger Straße einbiegen, nach 500 m befindet sich der Parkplatz am Ortsrand auf der rechten Seite.

Bus/Bahn: Bus 261, 400Z, Hst. Meidelstetten, Hohenstein (Württ). Wegverlängerung ca. 8 Min.

Ausgangspunkt/P: Wanderparkplatz Naturerlebnispfad.

Infos/Gaststätten: * Kein Ghf. entlang des Weges. *Infos Naturerlebnispfad www.gemeinde-hohenstein.de/tourismus/naturerlebnis *Führungen in Gruppen mit dem Revierförster, Tel: 07387 985909, sind auf Anfrage möglich.

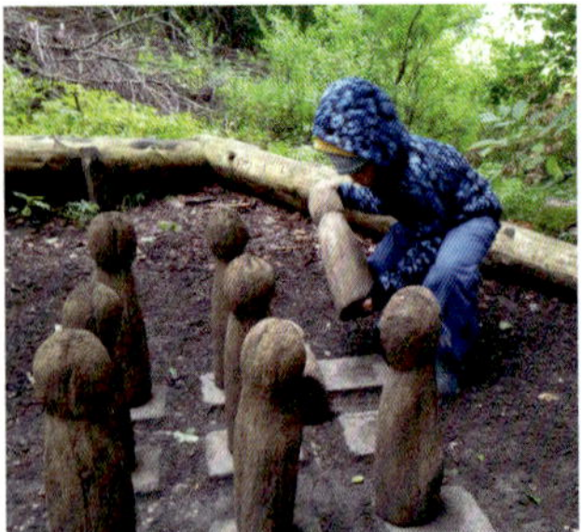

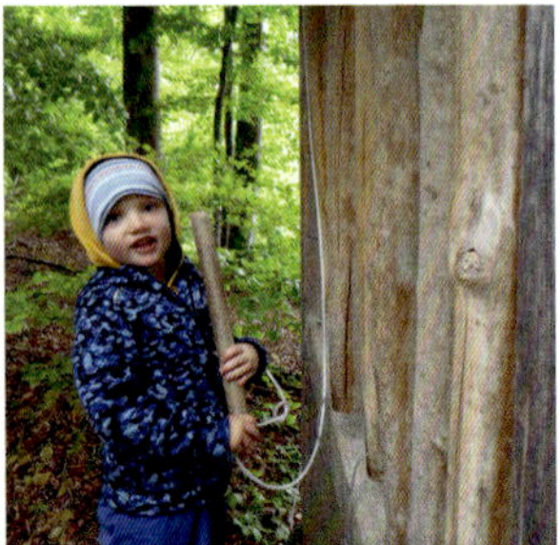

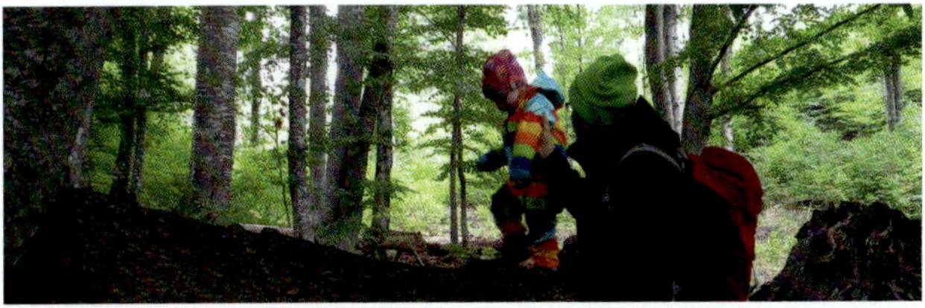

Wegbeschreibung: Unterhalb des Parkplatzes beginnt der Naturerlebnispfad mit einem Holztor. Auf einer Infotafel werden die Baumzwillinge (Laub- und Nadelbaum) vorgestellt, mit denen die gesamte Runde beschildert ist. Der Weg verläuft erst als schmaler Pfad mit wenigen kurzen Abstiegen immer am Waldrand entlang. An der Kreuzung mit dem Schotterweg rechts auf diesen einbiegen, es geht dann eine Weile leicht bergauf. An der nächsten Kreuzung wieder rechts, am Waldrand kann man schon einen kleinen Beobachtungsturm erkennen. Es geht bergauf durch den Wald, an jeder Kreuzung sind die Baumzwillinge gut zu erkennen. Nach dem Holzxylophon verläuft der Weg durch eine Ostbaumwiese. Am Waldrand angekommen, weist ein kaum lesbares Holzschild („Feuerstelle 50 m") den Weg zu einer Grillstelle. Egal, welche Variante ihr wählt, an der Kreuzung mit der Asphaltstraße rechts halten und dieser bergab zum Parkplatz folgen.

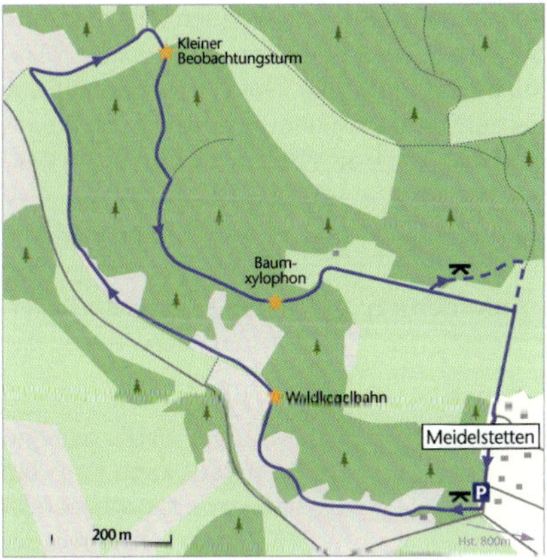

29 Phänopfad (723 m)

Pfronstetten: Forschen und Staunen

SV

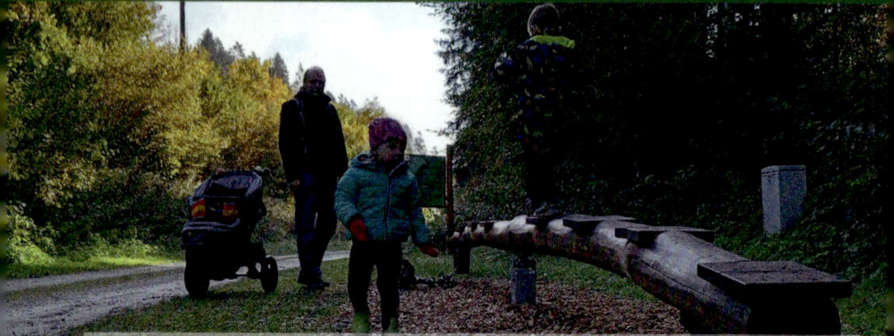

Nur wer mitmacht, kann auch begreifen. „Phäno" steht bei diesem Lehrpfad für Naturphänomene, und alle Großen und Kleinen sind eingeladen nicht nur zuzuschauen und zu staunen, sondern aktiv an den Stationen wie z.B. Wellenbaum, starker Max oder in der klingenden Küche mitzumachen. Der Weg verläuft erst als Schotterweg in einem flachen Tal, nach einem kurzen Aufstieg über einen Waldpfad dann auf der Hochfläche als Wiesenweg immer am Waldrand wieder zurück.

Wetter: Anforderung: Gesamtdauer: 1 h

Anforderung:	Mittel; 35 Hm; ein steiler Auf- und Abstieg, ansonsten überwiegend flach.
Dauer:	RW: 1 h; 2,5 km.
Wetter:	Bei jedem Wetter geeignet. Der Aufstieg aus dem Tal heraus kann nach längeren Regenfällen rutschig sein. Je nach Jahreszeit kann das Tal fast vollständig im Schatten liegen.

Wanderwert für (Geschwister) Kinder:

2–3 Jahre:	Können bereits bei den meisten Stationen mitmachen. Weil die weiteren Stationen schon sichtbar sind, kann der Phänopfad auch zu einem großen Teil selbst abgelaufen werden.

4–6 Jahre:	Siehe 2–3 Jahre.
Kinderfahrrad:	Ja, beim Aufstieg aus dem Tal muss aber vermutlich geschoben werden und beim Abstieg am Ende des Weges muss der/die FahrerIn sicher bremsen können.

Navi: 72539 Pfronstetten, Aichelauer Straße (K6747).

Anfahrt: Der B312 von Reutlingen über Pfullingen bis Pfronstetten folgen.
In Pfronstetten von der Hauptstraße links auf die Schulstraße (K6748) in Richtung Pfr.-Aichelau/Pfr.-Aichstetten abbiegen. In Aichstetten links auf die Aichelauer Straße (K6747) einbiegen. Nach ca. 1,2 km liegt der Wanderparkplatz auf der linken Seite (blaues Wanderparkplatzschild).

Bus/Bahn: -

Ausgangspunkt/P: Wanderparkplatz Phänopfad zwischen Aichelau und Aichstetten.

Infos/Gaststätten: *Kein Ghf. entlang der Strecke. *Infos/Führungen, Bürgermeisteramt Pfronstetten, Tel. 07388 999911, www.pfronstetten.wordpress.com.

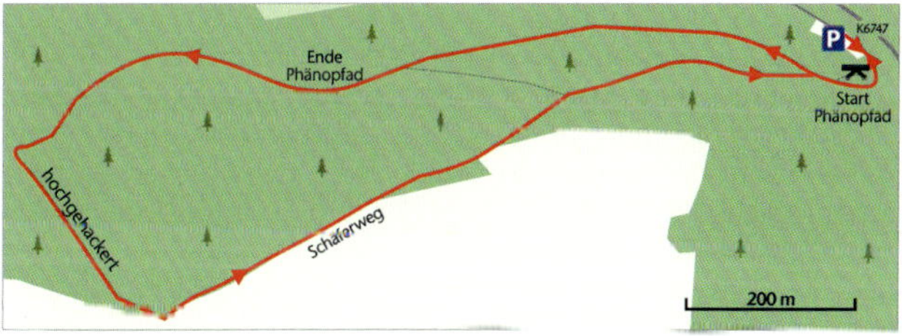

Wegbeschreibung: Vom Parkplatz müsst ihr wieder ein kurzes Stück zurücklaufen und bei der ersten Station „Sonnenfeuer dem breiten Schotterweg ins Tal hinein folgen, die Stationen des Pfades folgen sehr kurz hintereinander. Nach der letzten Station folgt etwa 5 Min. später links der Abzweig des Premiumwanderweges „hochgehackert" (grüne Schilder). Dem Waldpfad hinauf folgen, oben angekommen zweigt links der Schäferweg (Holzschild) ab. Auf dem Wiesenweg geht es nun immer am Waldrand entlang. Als Schotterweg führt der Weg schließlich bergab und trifft an der Station 2 wieder auf den Phänopfad. Dem bekannten Weg zum Ausgangspunkt folgen.

30 Glastal (597 m)

Hayingen: durch eines der schönsten Flusstäler der Alb

SV

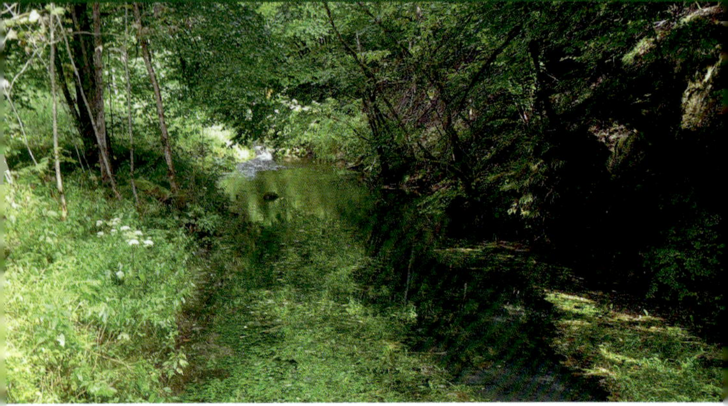

Für viele ist das romantische Glastal nur der etwas verlängerte Zustieg zur berühmten Wimsener Höhle (Deutschlands einzige mit dem Boot zu befahrende Schauhöhle) und entsprechend herrscht auch viel Durchgangsverkehr an schönen Tagen. Für Kinder bieten sich hier unzählige Spielmöglichkeiten am Wasser, es gibt kleine Höhlen am Wegesrand zu erkunden und ein breiter feiner Schotterweg macht die Tour für jeden begehbar. Das enge bewaldete Tal bietet vor allem an Hochsommertagen eine willkommene Abkühlung.

Wetter: Anforderung: Gesamtdauer: 1 ½ h

Anforderung:	Leicht; 23 Hm; wenige kurze Steigungen; feiner Schotterweg.
Dauer:	Eine Strecke: ¾ h; 2,4 km, um ca. 1,5 km verlängerbar.
Wetter:	Zu jeder Jahreszeit geeignet, fast ausschließlich im Schatten.

Wanderwert für (Geschwister) Kinder:	
2–3 Jahre:	Höhlen am Wegesrand, ab der Hasenbachquelle viele Möglichkeiten, am Bach zu spielen (Abstecher zur Ruine nur an der Hand eines Erwachsenen möglich). Bei Wegverlängerung Wasserspielplatz an der Wimsener Höhle.
4–6 Jahre:	Siehe 2–3 Jahre.
Kinderfahrrad:	Ja, sehr gut geeignet.

Navi: Der Ausgangspunkt liegt mitten im Wald, daher am besten vorerst im Navi 72539 Pfronstetten, Georgenhof 1 eingeben, dann der Anfahrtsbeschreibung folgen.

Anfahrt: B312, Abfahrt in Pfronstetten Richtung Hayingen oder von Zwiefalten auf L254 über Hayingen Richtung Pfronstetten. Mitten im Wald in einer Senke liegt die Hayinger Brücke mit dem Wanderparkplatz.

Bus/Bahn: Bus 265, Hst. Schloss Ehrenfels/Glastal. Haltestelle am südlichen Ende, Wegverlängerung ca. 15 min. Die Tour wird dann allerdings umgekehrt begangen. Einfach der Beschilderung „Glastal" über den Schotterweg folgen.

Ausgangspunkt/P: Parkplatz direkt an der Hayinger Brücke. Am Wochenende empfiehlt es sich frühzeitig da zu sein, da sich der Parkplatz schnell füllt.

Infos/Gaststätten: Bei Verlängerung zur Wimsener Höhle: *Gasthaus Friedrichshöhle, Tel. 07373 915260, www.tressbrueder.de/bio-gasthof-friedrichshoehle, Mrz –Nov. tägl. geöff. *Wimsener Höhle, geöff. April–Okt., RP Erw. € 6, Ki. bis 5 J. € 4,50.

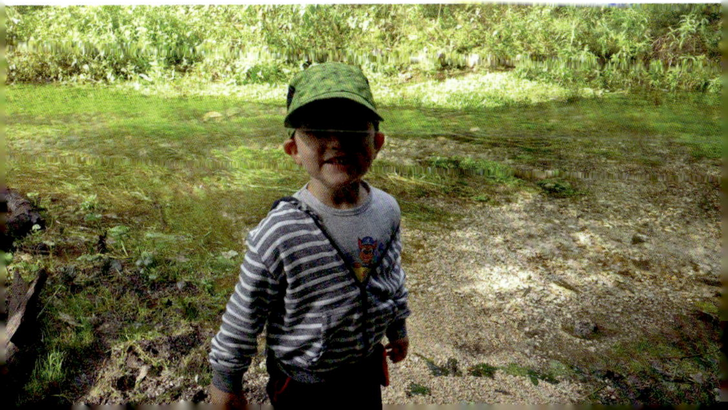

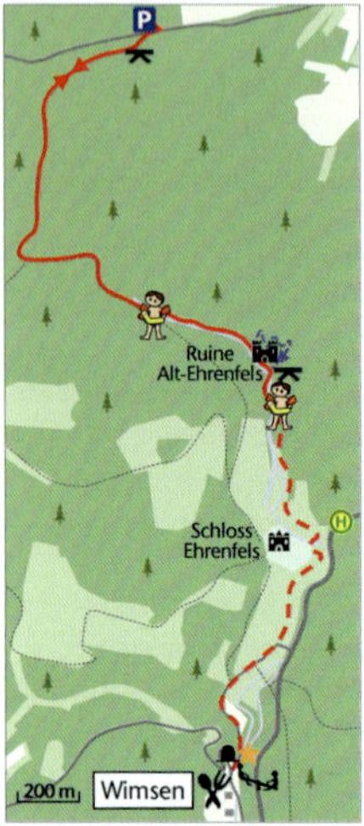

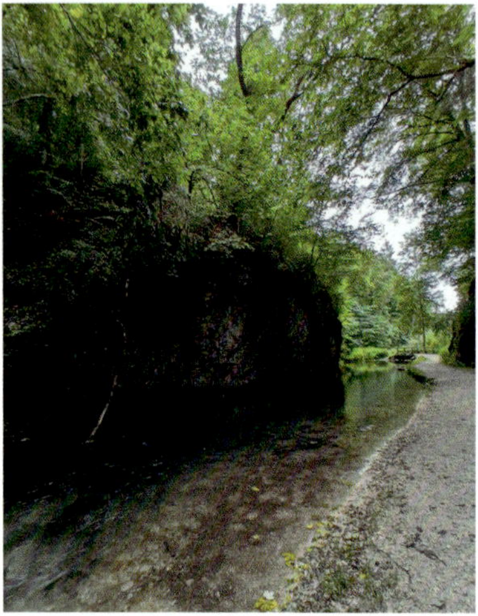

Wegbeschreibung: Vom Parkplatz Hayinger Brücke wird die Straße und der gegenüberliegende Rastplatz überquert. Der Schotterweg führt hinab ins Glastal. Nach ca. 1,5 km entspringt neben dem Weg der Hasenbach. Nach dem Abzweig zur Ruine Ehrenfels öffnet sich das Tal ein wenig und es bilden sich zwei Seen. Bänke laden hier zum Rasten ein. Auf demselben Weg gelangt man wieder zurück zum Ausgangspunkt. <u>Variante für EntdeckerInnen:</u> Abstecher über die Burgruine Ehrenfels (nicht kinderwagengeeignet). Es geht in wenigen Kehren sehr steil den Wald hinauf. Kleinkinder sind mindestens an der Hand zu sichern. Nach wenigen Minuten erreicht man die Ruine, die aus den Resten eines Burgfrieds besteht, umrundet diese halb und steigt dann auf der anderen Seite hinab ins Schweiftal. Nach ungefähr 100 m gelangt man wieder nach vorne ins Glastal zu den Seen. <u>Verlängerung zur Wimsener Höhle:</u> Der Beschilderung folgend erreicht man nach ca. 30 Minuten (1,5 km) die Wimsener Höhle.

31 Tragetour Burg Derneck (655 m)

Münsingen-Gundelfingen: „hochgehswiggert" im Lautertal

SV

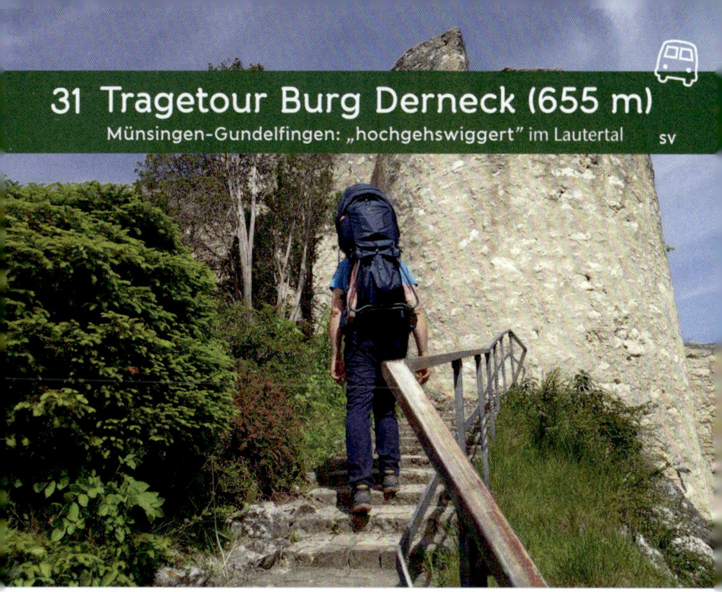

Namenspate war hier ein Herrscher von Gundelfingen aus dem 12. Jahrhundert. In seinem Vorgarten wandert ihr auf dieser Tour durch das Lautertal – ein Flusstal, das wie gemalt aussieht und wo sich die Burgen und Ruinen wie eine Perlenkette an das Flüsschen Lauter reihen. Die Burg Derneck wurde liebevoll restauriert und wird vom schwäbischen Albverein bewirtschaftet. Wer schon immer mal auf einer Burg übernachten wollte, hier wäre die Gelegenheit!

Wetter: Anforderung: Gesamtdauer: 1 ½ h

Anforderung: Mittel; 62 Hm; zwei kurze, steile und schmale Passagen, ansonsten überwiegend flach; schmale Waldpfade, Asphalt- und Schotterwege.

Dauer: RW: 1 ½ h; 3,1 km.

Wetter: Klassisches Wanderwetter, auch bei leichtem Regen noch möglich.

Wanderwert für (Geschwister) Kinder:	
2–3 Jahre:	Liegewiese Heiligental mit Grillstelle und Gelegenheit, am Wasser zu spielen. Auch wenn die Lauter sehr gemütlich dahinfließt, gibt es direkt am Ufer tiefe Stellen, deshalb nur mit einem Erwachsenen in Wassernähe aufhalten. Turm der Burg Derneck kann erkundet werden. Schmale Pfade animieren zum selber Laufen, trotz Steigung/Gefälle besteht meist keine Absturzgefahr.
4–6 Jahre:	Siehe 2–3 Jahre. Spielplatz Breitle, Spielgeräte (Seilbahn, Hangelgerät, Volleyballfeld ...) sind eher für Größere geeignet.
Kinderfahrrad:	Nein.

Navi: Nähe 72525 Münsingen, Heiligental 1.

Anfahrt: B312 bis Metzingen, dann auf B28 bis Bad Urach. Der B465 in Richtung Biberach/Münsingen bis Münsingen folgen. Vor dem Bahnhof Münsingen rechts auf die Lautertalstraße (K6769) in Richtung Zwiefalten/Hayingen abbiegen und dieser für ca. 13 km folgen. Nach der Ortschaft Gundelfingen liegt der Wanderparkplatz auf der linken Seite.

Bus/Bahn: Bus 265, Hst. Burg Derneck, Hayingen. Ausgeschilderter Zustieg zum Wanderweg. Wegverlängerung 2 min. Einstieg auf etwa der Hälfte der beschriebenen Tour.

Ausgangspunkt/P: Wanderparkplatz Heiligental mit Rastplatz.

Infos/Gaststätten: *Burgschenke Burg Derneck, mit Übernachtungsmöglichkeit, Tel. 07386 217, www.tuerme-wanderheime.albverein.net/wanderheime/wanderheim-burg-derneck, geöff. tgl. Apr.–Nov. *Infos Premiumwanderwege hochgehberge unter www.hochgehberge.de

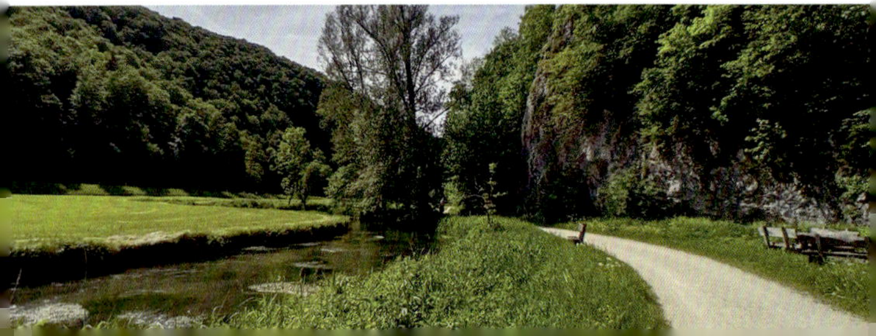

Wegbeschreibung: Vom Parkplatz Heiligental der „hochgehswiggert"-Beschilderung über eine Brücke folgen. Nach der Liegewiese verläuft der Weg auf dem asphaltierten Radweg weiter. Der Aufstieg zur Burg Derneck erfolgt über einen verwurzelten und steinigen Waldweg. Nach der Burg einem schmalen Waldpfad links nach dem Burgtor zum Spielplatz „Breitle" folgen. Ohne größere Steigung geht es dann auf einem Schotterweg durch den Wald. Anschließend auf der Wacholderheide verlasst ihr den „hochgehswiggert"-Wanderweg und biegt rechts auf einen schmalen, steilen, teils ausgewaschenen Wiesenweg ab, der wieder hinunter auf den anfangs beschriebenen Radweg führt. Dieser Abstieg ist absolut nicht mit Kinderwagen machbar. Auf dem Radweg angekommen demselben Weg wieder zurück zum AP folgen.

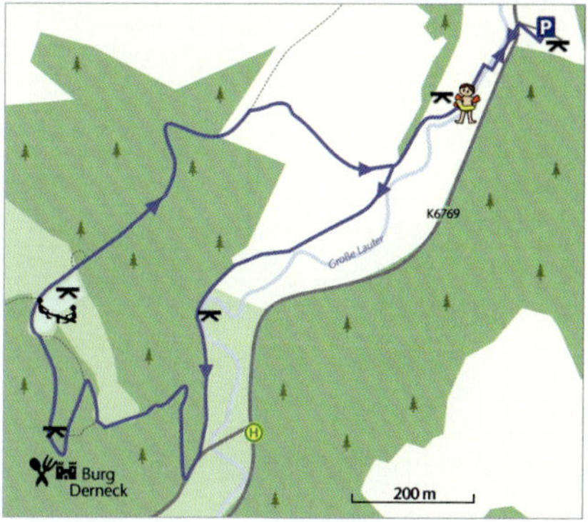

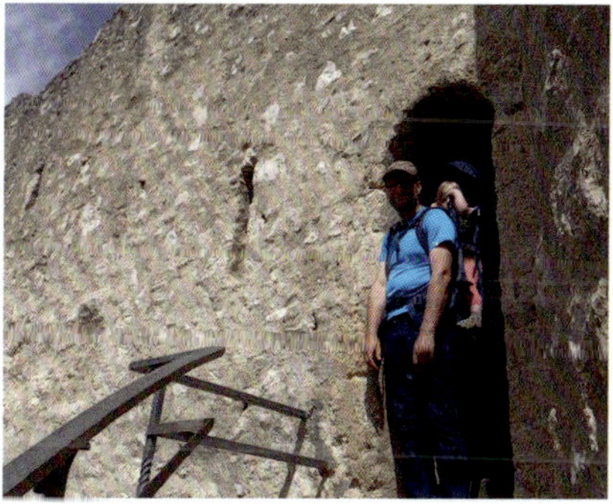

32 Blautopf (515 m)

Blaubeuren: gut besuchtes Juwel der Schwäbischen Alb ha

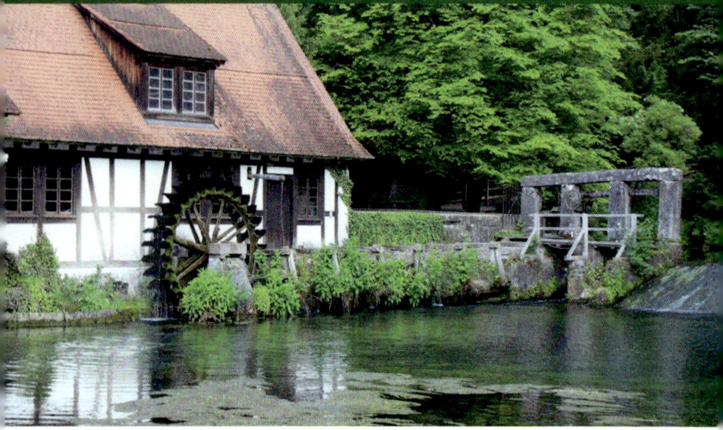

Die letzten Meter zum Blautopf könnten eine Filmkulisse sein: Mittelalterliche Gebäude, eine beeindruckende Klosterkirche und das unglaublich strahlende Blau, das dem Blautopf seinen Namen gibt. Ältere Geschwisterkinder denken bei diesem Anblick vielleicht an einen gewissen englischen Zauberlehrling. Dass der Blautopf ein echtes Highlight der Schwäbischen Alb ist, hat sich schon längst herumgesprochen. Wer in Ruhe genießen und fotografieren möchte, kommt am besten unter der Woche und am Vormittag.

Wetter: Anforderung: Gesamtdauer: ¾ h

Anforderung:	Leicht; 16 Hm; eben; asphaltierte und gepflasterte Sträßchen (aber kein grobes Kopfsteinpflaster).
Dauer:	RW: ¾ h; 1,6 km.
Wetter:	Bei zweifelhaftem Wetter gibt es im Städtle genügend Schutz- und Unterschlupfmöglichkeiten.

Wanderwert für (Geschwister) Kinder:	
2–3 Jahre:	Spielplatz und Wiesengelände im Stadtpark; Enten und Fische beobachten an der Blau. Die BlautopfBäder (Freibad und Hallenbad) liegen an der Wegstrecke.
4–6 Jahre:	Besichtigung der Hammerschmiede mit Museum.
Kinderfahrrad:	Für verkehrssichere RadlerInnen geeignet, die sich in belebter Umgebung bewegen können.

Navi: 89143 Blaubeuren, Auf dem Graben (Parkplatz am Türmle).

Anfahrt: Von Ulm die B28 entlang bis Blaubeuren. Am Bahnhof rechts in die Karlstraße. Vor Beginn der Fußgängerzone zweigt rechts die Alberstraße ab, die in die Straße „Auf dem Graben" übergeht. Dieser 350 m bis zum ausgeschilderten Parkplatz am Türmle folgen.

Bus/Bahn: Zugverbindung über Ulm. Vom Bahnhof Blaubeuren sind es ca. 1,5 km bis zur Stadtmitte. Mit Bus 364 oder 365 zum Busbahnhof. Dieser liegt wenige Meter vom Ausgangspunkt entfernt.

Ausgangspunkt/P: Parkplatz am Türmle.

Infos/Gaststätten: *Café am Blautopf, Terrassen-Café mit herrlicher Aussicht, Tel. 07344 921027, tgl. geöff. *Historische Hammerschmiede mit Museum, tgl. geöff., Kinder bis 6 Jahren haben freien Eintritt, beides zu finden unter: www.blautopf.de (Rund um den Blautopf). *BlautopfBäder (Freibad und Hallenbad), Tel. 07344 9248090, www.tw-blaubeuren.de/blautopfbaeder.

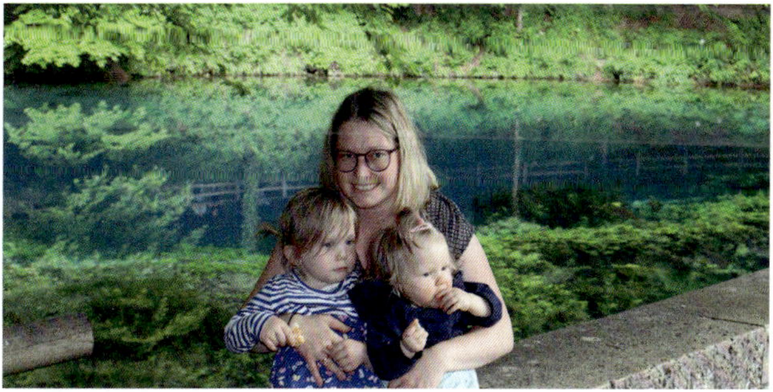

Wegbeschreibung: Ab dem Parkplatz der Beschilderung „Kloster” folgen. Nach wenigen Metern auf der Mauerstraße zweigt rechts ein kleiner Fußweg auf das Klostergelände ab. Das wird durchquert und am oberen Ende durch ein Tor wieder verlassen. Jetzt rechts auf der Blautopfstraße direkt auf den Blautopf zu. Dieser kann nur zu Fuß umrundet werden. Mit dem Kinderwagen daher im Schatten der alten Klosterkirche weiter am Flüsschen Blau entlang. Ab der Straße „Mühlweg” befinden wir uns außerhalb der Fußgängerzone und mit Autoverkehr ist zu rechnen. Auf Höhe des Freibads nach rechts über eine kleine Fußgängerbrücke auf das Hallenbad zu. An diesem rechts vorbei durch den Stadtpark zum Spielplatz. Mit Blick auf die Altstadt geradeaus zurück zum Ausgangspunkt.

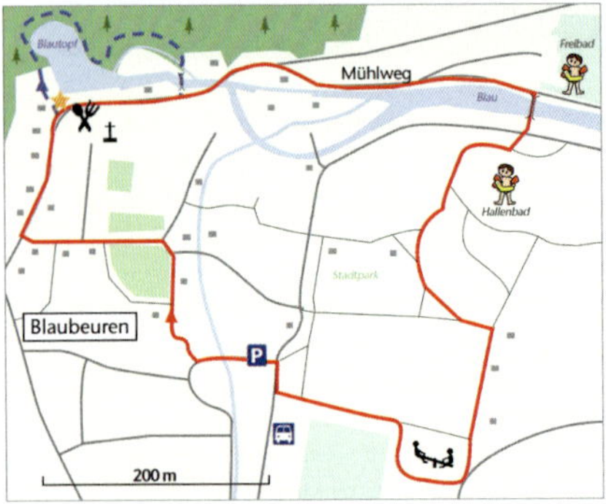

<u>Variante Blautopfrundweg:</u> schmaler, teilweise wurzeliger Pfad mit Treppen, ca. 300 m lang, trifft am Beginn des Mühlwegs wieder auf die Tour. Weder für Kinderwagen noch Laufrad geeignet.

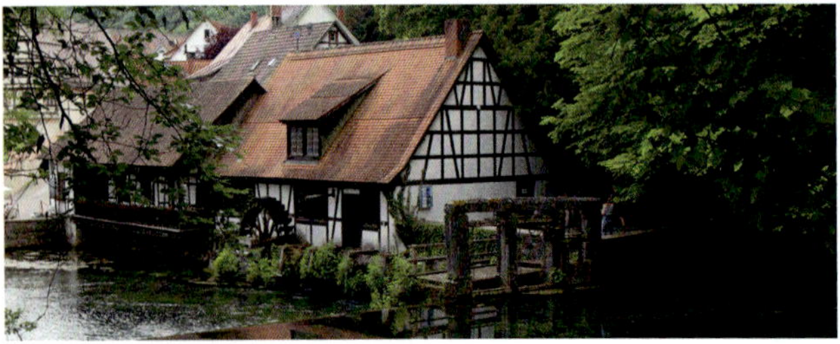

33 Gütersteiner Wasserfall (645 m)

Bad Urach: Besuch beim kleinen Bruder

SV

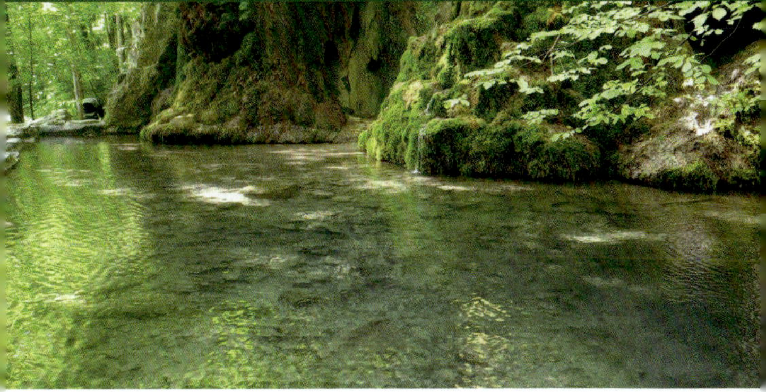

Vielleicht etwas weniger imposant als der weit bekannte Uracher Wasserfall, dafür auch weniger überlaufen und mit mehr Zeit und Ruhe zum Genießen! Über Mooskaskaden und Sinterterrassen plätschert hier das Wasser in ein großes Becken, das zum Füße-Abkühlen einlädt. Profis wissen, das bedeutet Handtuch und Wechselklamotten einzupacken. Der Kinderwagen Hinweg verläuft ohne Kehren stetig ansteigend bergauf durch den Wald und bietet für mitwandernde Geschwisterkinder keine Highlights, deshalb beschreiben wir auch eine Tragealternative auf schönen Waldpfaden als Rückweg.

Wetter: Anforderung: Gesamtdauer: 1 ¾–2 h

Anforderung: Schwer; 185 Hm, stetiger Anstieg auf dem Hinweg. Gute Schotter- und Waldwege.

Dauer: Kinderwagenvariante, eine Strecke: 1 h; 2,3 km. Tragevariante als RW: 1 ¾ h, 4,7 km.

Wetter: Klassisches Wanderwetter, auch bei leichtem Regen möglich.

Wanderwert für (Geschwister) Kinder:	
2–3 Jahre:	Kneippanlage am Parkplatz, Spielgeräte am Maisentalstüble. Wasserbecken und viele kleine Bächle, Zu- und Abflüsse am Gütersteiner Wasserfall.
4–6 Jahre:	Siehe 2–3 Jahre.
Kinderfahrrad:	Nein.

Navi: 72574 Bad Urach, Vorderes Maisental 6.

Anfahrt: Ab Reutlingen der B28 Richtung Bad Urach folgen. Am Ortseingang/Bahnhof rechts der Beschilderung zu den Parkplätzen folgen.

Bus/Bahn: Hst. Wasserfall, Bad Urach, Wegverlängerung zum Parkplatz ca. 3 Min.

Ausgangspunkt/P: Parkplatz Uracher Wasserfälle. WC-Anlage mit Wickeltisch vorhanden.

Infos/Gaststätten: *Ghf. Maisentalstüble, mit Biergarten, Tel. 07125 4241, facebook: Maisentalstüble Gaststätte, Ruhetag Mo. *Parkgebühr RP € 5.

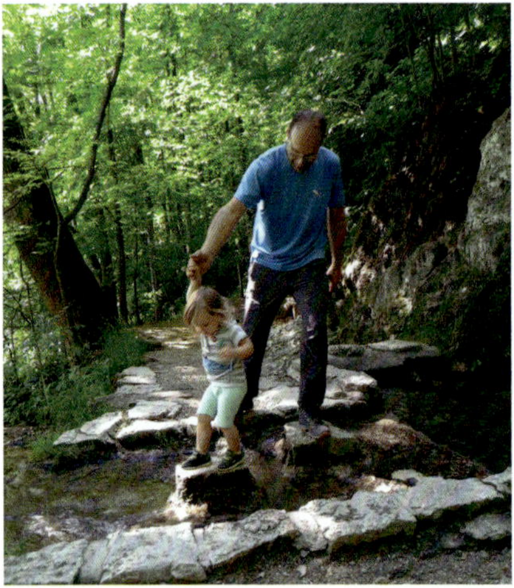

Wegbeschreibung:
Kinderwagenvariante: Vom Parkplatz der Beschilderung „Gütersteinerwasserfall" auf der Asphaltstraße ins Maisental folgen. Der Weg führt durch Pferdekoppeln hindurch und wird zu einem guten Schotterweg, der links in den Wald hinaufführt. Ab jetzt geht es mit mäßiger Steigung nur noch bergauf (Beschilderung gelber Kreis und Weg Nr.

9), bis in einer Kehre der Weg zum Gütersteiner Wasserfall als Waldpfad rechts abzweigt. Nach wenigen Minuten erreicht ihr die Kapelle, kurz davor führt der breite

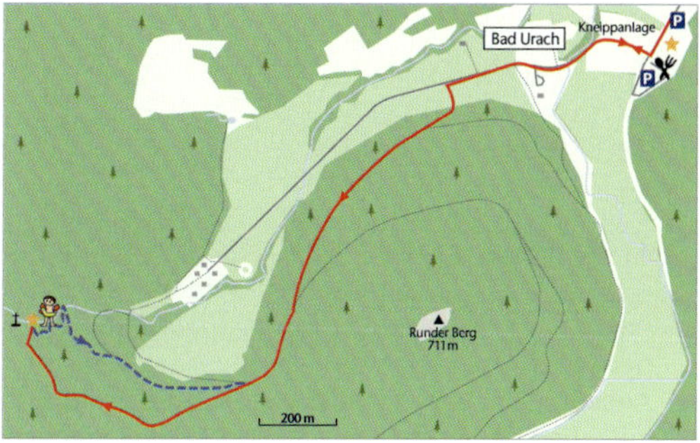

Waldweg rechts bergab und man steht schon direkt am Wasserbecken des Gütersteiner Wasserfalls. Gleicher Rück- wie Hinweg.
<u>Tragevariante:</u> Am Wasserfall den Fußweg, der in vielen kleinen Kehren bergab führt, wählen, Beschilderung blaues Dreieck und der gelbe Kreis. Unten angekommen, dem Waldweg rechts folgen. Dieser verläuft immer am Waldrand ohne größere Steigung, bis er wieder mit dem Hinweg zusammentrifft. Diesem zurück zum Ausgangspunkt folgen.

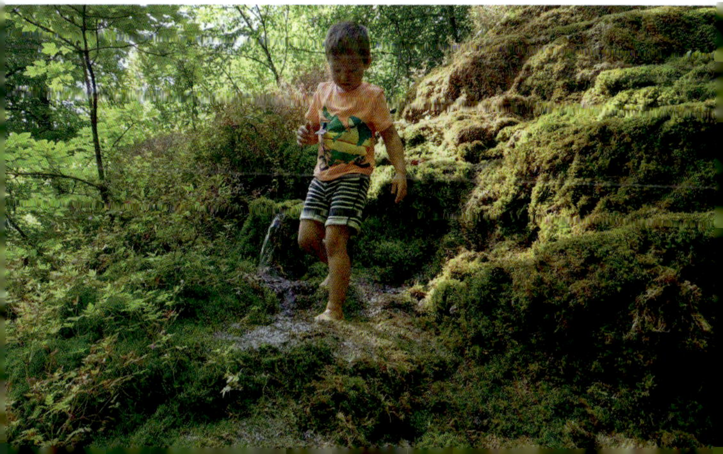

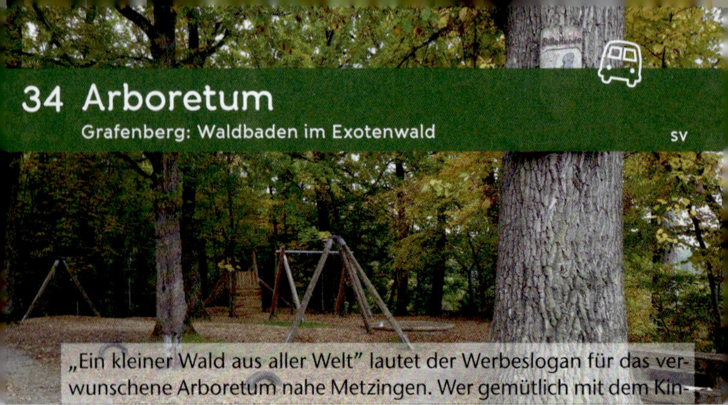

34 Arboretum

Grafenberg: Waldbaden im Exotenwald

SV

„Ein kleiner Wald aus aller Welt" lautet der Werbeslogan für das verwunschene Arboretum nahe Metzingen. Wer gemütlich mit dem Kinderwagen unter Baumriesen wandern möchte, ist hier genau richtig. Anfangs über breite Schotterwege verläuft der Weg dann im Arboretum auf schmalen Waldpfaden unter teils tiefhängenden Ästen. Der große Waldspielplatz direkt am Parkplatz lädt zu einer ausgiebigen Rast nach dem Waldbad ein.

Wetter: Anforderung: Gesamtdauer: 1 h

Anforderung:	Mittel; 49 Hm; geringe Steigung. Schotterwege und Waldpfade.
Dauer:	RW: 1 h; 2,4 km.
Wetter:	Durch die geschützte Lage unter den hohen Bäumen auch bei leichtem Regen oder im Hochsommer geeignet.

Wanderwert für (Geschwister) Kinder:

2–3 Jahre:	Großer Spielplatz am AP mit Seilbahn, Rutschenturm, Sandkasten usw. Im alten Arboretum sind Holzfiguren und Gesichter in morsche Baumstämme geschnitzt. Die schmalen Waldwege zwischen den alten Bäumen animieren zum selbst Laufen.
4–6 Jahre:	Siehe 2–3 Jahre.
Kinderfahrrad:	Ja, für sehr geübte FahrerInnen, die auf einem Waldpfad sicher bergab fahren und bremsen können.

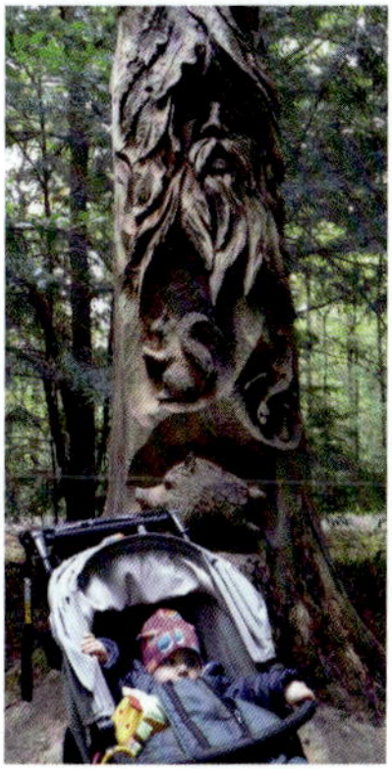

Navi: Nähe 72664 Kohlberg, Grafenberger Straße (Überlandstraße).

Anfahrt: B28, von Reutlingen in Richtung B312/Ulm/Metzingen/Achalm fahren, dann die Auffahrt in Richtung Nürtingen/B313/Grafenberg nehmen. In Grafenberg im Kreisverkehr an der zweiten Ausfahrt in die Metzinger Straße einbiegen. Nach 300 m rechts in die Schillerstraße fahren, an deren Ende wieder rechts auf die Kohlberger Straße einbiegen. Nach dem Ortsende über eine Brücke und direkt danach rechts auf den Wanderparkplatz am Waldrand einbiegen.

Bus/Bahn: Bus 202, Hst. Metzinger Straße. Wegverlängerung ca. 10 Min.

Ausgangspunkt/P: Wanderparkplatz am Arboretum.

Infos/Gaststätten: *Kein Ghf. entlang der Tour. *Infoflyer, www.grafenberg.de/fileadmin/Dateien/Website_2021/Dateien/Arboretumsflyer.pdf.

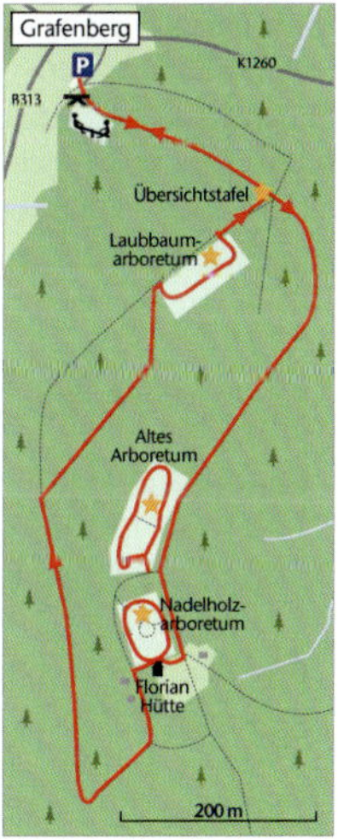

Wegbeschreibung: Am Waldspielplatz dem grünen Schild in Richtung Arboretum folgen. Es geht auf einem Schotterweg leicht bergauf. An der zweiten Kreuzung knickt der Weg rechts ab. Nach wenigen Minuten erreicht ihr das alte Arboretum, durch das ein Waldpfad hindurchführt, der in beliebige Richtungen begangen werden kann. Anschließend kann man direkt in das nachfolgende neue Nadelbaumarboretum eintauchen und dort eine Runde (oder mehrere) drehen. Hinter der Florianhütte führt der Rundweg dann bergab an Lebensbaum, Douglasie und Lärche vorbei zum Laubbaumarboretum. Danach trifft der Weg an der Kreuzung mit der Übersichtstafel wieder mit dem Hinweg zusammen, diesem zum Ausgangspunkt folgen.

35 „hochgenießen" (498 m)

Beuren: kleine „hochgehberge"-Runde am Freilichtmuseum SV

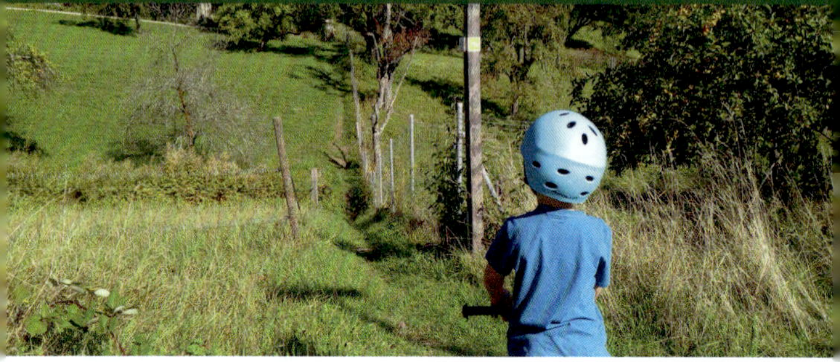

Am Parkplatz wurden wir bereits von einer Herde zotteliger Hochlandrinder begrüßt. Mit dem Laufrad waren auch die breiten Asphalt- und Schotterwege am Anfang der Tour interessant. Der Blumentobelsee und die Umrundung des Engelbergs auf Wiesenwegen war ein schöner Abschluss unserer Kurzfassung des Premiumwanderweges „hochgenießen". Absolute Herzensempfehlung und definitiv Highlight dieser Tour ist das neben dem Parkplatz liegende Freilichtmuseum. Die alten Bauernhäuser, die Tiere, naturnahe Spielmöglichkeiten mit Bächle (Ersatzklamotten waren im Einsatz) und das gute Essen dort haben diesen Tag perfekt abgerundet.

Wetter: Anforderung: Gesamtdauer: 1 ½ h

Anforderung:	Mittel; 71 Hm; am Ende ein langer steiler Anstieg; gute Asphalt-, Schotter- und Wiesenwege. Ein geländegängiger Kinderwagen ist hilfreich, aber nicht zwingend erforderlich.
Dauer:	RW: 1 ½ h, 4,1 km.
Wetter:	Klassisches Wanderwetter, auch bei leichtem Regen möglich. Nicht im Hochsommer empfohlen, da wenig Schatten.

Wanderwert für (Geschwister) Kinder:	
2–3 Jahre:	Spielen am Blumentobelsee (matschiges Ufer) und an dem Vesperhüttle Blumentobelhütte. Die Wiesenwege um den Engelberg animieren zum selber Laufen. Überraschenderweise hat unseren Kindern das Freilichtmuseum mit den alten Bauernhäusern, der alten Schule und den Tieren bereits in diesem Alter sehr gut gefallen.
4–6 Jahre:	Siehe 2–3 Jahre.
Kinderfahrrad:	Ja, für geübte FahrerInnen. Der Anstieg zum Engelberg kann sehr kräftezehrend sein.

Navi: 72660 Beuren, Engelbergweg.

Anfahrt: A8 Stuttgart-München, an der Ausfahrt 57 Kirchheim/Teck-Ost abfahren, dann nach Owen. Auf der L1210 in Richtung Beuren fahren. Das Museum befindet sich kurz vor Beuren auf der rechten Seite. Die Wegstrecke ist ab der Autobahnabfahrt mit dem Museumslogo beschildert.

Bus/Bahn: Bus 199, Hst. Beuren Freilichtmuseum, direkt am Parkplatz 1, Wegverlängerung ca. 3 Min. Hst. Beuren Brühl (Freilichtmuseum) und Hst. Beurener Steige an den Zubringerstraßen, Wegverlängerung ca. 5 min.

Ausgangspunkt/P: Parkplatz 2 am Freilichtmuseum.

Infos/Gaststätten: *Freilichtmuseum Beuren, Museumsgastronomie und Grillplätze, Tel. 07025 911900, www.freilichtmuseum-beuren.de, geöff. (saisonabhängig) Apr.–Nov., Di–So und Feiertage, RP Ki. ab 6 J. € 3,50, Erw. € 7. *Infos Premiumwanderwege hochgehberge unter www.hochgehberge.de.

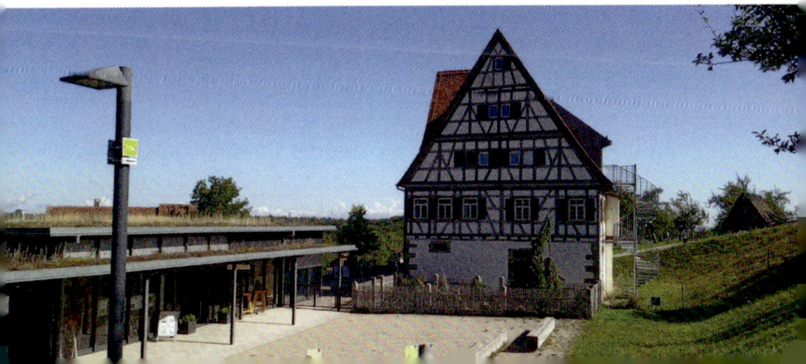

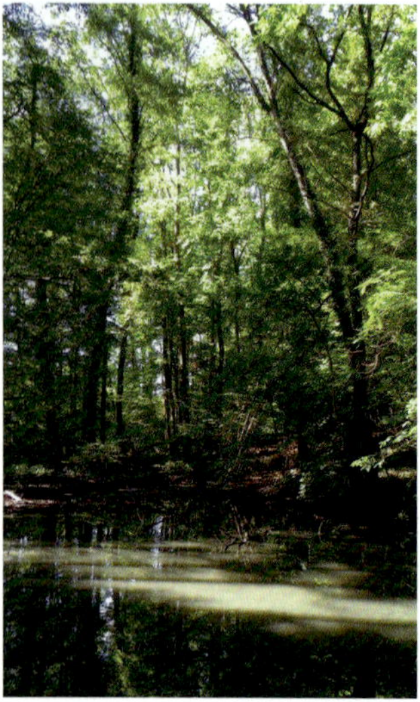

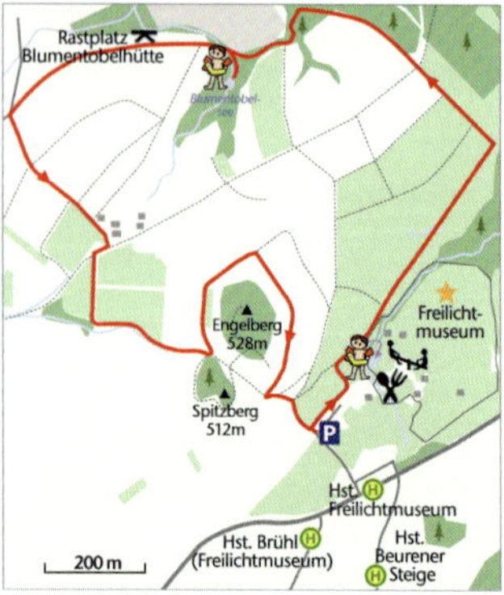

Wegbeschreibung: Am Parkplatz 2 beginnt der Weg ganz unscheinbar an den Mitarbeiterparkplätzen als kurzer Wiesenweg (der grünen „hochgehberge"-Beschilderung mit „hochgenießen" folgen). Nun kann man getrost den Schildern Richtung „Blumentobelsee" und „Blumentobelhütte" folgen. Danach kürzen alle KinderwagenschieberInnen den Weg ab, indem ihr an der nächsten Kreuzung links auf das Asphaltsträßle (später wieder Schotterweg) abbiegt, welches bergauf durch die Obstbaumwiesen führt. Nach dem Überschreiten dieser Kuppe geht es auf der anderen Seite wieder bergab. An der ersten Kreuzung rechts und nach wenigen Metern sofort wieder links einbiegen. Ab hier verläuft der Weg wieder auf dem Premiumwanderweg mit sehr guter Beschilderung. Es folgt noch ein längerer steiler Aufstieg zum Engelberg. Dieser wird dann auf einem breiten Wiesenweg umrundet. Ihr könnt nun bereits die Gebäude des Freilichtmuseums und den Parkplatz sehen. Der Beschilderung zurück zum Ausgangspunkt folgen.

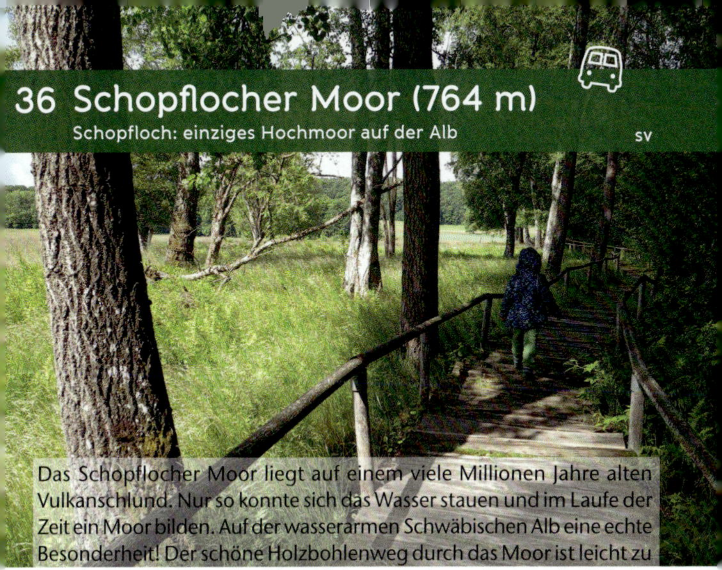

36 Schopflocher Moor (764 m)

Schopfloch: einziges Hochmoor auf der Alb

SV

Das Schopflocher Moor liegt auf einem viele Millionen Jahre alten Vulkanschlund. Nur so konnte sich das Wasser stauen und im Laufe der Zeit ein Moor bilden. Auf der wasserarmen Schwäbischen Alb eine echte Besonderheit! Der schöne Holzbohlenweg durch das Moor ist leicht zu begehen, sogar als rollstuhltauglich ausgewiesen. Der zweite Teil des Rundweges führt über Asphalt zurück und ist für Kinder weniger spannend, da hilft es bestimmt ein Laufrad o.Ä. mitzunehmen.

Wetter: Anforderung: Gesamtdauer: 1 h

Anforderung:	Leicht; 15 Hm; keine Steigung; Holzbohlen-, Wiesenwege und Asphaltstraße.
Dauer:	RW: 1 h; 2,8 km.
Wetter:	Klassisches Wanderwetter, auch bei leichtem Regen möglich.

Wanderwert für (Geschwister) Kinder:

2–3 Jahre:	Der Holzbohlenweg animiert zum selber Laufen. Tierbeobachtungen im Moor.
4–6 Jahre:	Siehe 2–3 Jahre.
Kinderfahrrad:	Ja.

Navi: 73266 Lenningen-Schopfloch, Torfgrube 6.

Anfahrt: Ab Stuttgart A8 in Richtung München, bis Abfahrt 57 in Richtung Kirchheim unter Teck/Lenningen. Der K1250 in Richtung Bissingen a.d. Teck, dann Ochsenwang folgen. Ab Ochsenwang der Schopflocher Straße für ca. 2 km in Richtung Schopfloch folgen, dann rechts abbiegen (Ghf. Albengel/Schopflocher Moor). Der Wanderparkplatz befindet sich direkt auf der linken Seite.

Bus/Bahn: Bus 176, Hst. Schopfloch Torfgrube.

Ausgangspunkt/P: Wanderparkplatz beim Otto-Hoffmeister-Haus.

Infos/Gaststätten: *Ghf. Albengel (Otto-Hoffmeister-Haus), Tel. 07023 900100, www.albengel-otto-hoffmeister-haus.de, Ruhetage: Mo, Di, an Feiertagen/bei guter Witterung ggf. abweichende Öffnungszeiten. *Naturschutzzentrum Schopflocher Moor, super spannende interaktive Ausstellung über die (geologischen) Besonderheiten der Schwäbischen Alb, 2 km südlich des AP an der Straße nach Schopfloch, www.naturschutzzentrum-schopfloch.de/schopflocher-moor, Ruhetage: Mo, im Winterhalbjahr Mo, Sa, kostenloser Eintritt.

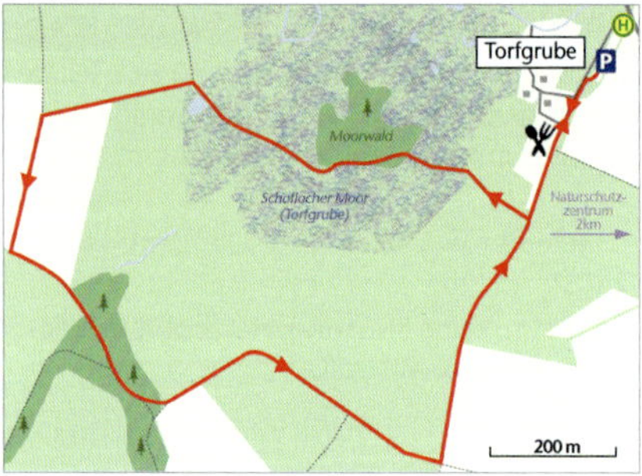

Wegbeschreibung: Nach dem Gasthof biegt ihr rechts bei den Infotafeln ab. Dem Holzbohlenweg durch das Moor folgen und ab dem Tümpel geradeaus weiter, bis zur Asphaltstraße. Links abbiegen und nun immer links haltend, das Naturschutzgebiet umrunden, bis ihr wieder an den anfangs beschriebenen Infotafeln seid. Auf dem bekannten Weg zurück.

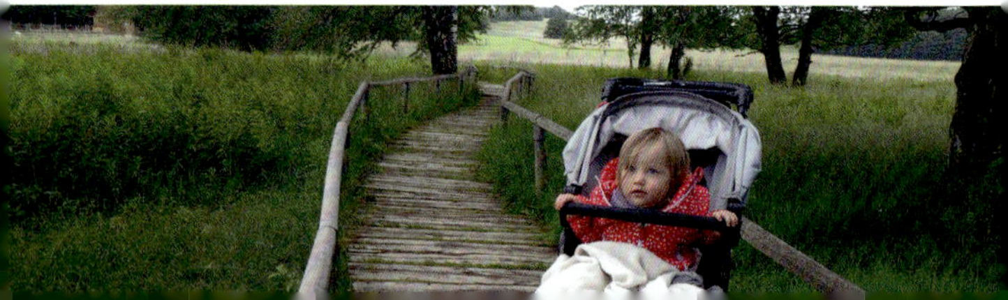

37 Schertelshöhle (802 m)

Westerheim: Tropfsteine und Filsursprung

SV

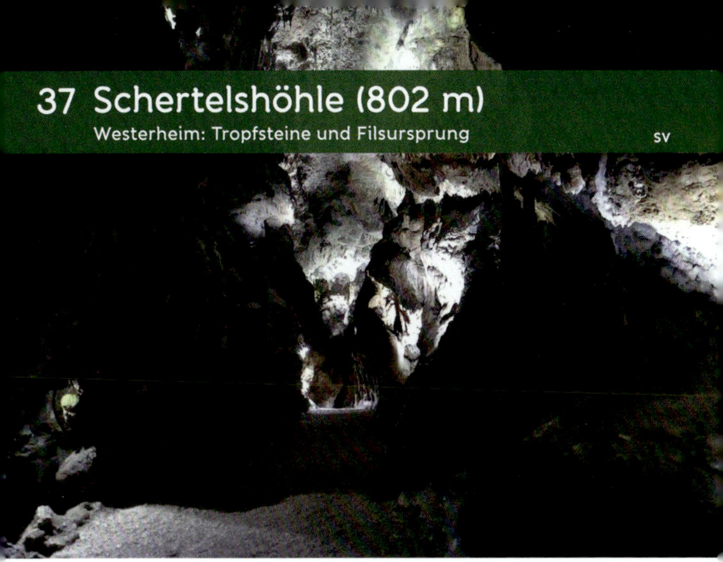

Die Tour beginnt gleich mit der Höhlenbesichtigung der schönen Schertelshöhle, anschließend geht es durch den Wald hinunter ins Hasental zum Filsursprung, ein beliebter Rast- und Grillplatz, und dem Quellteich der Fils. Also unbedingt ein Handtuch und Wechselkleidung einpacken, irgendwer fällt sicher ins Wasser. Bei dieser Tour sollte der Rückweg nicht unterschätzt werden, da einige Höhenmeter noch zu bewältigen sind. Wie gut, dass oben bei der Höhle ein Spielplatz und das Gasthaus bereits auf müde WanderInnen warten.

Wetter: ◔ Anforderung: ● Gesamtdauer: 2 ½ h

Anforderung: Schwer; 207 Hm; stetiger Anstieg auf dem Rückweg; breite Schotter- und Waldwege, teils ausgewaschen.

Dauer: Eine Strecke: 1 ¼ h; 3,4 km.

Wetter: Klassisches Wanderwetter, auch bei leichtem Regen möglich.

Wanderwert für (Geschwister) Kinder:	
2–3 Jahre:	Höhlenbesichtigung und kleiner Spielplatz bei der Schertelshöhle, Gelegenheit zum Planschen am Filsursprung.
4–6 Jahre:	Siehe 2–3 Jahre. Zwischen dem AP und der Schertelshöhle befindet sich ein Spielplatz mit Spielgeräten für Größere (Fußballtore, Schaukel usw.).
Kinderfahrrad:	Nein.

Navi: 72589 Westerheim, Hohbuch 1.

Anfahrt: Von Stuttgart A8 in Richtung München, bis Abfahrt 59 in Richtung Mühlhausen/Wiesensteig/Bad Ditzenbach. Links auf die B466 einbiegen, dann die erste Ausfahrt aus dem Kreisverkehr auf die L1200 Richtung Wiesensteig nehmen. Der L1236 in Richtung Westerheim folgen. Am Ortseingang rechts auf Aufsee in Richtung Gewerbegebiet-Aufsee/Runs abbiegen, dann rechts auf die Lindenstraße (später Westenbergstraße), nach 1 km links auf „Unter dem Graben" abbiegen. Der Straße bis zum Parkplatz Schertelshöhle (beschildert) folgen.

Bus/Bahn: -

Ausgangspunkt/P: Parkplatz Schertelshöhle.

Infos/Gaststätten: *Schertelshöhle, Schauhöhle mit Gasthaus, Tel. 07333 7845, www.schertelshoehle.de, saisonabhängig geöff., Apr.–Nov. an Sonn- und Feiertagen, Mitte Mai–Mitte Sept. zusätzliche Öffnungstage, RP Ki. ab 6 J. € 2, Erw. € 3,50.

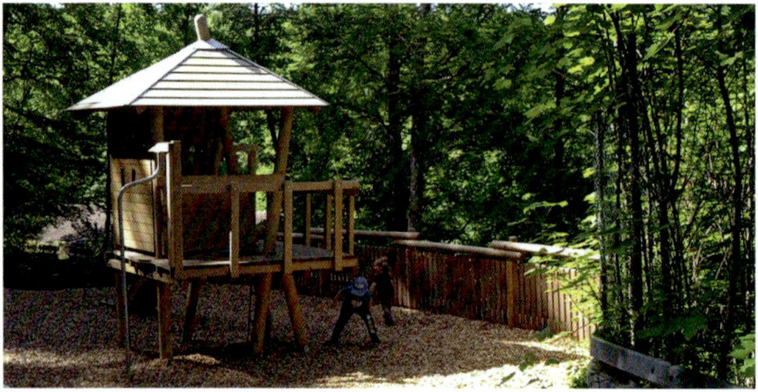

Wegbeschreibung: Vom Parkplatz der Beschilderung zur Schertelshöhle folgen. Während der Höhlenbesichtigung kann der Kinderwagen im Gasthaus abgestellt werden. Am Gasthaus vorbei führt ein Schotterweg Richtung Tal. Nach etwa 8 Min. rechts den gelben Schildern mit roter Gabel vorerst Richtung Zieleiche folgen. Der breite, stellenweise ausgewaschene Schotterweg führt auf etwa gleichbleibender Höhe durch den Wald. Dann dem Abzweig nach links bergab in Richtung Filsursprung/Hasental folgen. Gleicher Rück- wie Hinweg.

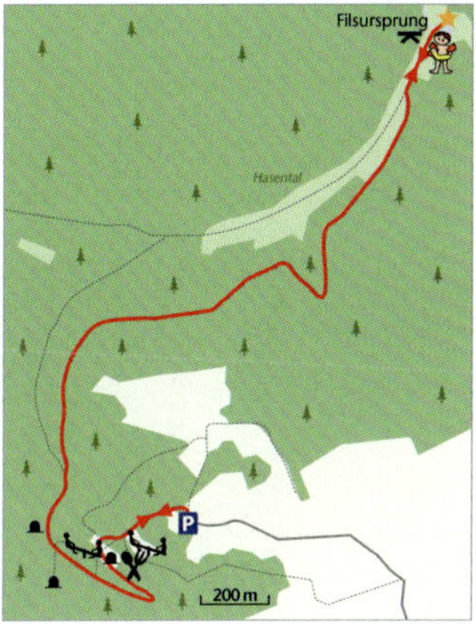

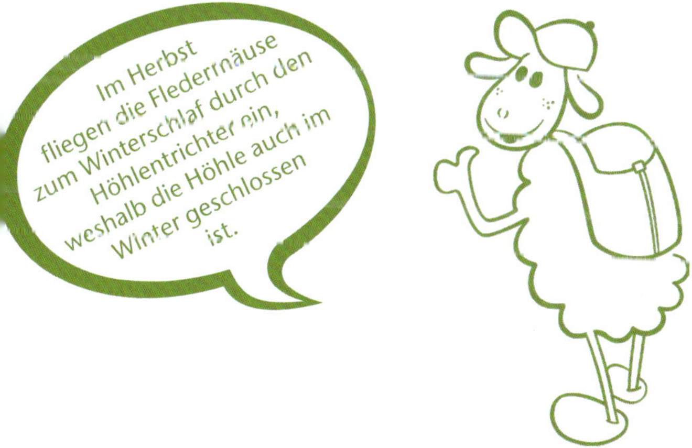

38 Ruine Hiltenburg (716 m)

Bad Ditzenbach: einmal Albaufstieg und zurück SV

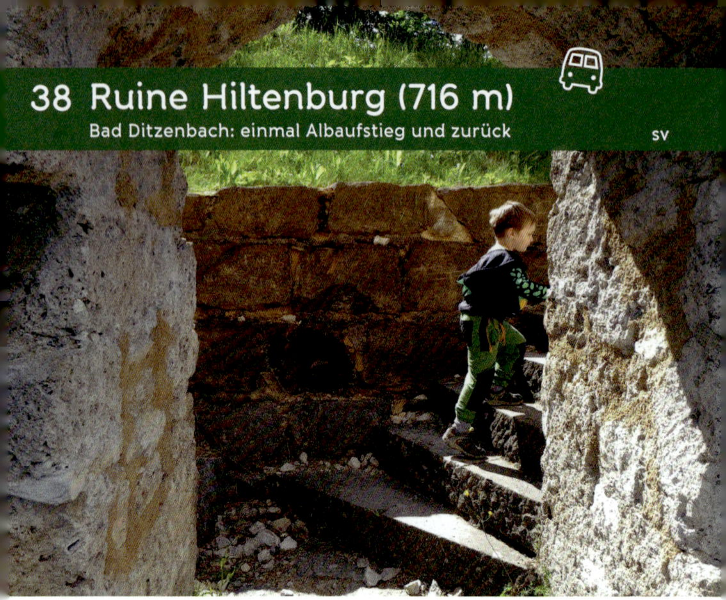

Der Rundweg verläuft zum Teil auf dem Premiumwanderweg „Löwenpfad -Höhenrunde", der nicht umsonst seinen Namen hat. Bis zur Ruine muss der gesamte Albtrauf überwunden werden. Der Waldpfad ist ausreichend breit für einen sehr geländegängigen Kinderwagen, die 200 Höhenmeter Aufstieg merkt man trotzdem deutlich. Die Ruine belohnt mit einem tollen Ausblick und einem weitläufigen Gelände zum Spielen und Entdecken.

Wetter: Anforderung: Gesamtdauer: 1 ¾ h

Anforderung:	Schwer; 205 Hm; steil; Aufstieg auf teils steinigem, wurzeligem Waldpfad, ansonsten überwiegend Schotterwege.
Dauer:	RW: 1 ¾ h; 4,6 km.
Wetter:	Klassisches Wanderwetter, nach längeren Regenfällen kann der Aufstieg rutschig sein.

Wanderwert für (Geschwister) Kinder:	
2–3 Jahre:	Der Waldpfad im Aufstieg animiert, ein Stück selbst zu laufen, kann aber nicht vollständig bewältigt werden. Wippe, Schaukel und Sitzgelegenheiten an der Hiltenburghütte. Die Ruine Hiltenburg bietet zwei Aussichtstürme, eine Grillstelle und eine Ausstellung (s.Infos).
4–6 Jahre:	Siehe 2–3 Jahre.
Kinderfahrrad:	Nein.

Navi: 73342 Bad Ditzenbach, Kreuzung Helbensteinstraße/Burgsteige.

Anfahrt: Von Stuttgart A8 in Richtung München, bis Abfahrt 59 in Richtung Mühlhausen/Wiesensteig/Bad Ditzenbach. Links auf die B466 abbiegen und dieser bis Bad Ditzenbach folgen. Dort rechts auf die Helfensteinstraße (K1436) in Richtung Aufhausen/Ortsmitte abbiegen. Nach 300 m direkt nach der Brücke rechts auf den Wanderparkplatz unter den Bäumen einbiegen.

Bus/Bahn: Bus 961, Hst. Grundschule Bad Ditzenbach, Wegverlängerung ca. 2 Min. oder Bus 966, Hst. Vinzenz Therme, Bad Ditzenbach, Wegverlängerung ca. 5 Min.

Ausgangspunkt/P: Wanderparkplatz Löwenpfade.

Infos/Gaststätten: *Ruine Hiltenburg, Ausstellung im Bergfried „Geschichte im Turm – 1000 Jahre Hiltenburg", Tel. 07334 6911, geöff. So, Apr.–Okt., www.hiltenburg.de *Hiltenburg Hütte, Schwäb. Albverein, Tel. 07334 3548, www.sav-bad-ditzenbach.de/hiltenburghuette.html, geöff. 1. und 3. So. im Monat.

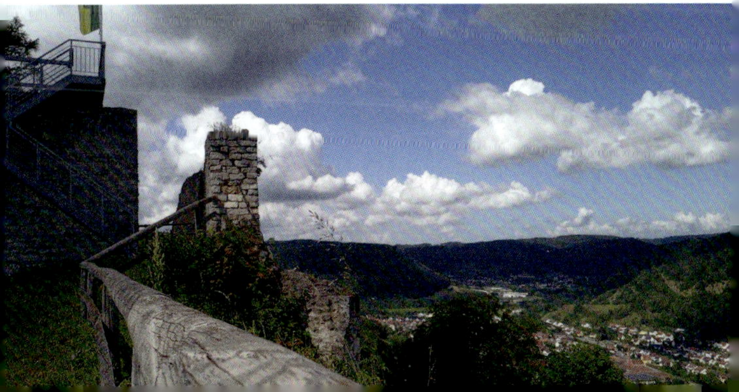

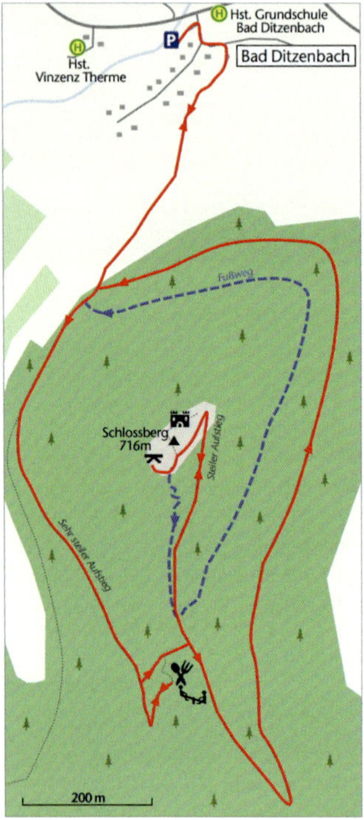

Wegbeschreibung: Vom Parkplatz der Beschilderung „Löwenpfade" (grüner Löwenkopf) zur Ruine Hiltenburg folgen. Immer bergauf geht es ab dem Ortsrand auf einem Schotterweg hinauf zum Waldrand. Nach wenigen Minuten zweigt hier der Löwenpfad links ab und führt stetig ansteigend mit teils sehr steilen Passagen hinauf auf den Bergrücken hinter dem Schlossberg. Ihr trefft oben auf einen Schotterweg, der nach rechts zur Hiltenburghütte führt. Nach dem Abstecher zur Hütte geht es auf diesem Weg in Richtung Ruine Hiltenburg weiter. Es folgt nochmals ein steiler Anstieg. Mit dem Kinderwagen dem Weg links unterhalb der Burgmauer folgen, bis ein Wiesenweg in den Burghof führt. Im Abstieg folgt ihr dem „Maiweg" (Symbol: Maiglöckchen) auf einem Schotterweg durch den Wald nach Bad Ditzenbach. Der Abstieg ist weniger steil. Am Waldrand trefft ihr auf den Hinweg und folgt diesem zurück zum Ausgangspunkt. Tipp: Wer ohne Kinderwagen unterwegs ist, kann im Abstieg auch den ausgeschilderten Fußweg nach Bad Ditzenbach nehmen, der schmale Waldpfad ist für Kinder schöner zu gehen und auch etwas kürzer.

Zusatztipps

... die es noch zu entdecken gibt.

Gönningen:

Rossberg

1 h, 2,4 km, 120 Hm

Navi: 72770 Reutlingen, Rossberg 1, Wanderheim

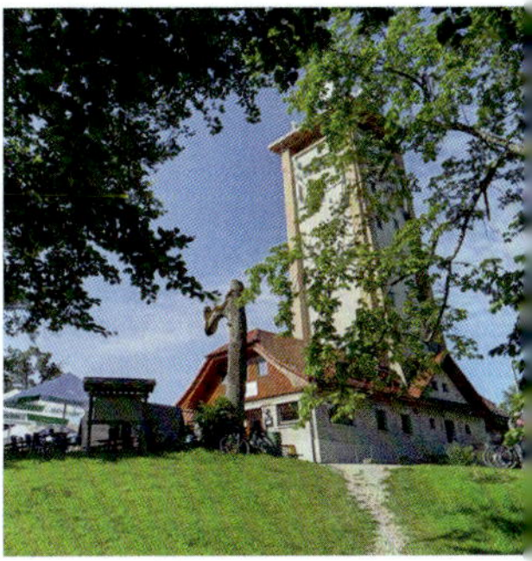

Am Wanderparkplatz Rossbergwiesen beginnt die Tour auf der Stichstraße, die den Parkplatz in Richtung Rossberg verlässt. Nach etwa 10 Minuten an der Kreuzung der asphaltierten Straße links bergauf folgen. Diese führt nun stetig ansteigend einmal um den halben Berg herum hinauf zum Wanderheim und dem Aussichtsturm. Neben der Terrasse mit Biergarten befindet sich eine Lichtung, die sog. „Rossbergwiese", auf der eine Grillstelle und größere Baumstämme liegen, die zu einer Rast einladen. Mit dem Kinderwagen geht es denselben Weg wieder hinunter. Tragevariante: Abstieg über den Premiumwanderweg „hochgehkämpft". Dieser ist ausgeschildert und beginnt gegenüber dem Biergarten. Ein teils wurzeliger Wanderweg führt in ca. 20 Minuten wieder hinab zum Ausgangspunkt. Hier ist Trittsicherheit gefordert.

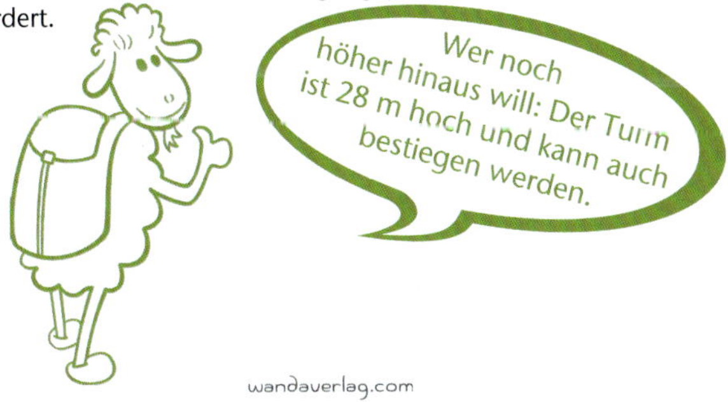

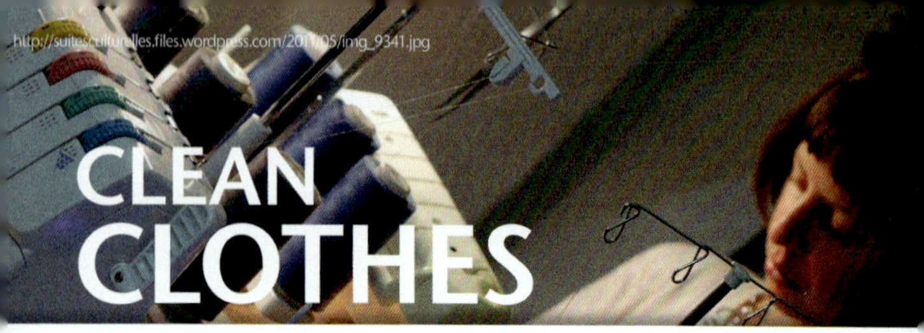

KAMPAGNE FÜR „SAUBERE" KLEIDUNG WELTWEIT

Der Großteil unserer Kleidung wird in Lateinamerika, Asien und Afrika hergestellt. Die normale Arbeitszeit beträgt zwischen 14 und 17 Stunden täglich, sieben Tage die Woche! Die sklavenähnlichen Bedingungen der ArbeiterInnen erinnern an die Bedingungen in Europa im 19. Jahrhundert. Nur, dass diesmal Reich & Arm nicht mehr im selben Land, sondern 10.000 Kilometer entfernt voneinander leben. In den Fabriken hängen oft Markenhemden und Billighemden nebeneinander. Ein teures Markenhemd sagt keinesfalls aus, dass die Arbeitsbedingungen bei der Hestellung besser waren.

Die Clean Clothes-Kampagne, die von hunderten Organisationen und Arbeiter-Innenvereinigungen rund um die Welt getragen wird, setzt sich für die Rechte der ArbeiterInnen und eine Verbesserung der Arbeitsbedingungen in der internationalen Bekleidungs- und Sportartikelindustrie ein.

Wer bekommt die 100,– Euro für meine Sportschuhe?

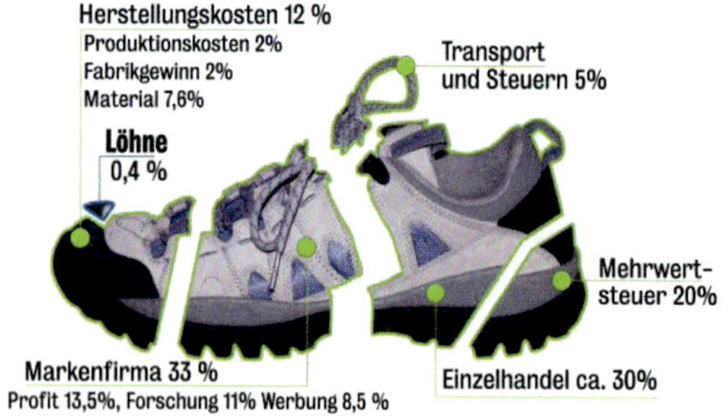

SCHREIBEN SIE UNS ODER RUFEN SIE UNS AN!

Abonnieren Sie kostenlos den Rundbrief der Clean Clothes-Kampagne und informieren Sie sich über Herstellungsweisen – z.B. was hinter Markenartikel-Herstellern steckt:

CH: www.cleanclothes.ch D: www.sauberekleidung.de Ö: www.cleanclothes.at

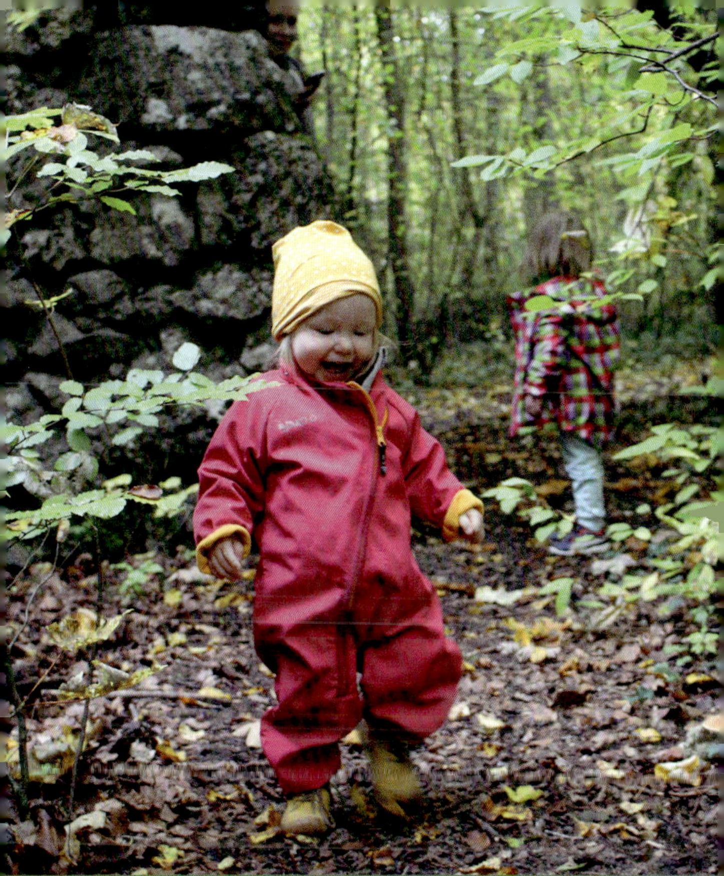

III. Östliche Alb

Stauferland und Ostalb

Weitere Tipps auf Facebook: **wandaverlag**

39 Um den Hohenstaufen (600 m)

Hohenstaufen: der Göppinger Hausberg

ha

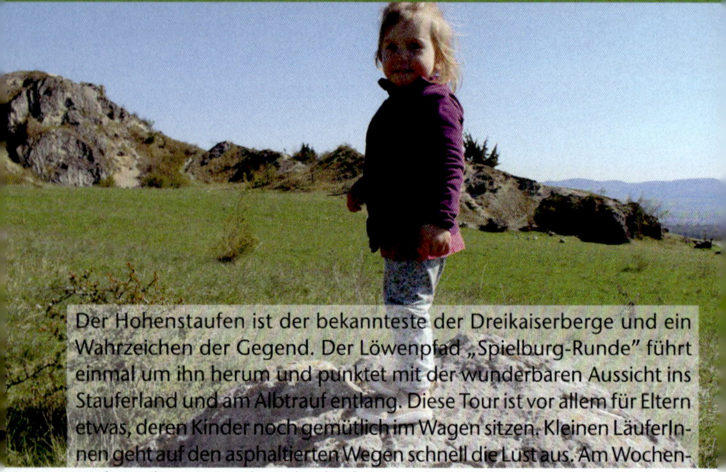

Der Hohenstaufen ist der bekannteste der Dreikaiserberge und ein Wahrzeichen der Gegend. Der Löwenpfad „Spielburg-Runde" führt einmal um ihn herum und punktet mit der wunderbaren Aussicht ins Stauferland und am Albtrauf entlang. Diese Tour ist vor allem für Eltern etwas, deren Kinder noch gemütlich im Wagen sitzen. Kleinen LäuferInnen geht auf den asphaltierten Wegen schnell die Lust aus. Am Wochenende ist diese Tour eher überlaufen, wer früh startet oder außerhalb der Stoßzeiten anreist, für den ist es eine echte Empfehlung. Mit lauffreudigen Kindern würden wir den zweiten Kaiserberg, den Hohenrechberg, siehe nächste Tour, empfehlen.

Wetter: Anforderung: Gesamtdauer: 1 ½ h

Anforderung: Leicht bis mittel; 100 Hm; geringe Steigung; asphaltierte Sträßchen inner- und außerorts sowie ein kurzer Waldweg.

Dauer: RW: 1 ½ h; 3,6 km.

Wetter: Aufgrund der guten Wegbeschaffenheit auch bei Nieselregen möglich; die Panoramarunde lohnt sich vor allem bei schönem Wetter, die Aussichtspunkte sind exponiert, Schatten gibt es daher vor allem am Waldrand.

Wanderwert für (Geschwister) Kinder:	
2–3 Jahre:	Das Spielburggelände lockt mit kleinen Wiesenpfaden und Steinblöcken zum Kraxeln. Am Felsen selbst besteht Absturzgefahr, hier sollten Kleinkinder an die Hand genommen werden. Ein Wiesenweg führt zum Gipfelkreuz.
4–6 Jahre:	In diesem Alter ist die Tour eher langweilig, siehe Tourenbeschreibung.
Kinderfahrrad:	Für RadlerInnen geeignet, die im Straßenverkehr zurechtkommen und Ausdauer für einen Anstieg von 300 m Länge haben.

Navi: 73037 Göppingen, Grabengasse.

Anfahrt: B10 nach Göppingen, Ausfahrt GP-Zentrum/Ost/Heinigen/Klinik am Eichert und der Beschilderung Göppingen/Hochschule folgen. Erst entlang der Heiniger Str., dann der Ulmer Str. fahren, nach ca. 2 km im Kreisverkehr die erste Ausfahrt auf die Hohenstaufenstr. abbiegen und dieser bis zum Zielort folgen. Der Parkplatz Grabengasse ist ausgschildert.

Bus/Bahn: Bus 933 von Göppingen ZOB bis Hohenstaufen, Hst. Rathaus/Dorfplatz. Von der Bushaltestelle ca. 50 m bergab zum Parkplatz Grabengasse.

Ausgangspunkt/P: Parkplatz Grabengasse, der offizielle Startpunkt des „Löwenpfads Spielburg-Runde".

Infos/Gaststätten: *Verschiedene Gaststätten im Ort und auf dem Hohenstaufen, welcher zusätzlich bestiegen werden kann (s. Varianten).

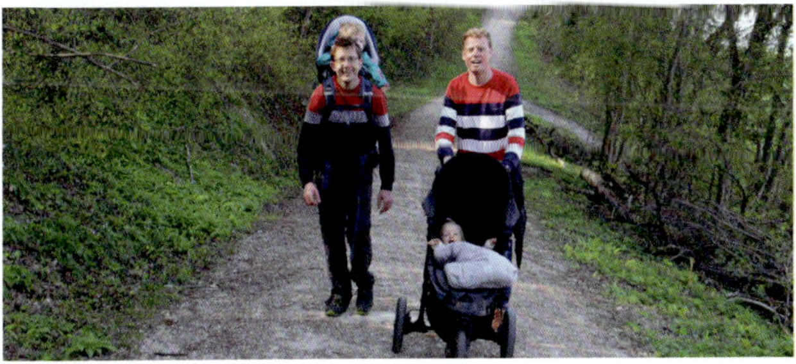

Wegbeschreibung: Vom Parkplatz aus wird die Ortsdurchfahrt an der Kreuzung überquert. Der Wanderweg „Löwenpfade Spielburg-Runde" ist durchgängig ausgeschildert. Nach dem Parkplatz und dem Hinweisschild zum Naturschutzgebiet wird der ehemalige Steinbruch mit herrlichem Ausblick über das Filstal und den Albtrauf umrundet. Am oberen Ende des Naturschutzgebiets zweigt rechts ein kurzer Wiesenweg zum Gipfelkreuz ab (100 m). Der gut beschilderte Wanderweg führt nach links Richtung Waldrand und bietet einen wunderbaren Blick

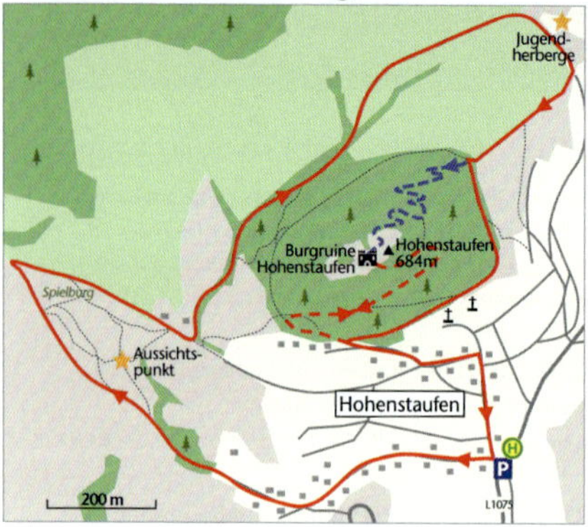

auf die Umgebung. Nach 2,5 km folgt auf Höhe der Jugendherberge ein etwas längerer Anstieg. Eine steigungsärmere Alternative durch den Ort ist ausgeschildert. Hierfür dem Schild mit dem Löwenkopf und der Beschriftung „Löwenpfade Spielburg-Runde steigungsarme Alternativstrecke" folgen. Die Spielburg-Runde führt hinter der evangelischen Kirche vorbei und kurz und steil die Straße Kaiserbergsteige hinunter zum Ausgangspunkt. Zwei Varianten sind zu empfehlen: Variante 1: Aufstieg auf den Hohenstaufen: Beinahe am Ende der Runde trifft der Rundweg auf den Bergweg, das ist die Straße auf den Hohenstaufen, die auch mit Kinderwagen befahren werden kann (eine Strecke: 650 m, 85 Hm, ca. 25 min). Oben befindet sich ein Restaurant, Ruinen sowie eine Stele zur Geschichte der Staufer.

(Trage-)Variante 2: Überschreitung des Hohenstaufen: Aufstieg von der Jugendherberge kommend, über einen steilen Fußpfad, der am Waldrand beginnt (Aufstieg: 500 m, 90 Hm). Dieser ist nicht kinderwagengeeignet. Abstieg dann wie Variante 1 über die Straße.

40 Ruine Hohenrechberg (644 m)

Rechberg: Aufstieg zur Ruine

ha

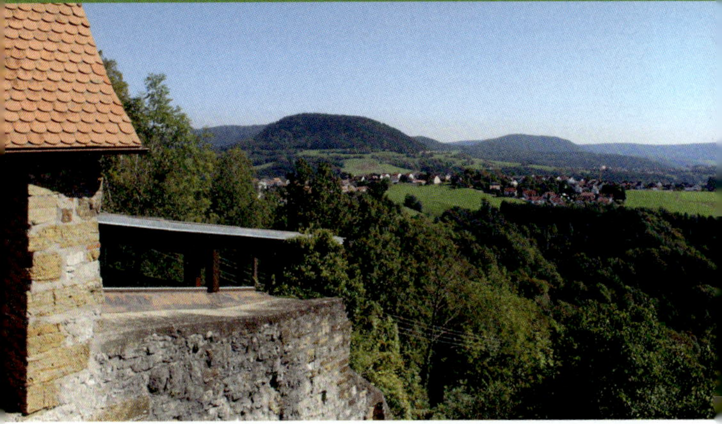

Diese Burgruine ist eine der schönsten im Ländle. Sie liegt gut sichtbar über dem Ort Rechberg. Diese Tour ist gut geeignet, wenn ihr Kinder dabei habt, die selbst laufen wollen. Die Tragevariante über den Burggraben ist nett und auch wenn der Kinderwagenweg für kleine LäuferInnen eher langweilig werden kann, ist er zum Glück kurz. Oben locken nämlich Burgschenke und die Ruine. Hier lässt sich's eine Weile aushalten. Am Wochenende ist der Parkplatz übervoll. Entweder früh starten oder werktags kommen. Eltern, die vor allem laufen wollen, empfehlen wir die vorherige Tour um den Hohenstaufen.

Wetter: Anforderung: Gesamtdauer: ¾ h

Anforderung: Leicht; 60 Hm; teilw. steiler Anstieg; Asphaltweg.

Dauer: Eine Strecke: Aufstieg ca. ½ h, Abstieg: ca. ¼ h; 1 km.

Wetter: Jedes Wanderwetter; der Großteil der Strecke führt durch den Wald, Vorsicht bei Nässe.

Wanderwert für (Geschwister) Kinder:	
2–3 Jahre:	Ausgewaschene Baumwurzeln an der Bergseite laden beim Aufstieg zum ersten Kraxeln ein. An Mamas oder Papas Hand kann der Abstieg in den Burggraben gewagt werden. Spielplatz am Ausgangspunkt, unterhalb der Parkplätze.
4–6 Jahre:	In diesem Alter empfehlen wir die spannendere Variante durch den Burggraben, Beschreibung siehe Wegbeschreibung; diese Variante ist allerdings nicht kinderwagengeeignet. Die Ruine ist recht spannend, es gibt Scharten zum Durchschauen, eine Brücke mit einem tiefen Graben, hölzerne Leitern und Gänge. Also packt die Spielfiguren ein und die Verkleidungskiste aus und ab geht's ins Mittelalter.
Kinderfahrrad:	Grundsätzlich ist der Weg asphaltiert und die meiste Zeit auch laufradgeeignet. Es gibt jedoch am Ende eine steilere Passage, an denen das Rad getragen werden muss. Vorsicht beim Abwärtsfahren, da kann es zu schnell werden. Für die Burgbesichtigung muss das Rad abgestellt werden.

Navi: 73529 Schwäbisch Gmünd, Hohenstaufenstraße 33.

Anfahrt: B29 nach Schwäbisch Gmünd, über Strassdorf nach Rechberg, in der Ortsmitte zweigt rechts die Hohenstaufenstraße ab.

Bus/Bahn: Bus 4 von Schwäbisch Gmünd in Richtung Wißgoldingen, Hst. Rechberg-Schule.

Ausgangspunkt/P: Parkplätze an der Gemeindehalle, mit öffentl. WC.

Infos/Gaststätten: *Burgschänke, gemütlicher Ghf. mit Biergarten, Tel. 07171 9993820, www.burg-rechberg.de, geöff. Fr–So und feiertags. *Burgruine: tägl. geöff. ab 10 h, bei schlechtem Wetter geschlossen, Tel. 0173 8678677, www.burg-rechberg.de, RP Erw. € 2, Ki. € 1. Die Ruine ist mit Kinderwagen nicht begehbar. Dieser kann nach Rücksprache bei der Burgschänke geparkt werden. Trage mitnehmen.

Wegbeschreibung: Etwa 200 Meter auf dem Gehweg in Richtung Ortsmitte. Dann geht es bei der ersten Abzweigung links. Die Beschilderung „Burgruine Rechberg/Wallfahrtskirche" ist eindeutig. Auf einer wenig befahrenen Straße geradeaus und bergan. Der Abzweig zur Graf-Ulrich-Straße wird links liegen gelassen. Aber hier ist der Weg für den öffentlichen Verkehr gesperrt, dennoch muss ab und zu mit einem Auto gerechnet werden. Kurz vor der Ruine teilt sich der Weg. Die obere, rechte Straße führt weiter zur Wallfahrtskirche, auf der unteren Straße geht es nach wenigen Metern über den Burggraben. Rückweg anfangs wie Hinweg. An der Kreuzung zur Graf-Ulrich-Straße zweigt rechts ein kleiner asphaltierter Fußweg (Rittersteig) ab. Dieser führt zwischen Schule und Kindergarten an einer Kapelle vorbei auf die Hohenstaufenstraße. Von dort zurück zum Parkplatz. Tragevariante: Beim Aufstieg links in die Graf-Ulrich-Straße einbiegen. Beim letzten Haus zweigt rechts ein Fußpfad ab, der direkt zum Burggraben führt und über eine Treppe nach oben. Der Weg ist nicht kinderwagengeeignet.

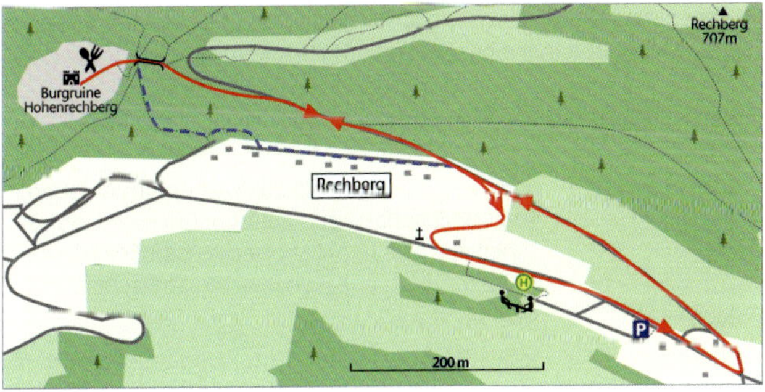

41 Reiterleskapelle (642 m)

Nenningen: intensiv und auspowernd

ha

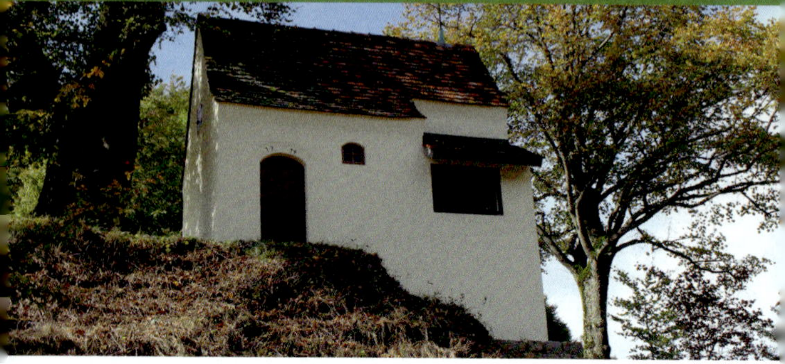

Bei dieser Tour ist eher der Weg das Ziel. Der Rundweg verläuft um das Christental herum, der Höhepunkt ist die Reiterleskapelle auf einem Bergsattel. Es ist eine Wanderung für Familien, die so richtig ausdauernd wandern wollen, gerne ihre eigene Vesper packen und mit asphaltierten Wegen zurechtkommen. Das Christental liegt am Fuß des Kalten Felds, der Rundweg ist daher eine schöne Frühjahrsalternative zur Tour Nr. 42.

Wetter: Anforderung: Gesamtdauer: 2 h

Anforderung: Schwierig; 155 Hm; ein Steilstück beim Aufstieg, zwei steilere Passagen auf dem Rückweg; abgesehen von den 10 m Schotterweg zur Reiterleskapelle komplett auf asphaltierten Sträßchen.

Dauer: RW: 2 h; 6,1 km.

Wetter: Jedes Wanderwetter, gute Wegbeschaffenheit, Steilstücke evtl. rutschig bei Nässe.

Wanderwert für (Geschwister) Kinder:	
2–3 Jahre:	Spielplatz am Parkplatz, Viehweiden am Wegesrand, Gelände bei der Kapelle fürs Spielen geeignet. Es ist bei dieser Wanderung von Vorteil, wenn die Kinder noch gerne im Wagen oder in der Kraxe sitzen.
4–6 Jahre:	Siehe 2–3 Jahre, am Spielplatz gibt es ein Bächle zum Planschen, der Abstieg in das Bachbett ist etwas steil, daher eher für diese Altersgruppe geeignet. Die Wanderung ist für konditionsstarke Kinder geeignet, am besten in einer Freundesgruppe.
Kinderfahrrad:	Ja, für sichere und erfahrene RadlerInnen, die mit steileren An- und Abstiegen zurechtkommen.

Navi: 73111 Lauterstein, Christentalstraße.

Anfahrt: B10 bis Süßen, dann B466 bis Lauterstein-Nenningen folgen und an der Kirche nach links in die Bergstraße abbiegen, die nächste Straße links ist die Christentalstraße; dieser bis zu ihrem Ende folgen, Rad- und Wanderwegschilder weisen bereits den Weg, auf einem schmalen Verbindungssträßchen noch ca. 300 m entlang und nach einer kleinen Brücke rechts auf den Parkplatz.

Bus/Bahn: Möglich, aber nicht empfohlen. Die nächste Bushaltestelle befindet sich an der Kirche in Nenningen (Weg zum AP s. Anfahrt) und verlängert die ohnehin schon lange Tour um 1 km je Strecke.

Ausgangspunkt/P: Wanderparkplatz „Am Christental".

Infos/Gaststätten: *Infos unter www.glaubenswege.de, an kath. Feiertagen kann man schon einmal in eine Prozession geraten. *Keine Einkehrmöglichkeit.

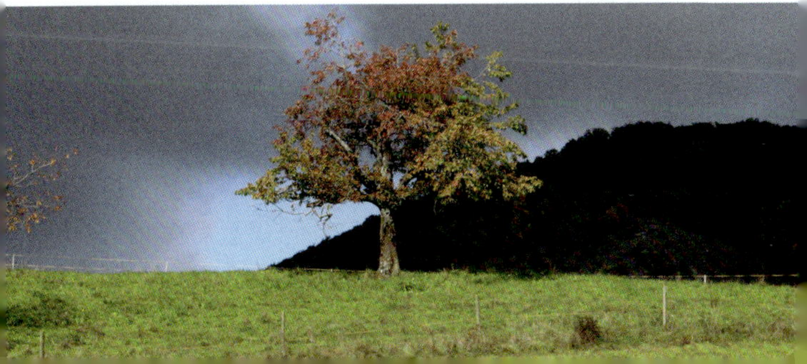

Wegbeschreibung: Vom Parkplatz nach rechts auf das Sträßchen oberhalb des Stausees und der Beschilderung zur Reiterleskapelle folgen. Die Wanderung verläuft teilw. auf dem Glaubensweg Nr. 14. Im Bergsattel angekommen, müssen noch etwa 10 Meter steiler Schotterweg

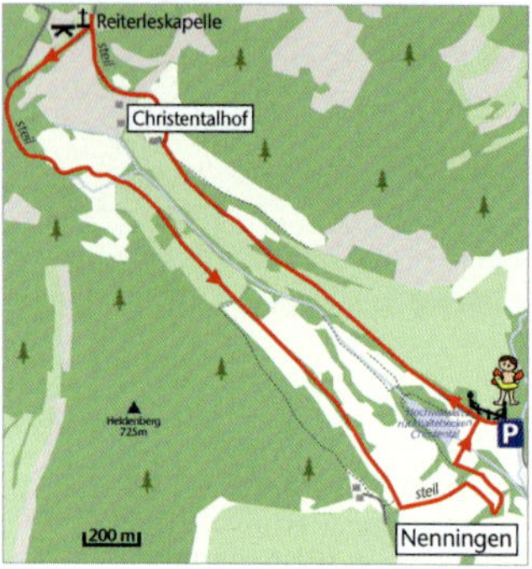

zur Kapelle hinauf überwunden werden. Zurück im Sattel zunächst der Beschilderung nach „Rechbergle: Schwarzhorn-Haus" folgen. Beim Abzweig zu diesem Haus aber links halten und auf die Wegweiser nach Nenningen achten. Beim nächsten Abzweig ist die Beschilderung evtl. verwirrend: Die Schilder zeigen den Weg links bergab an, am Verkehrsschild ist noch ein Kleber angebracht, dass der Glaubensweg 15(!) aber rechts führe. Nicht irritieren lassen und dem asphaltierten Weg links steil bergab folgen. Mit dem Bauernhof in Sicht geradeaus über die Kreuzung, der Weg wird zu einem asphaltierten Feldweg (mit Grünstreifen in der Mitte). Wieder in Ortsnähe der Beschilderung zum Parkplatz Christental folgen. Es geht nochmal steiler bergab, nach der Staumauer ist der Abzweig zum Parkplatz bereits in Sichtweite.

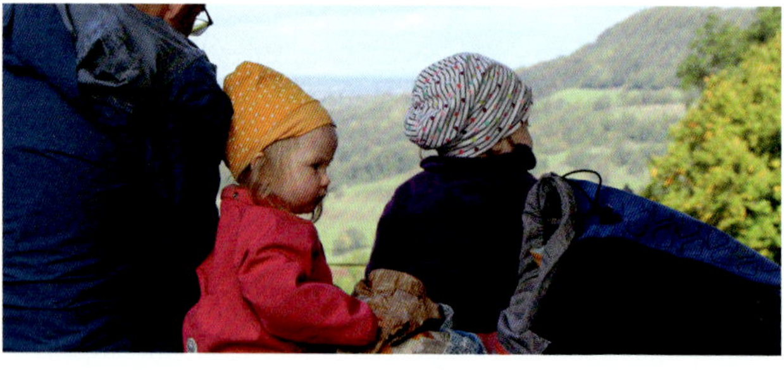

42 Kaltes Feld (781 m)

Degenfeld: erfrischende Hüttenrunde ha

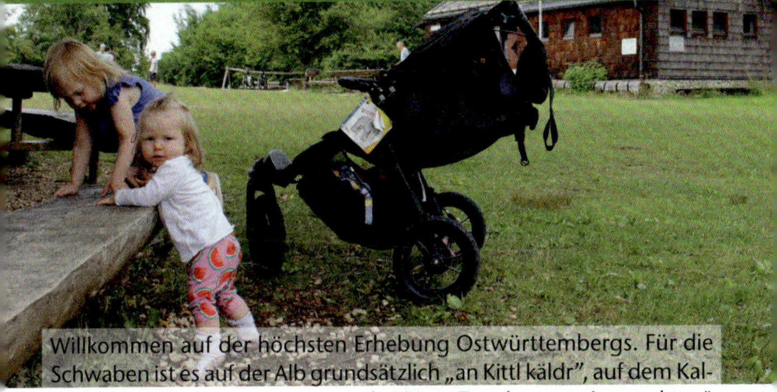

Willkommen auf der höchsten Erhebung Ostwürttembergs. Für die Schwaben ist es auf der Alb grundsätzlich „an Kittl käldr", auf dem Kalten Feld vielleicht sogar etwas mehr. Diese Tour kommt einer„echten" Wanderung schon nahe: ein schweißtreibendes Steilstück ist dabei aber auch Hüttenfeeling. Die Wanderung ist zwar etwas länger, bietet aber viele Möglichkeiten zum Einkehren, Pause machen und Spielen. Für die Einheimischen ist das Kalte Feld vielleicht (nur?) der Hausberg, auf den man kurz geht. Wer eine längere Anfahrt hat, sollte Lust dazu haben, viel Zeit in der Natur und beim Laufen zu verbringen. Am besten in einer Freundesgruppe von Hütte zu Hütte ziehen und den Tag gemeinsam verbummeln.

Wetter: ☀ ☃ ◐ | Anforderung: ● | Gesamtdauer: 1 ¾ h

Anforderung: Schwer aufgrund der Wegbeschaffenheit; 120 Hm, ein steiler An- und Abstieg; nur für geländegängigen Kinderwagen mit Handbremse und Fangriemen; Wiesen- und Schotterwege.

Dauer: RW: 1 ¾ h, 5 km. Abstecher zum Knörzerhaus: Eine Strecke: ca. 10 min, 400 m.

Wetter: Stabiles Wanderwetter; Zufahrtswege auch bei Schnee begehbar.

Wanderwert für (Geschwister) Kinder:	
2–3 Jahre:	Weitläufiger Abenteuerspielplatz für kleine KletterInnen mit Grillstelle. Die letzte Stütze des ehem. Sessellifts ist erhalten geblieben, zwei Sessel bilden zusammen mit der Sitzgruppe daneben einen wirklich schönen, im Sommer aber leider auch zugewachsenen Rastplatz. Kinderwagen bzw. Tragemöglichkeit aufgrund der Streckenlänge einplanen.
4–6 Jahre:	Segelflugplatz, bei gutem Wetter und mit etwas Glück können Starts und Landungen aus nächster Nähe angesehen werden. Da 5 km für diese Altersgruppe eine lange Gehstrecke sind, evtl. nur eine Hütte ansteuern.
Kinderfahrrad:	Nein.

Navi: 73529 Schwäbisch Gmünd, Hornberg 6.

Anfahrt: B29 nach Schwäbisch Gmünd, über Bettringen und Weiler i.d.B. auf den Furtlepass, dort der Beschilderung zum Hornberg folgen, der Wanderparkplatz ist vor den Flugplatzgebäuden.

Bus/Bahn: -

Ausgangspunkt/P: Wanderparkplatz Hornberg, direkt vor dem Flugplatz.

Infos/Gaststätten: *Franz-Keller-Haus, Wanderheim des Schwäbischen Albvereins, www.tuerme-wanderheime.albverein.net/wanderheime/wanderheim-franz-keller-haus, geöff. an Wochenenden und Feiertagen (außer Weihnachten) und tgl. während der Schulferien (BaWü). *Knörzerhaus, Berggasthof mit Biergarten und kl. Spielgelegenheit, www.knoerzerhaus.com, geöff. Sa, So, nur bei schönem Wetter. *Skihütte Degenfeld, urige kleine Hütte mit großartiger Aussicht, Kontakt: huette@skiclub-degenfeld.de, www.skiclub-degenfeld.de, geöff. Sonn- und Feiertage, im Winter geschlossen.

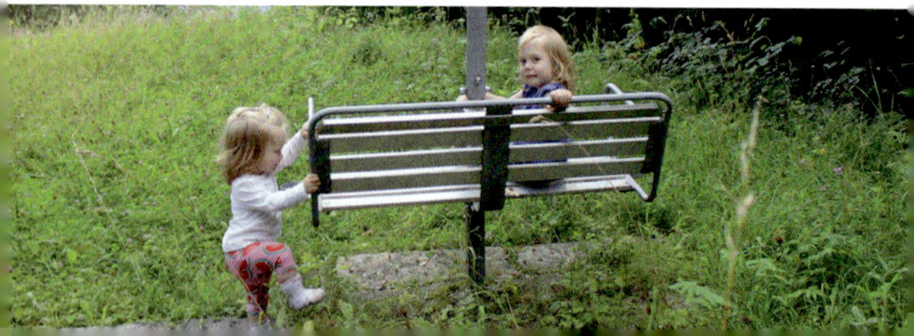

Wegbeschreibung: Ab dem Wanderparkplatz der Straße rechts am Flugplatzgelände entlang folgen. Das Franz-Keller-Haus ist bereits ausgeschildert, die Wegmarkierung „rotes Kreuz auf weißem Grund" führt ebenso dorthin. Nach dem Flugplatz wird der Weg recht steil, v.a. auf dem Schotterweg im Wald. Wanderneulinge mit Kinderwagen sind an dieser Stelle am besten zu zweit. Hier nicht abschrecken lassen, denn ab der ersten Rechtskurve wird's besser. Nach dem Abstecher zum Franz-Keller-Haus zurück zur letzten Kreuzung und weiter geradeaus in einem großen Linksbogen durch den Wald und am Trauf entlang. Nach dem ehemaligen Skilift geht ein kurzer Abstecher rechts hinunter zur Skihütte. Zurück auf dem Rundweg folgt nun ein weitläufiger Abenteuerspielplatz mit Grillstelle, bevor links die Zufahrt zum Knörzerhaus abbiegt (s. Variante). Jetzt etwas steiler auf der asphaltierten Straße bergab, das Flugplatzgelände wird wieder sichtbar. Vor den ersten Warnschildern („Betreten für Unbefugte verboten") zweigt ein unbezeichneter Wiesenweg nach links ab. Es ist der letzte Abzweig vor dem Flugplatz und daher nicht zu verfehlen. Das letzte Stück verläuft auf dem Hinweg, genau an der anfangs beschriebenen Steilpassage. Für dieses Stück braucht es unbedingt eine Handbremse am Kinderwagen und trittsichere Eltern mit einem Fangriemen am Handgelenk oder Sicherungsband am Körper. Auf bereits bekanntem Weg zurück.

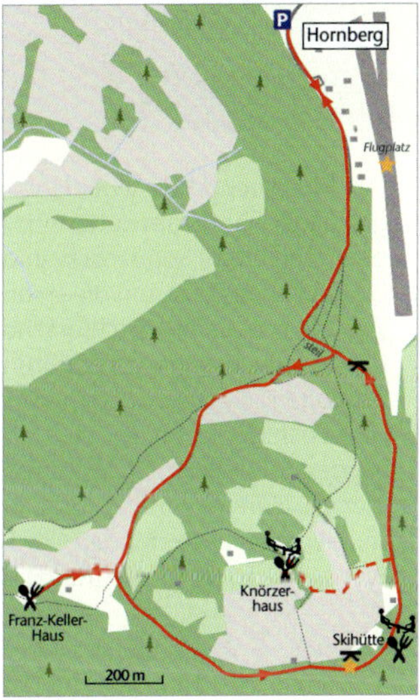

Variante: Abstecher nach dem Abenteuerspielplatz links zum Knörzerhaus und zurück (eine Strecke: 400 m).

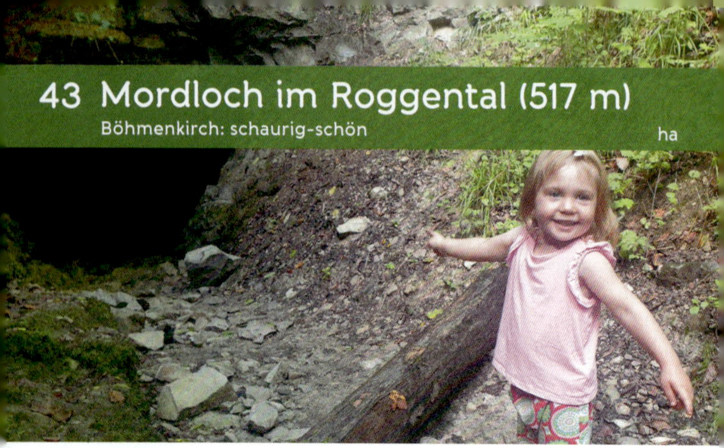

43 Mordloch im Roggental (517 m)

Böhmenkirch: schaurig-schön

ha

Das Mordloch ist die zweitlängste Höhle der Schwäbischen Alb. Sein gruseliger Name kam durch eine düstere Sage zustande. Aber auch wer bei strahlendem Sonnenschein vor dem kleinen Höhleneingang steht, braucht etwas Mut, um die ersten dunklen Höhlenmeter zu erkunden. Weitere und tiefere Nachforschungen sind den Profis überlassen. Da das Mordloch eine wasserführende Höhle ist, kann der Wasserspiegel bei Regen schnell ansteigen und gefährlich werden. Der Weg bis zum Mordloch ist nicht besonders lang oder spektakulär. Der große Vorteil ist, dass sowohl am Start als auch am Ziel echte Motivationsmagnete warten. Zum einen die Höhle und zum anderen die Obere Roggenmühle, ein richtiges Kinderparadies. Von deren Spielgelände haben wir unsere Kinder nur unter Tränen wegbekommen ...

Wetter: Anforderung: Gesamtdauer: 1 h

Anforderung: Leicht; 16 Hm; leichtes Auf und Ab; Kiesweg.

Dauer: Eine Strecke: 30 min; 1 km.

Wetter: Der Weg kann auch bei Nieselwetter begangen werden, eine Höhlenerkundung ist dann jedoch gefährlich; auch im Hochsommer ist es im Tal angenehm kühl.

Wanderwert für (Geschwister) Kinder:	
2–3 Jahre:	Großes und wunderschönes Spielgelände an der Oberen Roggenmühle mit vielen Spielgeräten und freilaufenden Tieren.
4–6 Jahre:	Kleine Floßfahrt über den Ententeich an der Oberen Roggenmühle, Eingangsbereich des Mordlochs kann mit Taschenlampe erkundet werden.
Kinderfahrrad:	Ja, der Wanderweg ist gleichzeitig ein Radweg und an den Wochenenden kann es voll werden.

Navi: 73312 Obere Roggenmühle, Obere Roggenmühle 1.

Anfahrt: B10 bis Geislingen a.d. Steige, links in die Rheinlandstr., dann L1221 über Eybach ins Roggental, die Obere Roggenmühle liegt links der Straße.

Bus/Bahn: -

Ausgangspunkt/P: Parkplatz an der Oberen Roggenmühle.

Infos/Gaststätten: *Obere Roggenmühle, schwäb. Ghf. mit großem Biergarten, Spielbereich und Forellenzucht, Tel. 07331 61945, www.obereroggenmuehle.de, Ruhetage: Mo, Di. *Taschenlampe und evtl. Handtuch für die Höhlenerkundung.

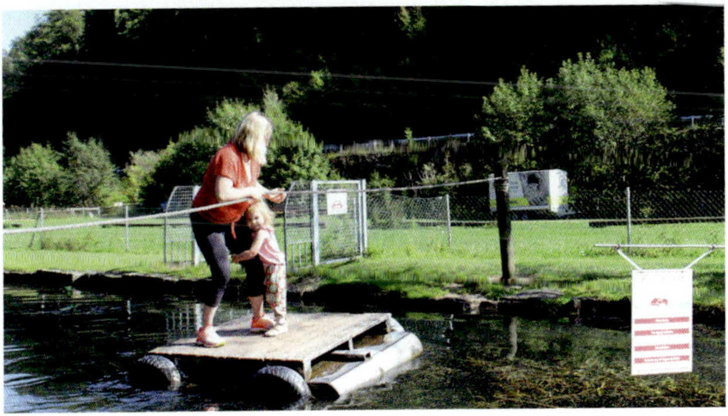

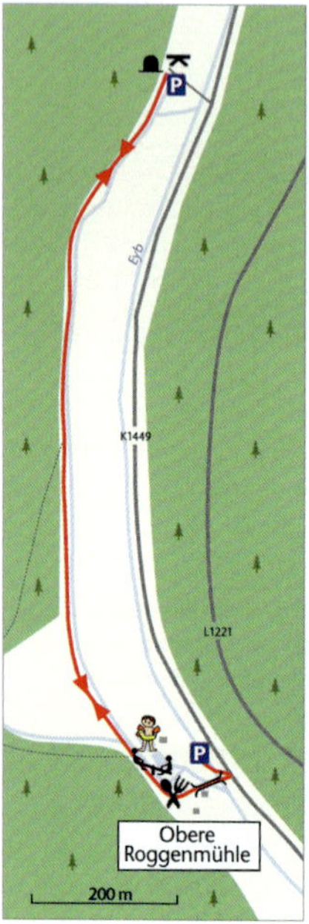

Wegbeschreibung: Vom Parkplatz aus über eine Holzbrücke und links am Gasthaus vorbei. Zwischen Gasthaus und Tierheim hindurch und dahinter rechts auf den Kiesweg einbiegen. Dieser Wanderweg ist gleichzeitig auch ein Radweg. In leichtem Auf und Ab führt der Weg talaufwärts am Waldrand und einem kleinen Bach entlang bis zum Mordloch. Dort befindet sich ein weiterer Parkplatz mit Grillstelle und Infotafel zur Höhle. Für die letzten 20 Meter im teilweise trockenen und steinigen Bachbett zum Höhlenportal muss der Kinderwagen an der Infotafel abgestellt werden. Gleicher Rück- wie Hinweg.

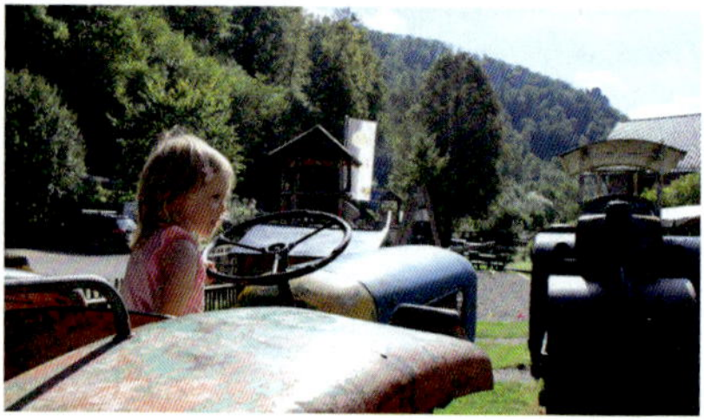

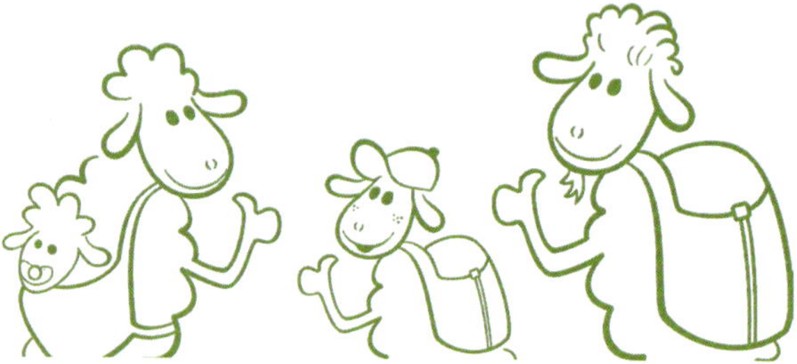

44 Ruine Rosenstein (686 m)

Heubach: Waldspaziergang mit Einkehr und Ruine ha

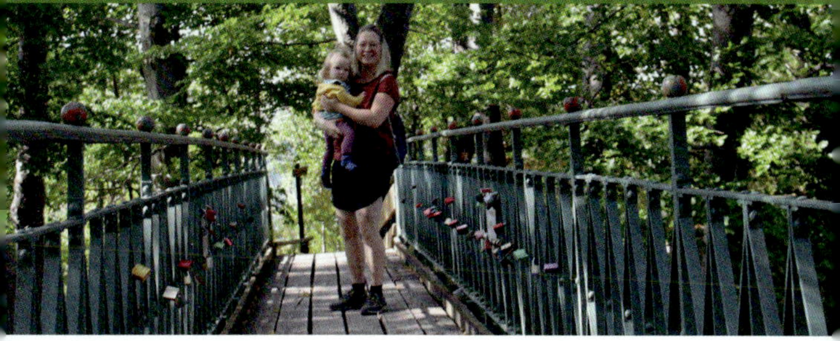

Diese tolle Wanderung ist zweigeteilt: Am Anfang liegt der schöne Spazierweg zur Waldschenke. Direkt vor der Ruine kommt dann eine Art Schlüsselstelle: etwa 100 Meter steiniger Weg, der mit Kind im Wagen nicht machbar ist. Trotzdem ist die Tour zu schön, um sie deswegen wegzulassen: Das ebene Waldgebiet ist super zum Spielen und der Fahrweg bis zur Waldschenke ist ein schöner und gemütlicher Sonntagsspaziergang für alle Generationen, die Ruine beeindruckt mit ihrer Aussicht. Bei der Wegbeschreibung haben wir euch drei Möglichkeiten zusammengestellt, mit der Schlüsselstelle umzugehen.

Wetter: Anforderung: Gesamtdauer: 1 h

Anforderung:	Leicht (bis zur Waldschenke) dann mittel; 60 Hm; eine längere Steigung direkt vor der Waldschenke, v.a. geschotterte Waldwege und ein kurzer felsiger Waldweg zur Ruine.
Dauer:	Eine Strecke: ca. ½ h; 1,3 km.
Wetter:	Der Anfahrtsweg wird im Winter nicht geräumt; der Weg bis zur Waldschenke ist auch bei Nieselwetter begehbar, die felsigen Abschnitte um die Ruine sind bei Nässe rutschig; der Weg verläuft komplett im Wald.

Wanderwert für (Geschwister) Kinder:	
2–3 Jahre:	Großzügiger Waldspielplatz bei der Waldschenke; Gelände der Ruine mit kleinen Felsen und alten Bäumen.
4–6 Jahre:	Zusätzliche kurze An- und Abstiege zu weiteren Aussichtspunkten und Höhlen sind ausgeschildert, für trittsichere WanderInnen mit guter Kondition möglich. Achtung: Der Rosenstein und seine Felsen sind Klettergebiet, daher steil, Absturzgefahr.
Kinderfahrrad:	Ja, auf guten Schotterwegen bis zur Waldschenke.

Navi: 73540 Heubach, Fritz-Spießhofer-Str. 99, weiter Ausschilderung Ruine Rosenstein.

Anfahrt: B29 bis Böbingen a.d.R., nach Heubach, dort erst auf der Mögglinger Str. bis zum Kreisverkehr, dann Hauptstr. bis zum Firmengelände von Triumph, dort nach links in die Fritz-Spießhofer-Str. abbiegen, die Ruine Rosenstein ist angeschrieben, taleinwärts geradeaus über einen Festplatz und der geteerten Straße bergauf bis zu ihrem Ende folgen.

Bus/Bahn: -

Ausgangspunkt/P: Wanderparkplatz Rosenstein.

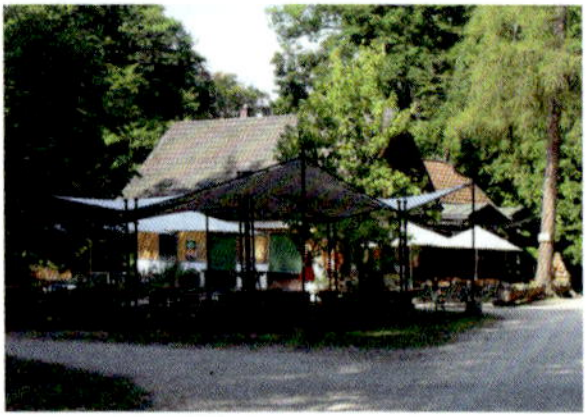

Infos/Gaststätten: *Waldschenke Rosenstein, uriges Ausflugslokal mit großem Außenbereich, Tel. 07173 2372, www.waldschenke-rosenstein.de, ganzj., aber nicht tgl. geöff., Ruhetag: Do. *Archaeopfad, Teil der Wanderung, www.heubach.de/start/freizeit_tourismus/archaeopfad.html.

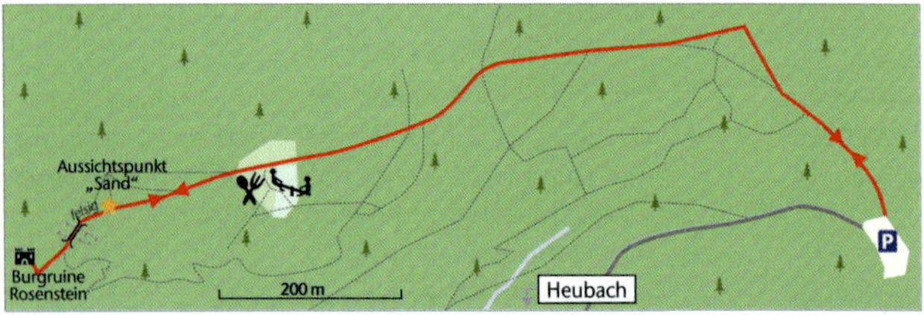

Wegbeschreibung: Vom Wanderparkplatz den gelben Wanderschildern mit der Aufschrift „Ruine Rosenstein direkt" folgen. Neben dem breiten Fahrweg laufen kleine Entdeckerwegle im Wald entlang, die Wallanlagen bieten Kletter- und Versteckmöglichkeiten. Nach der Waldschenke den unteren Weg (Franz-Keller-Weg) wählen, direkt nach dem Abzweig zum Aussichtspunkt Sand beginnt der felsige Wegabschnitt. Umgang mit der Schlüsselstelle: 1. Ein Erwachsener bleibt mit Kinderwagen an der Waldschenke. 2. Kinderwagen wird bei der Waldschenke oder im Wald abgestellt. Tipp: ein weites Fahrradschloss mitnehmen und an einen Baum binden, dann wissen alle, dass der Wagen absichtlich deponiert wurde. 3. Wenn viele Erwachsene zur Wandergruppe gehören, können 1–2 Personen den Kinderwagen über die Schlüsselstelle ziehen oder tragen, eine weitere Person kümmert sich um das dazugehörige Kind. Dann über eine Holzbrücke auf das Gelände der Ruine; dort steht noch eine hohe Mauer mit drei Aussichtsfenstern ins Tal, dazu gibt es Infotafeln zur Entstehungsgeschichte. Gleicher Rück- wie Hinweg.

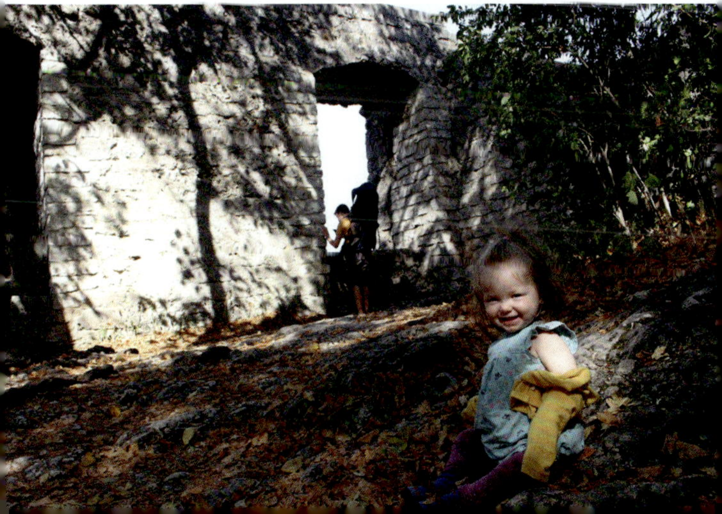

45 Wental (616 m)

Bartholomä: Felsenmeer im Trockental

ha

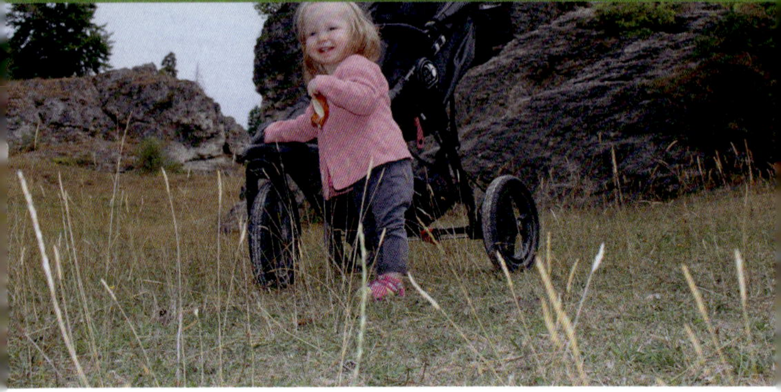

Gibt es Spielplätze für Riesen? Die großen Felsbrocken im Wental lassen es fast vermuten. Tatsächlich war es ein urzeitlicher Fluss, der das Dolomitgestein freigelegt hat. Die Tour verläuft durch das Felsenmeer, das ist der kürzere Teil des Wentals. Auch wenn die Wanderung nicht allzu lange ist, lohnt sich eine weitere Anfahrt für alle, die nicht schnell Strecke machen wollen, sondern gerne immer wieder zum Toben, Klettern, Entdecken und Pause machen anhalten. Dass das Wental ein einzigartiger Ort ist, wissen inzwischen recht viele Menschen. Samstags könnt ihr sogar Hochzeitspaare beim Fotoshooting bewundern. Und wer etwas Ruhe sucht, dreht noch eine entspannte Runde durch den Wald oder kommt außerhalb der Stoßzeiten.

Wetter: Anforderung: Gesamtdauer: 1 h

Anforderung:	Leicht; 40 Hm; kaum Steigung, ein längeres Gefälle am Ende; feine Schotterwege.
Dauer:	Rundweg: 1 h; 2,9 km.
Wetter:	Der Weg ist auch bei Nieselregenwetter gut zu gehen.

Wanderwert für (Geschwister) Kinder:	
2–3 Jahre:	Die meisten Kinder lassen sich von selbst für und von dieser einzigartigen Landschaft begeistern, die kleineren bitte beim Herumklettern absichern. Bei Nässe ist das Herumklettern auf den Felsen nicht empfehlenswert, da sehr rutschig.
4–6 Jahre:	Einen kleinen Gruselfaktor gibt es am Hexenloch: eine schmale und dunkle Doline mit Höhle. Begehen auf eigene Gefahr.
Kinderfahrrad:	Ja, gegen Ende geht es ca. 400 m sanft bergab und der Waldweg mündet in eine Straße.

Navi: 73566 Bartholomä, Wental 1.

Anfahrt: B29 bis Mögglingen, dann über Lautern und Lauterburg nach Bartholomä, ab hier ist das Wental ausgeschildert, ca. 2,5 km auf der L1165 Richtung Steinheim. Oder B10 bis Süßen, über Donzdorf und Böhmenkirch nach Bartholomä, danach s. oben.

Bus/Bahn: -

Ausgangspunkt/P: Wanderparkplatz Wental, gegenüber dem Landhotel.

Infos/Gaststätten: *Landhotel Wental, Ausflugslokal mit schöner Terrasse und Naturspielplatz, kinderfreundlich, Tel. 07173 978190, www.wental.de, Ruhetag: Mo. *Naturschutzgebiet, bitte die Hinweise beachten.

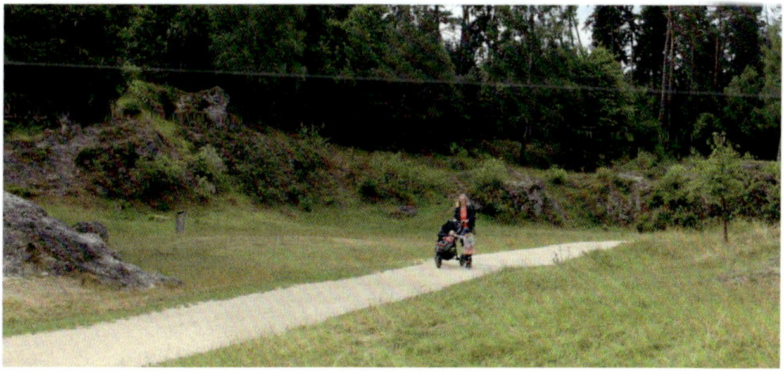

Wegbeschreibung: Vom Wanderparkplatz aus sind bereits die Felsbrocken des Taleingangs zu sehen. Mit dem Rücken zur Straße geht es nach rechts auf einem sich schlängelnden Weg zwischen den bizarren Felsformationen hindurch. Zunächst der Bezeichnung „Albschäferweg" folgen. Etwa 300 Meter nach den letzten Felsen liegt an einer Schranke links unter Bäumen das Hexenloch. An der darauffolgenden Kreuzung nach rechts in den Wald. An der nächsten Kreuzung wird der Albschäferweg verlassen. Es geht nach rechts auf den Forstweg und eine lange Gerade zurück. Der Wald ist licht und wunderschön; mit Möglichkeiten zum Spielen, Entdecken und Schauen. Nach etwa 25 Minuten auf diesem geraden Waldweg zweigt der Schulweg nach rechts ab. Das Wental ist ausgeschildert. Die Forststraße fällt leicht ab und endet an der Landstraße. Jetzt entweder über die Straße zum verdienten Eisbecher im Landhotel oder rechts über die Wiese zurück zum Wanderparkplatz.

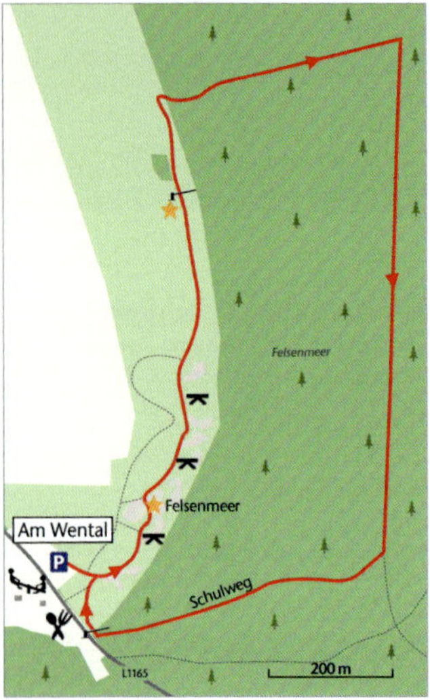

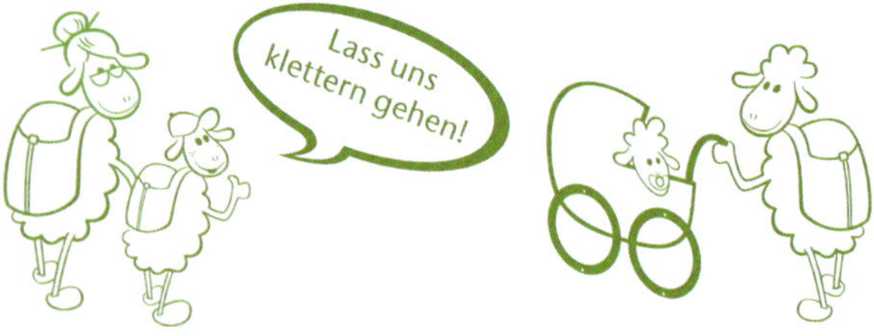

46 Zum Aalbäumle (681 m)

Aalen: Aussichtsturm am Rande der Alb

ha

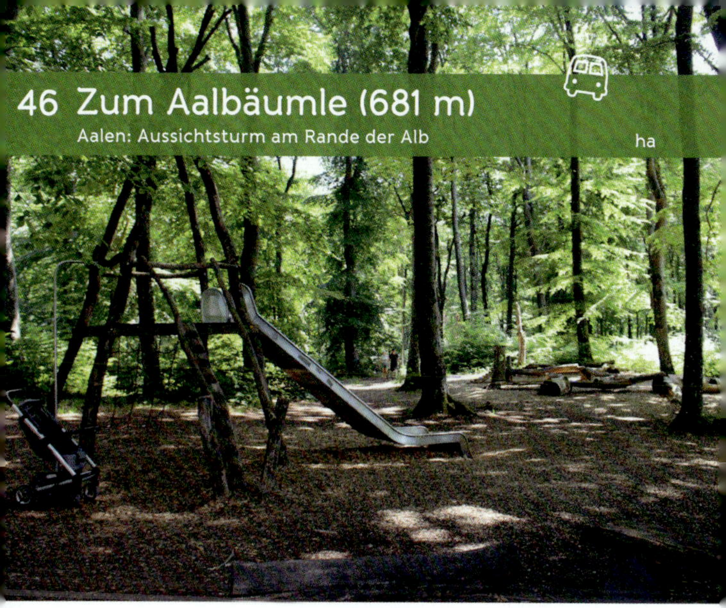

Diese Waldwanderung erinnert etwas an das Allgäu mit Skipisten, Schlepplift und einer schönen Aussicht. Sie ist aufgrund der guten Wegbeschaffenheit für alle Generationen machbar. WaldliebhaberInnen oder SchattensucherInnen sind hier genau richtig, denn davon gibt es mehr als genug. Am Ziel lockt ein Aussichtsturm mit Kiosk und Waldspielplatz. Es ist eine Wanderung der Kategorie: schöner Nebenschauplatz.

Wetter: Anforderung: Gesamtdauer: 1 ½ h

Anforderung: Mittel; 70 Hm; eine kurze mittlere Steigung; feingeschotterte festgefahrene Wege.

Dauer: Eine Strecke: ¾ h; 1,5 km.

Wetter: Wanderwetter und leichtes Nieselwetter da überwiegend unter Bäumen und geschützt im Wald.

Wanderwert für (Geschwister) Kinder:

2–3 Jahre:	Wurzeln und kleine Felsblöcke am Wegesrand. Kleine Spielgelegenheit am Kiosk und weitläufiger Waldspielplatz.
4–6 Jahre:	Aufstieg auf den 26 m hohen Aussichtsturm. Wurzelweg als Aufstiegsvariante ohne Kinderwagen (s. Wegbeschreibung).
Kinderfahrrad:	Die Strecke ist auch als Radweg ausgeschildert. Ein Anstieg von 10 % muss bewältigt werden, an wenigen Stellen ist der Weg etwas ausgewaschen.

Navi: 73431 Aalen, Osterbucher Steige.

Anfahrt: B29 nach Aalen, Ausfahrt AA-Zentrum/Limes-Thermen und der Beschilderung Limes-Thermen und Ostalb-Skilifte folgen. An der Limes-Therme vorbei und die Osterbucher Steige weiter bergauf. Der Wanderparkplatz liegt direkt vor der Schranke.

Bus/Bahn: Möglich, aber nicht empfohlen. Stündlich Bus 57 vom ZOB Aalen, Hst. Aalen-Thermalbad. Der Aufstieg zum Wanderparkplatz ist 800 m lang und es geht steile 100 Hm hinauf.

Ausgangspunkt/P: Wanderparkplatz Aalbäumle am Ende der Osterbucher Steige oberhalb der Limes-Therme.

Infos/Gaststätten: *Waldwirtschaft Aalbäumle, gemütlicher Biergarten mit öff. WC, Tel. 07361 9248044, www.aalbäumle.de, geöff. bei guter Witterung Apr.–Okt. an Sonn- und Feiertagen.

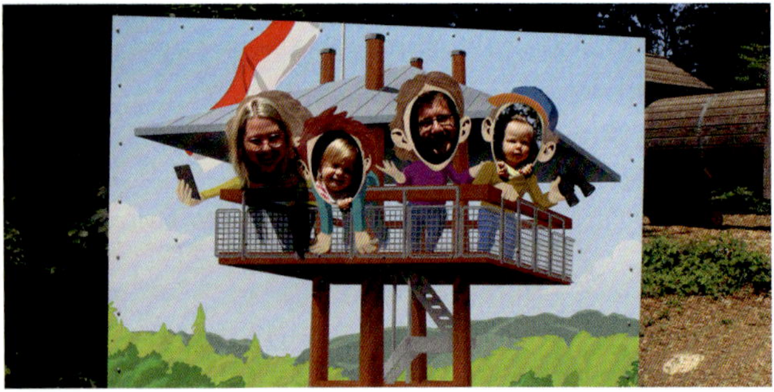

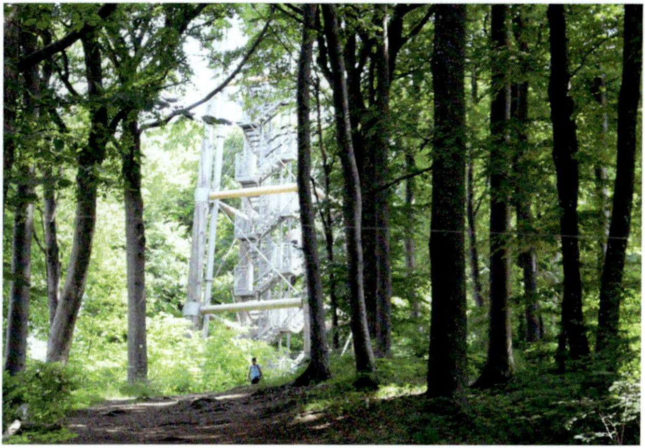

Wegbeschreibung: Vom Wanderparkplatz bergan an der Schranke vorbei und geradeaus der Beschilderung „Aalbäumle" folgen. Nach der Querung zweier Skipisten und der Liftanlage wird der Unterstand Zeppelinhütte erreicht. Dort den mittleren Weg wählen und der Radwegbeschilderung folgen. Nach einem stellenweise etwas steileren Aufstieg liegt rechts der Waldspielplatz, links der Kiosk und der Fuß des Aussichtsturms blitzt durch die Bäume. Gleicher Rück- wie Hinweg.

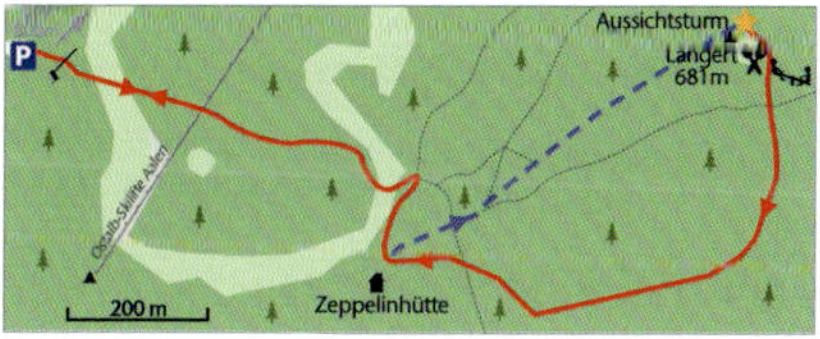

Tragevariante: Bei der Zeppelinhütte zweigt ganz links ein breiter Wurzelweg ab (Holzschilder „Aalbäumle"), der für ältere Kinder interessant ist. Für Kinderwagen und elterliche Armmuskeln ist vor allem der obere Teil zu steil und steinig. Am Aussichtsturm treffen die beiden Wege wieder aufeinander.

47 Wildpark Eichert (554 m)

Heidenheim: überraschend schön

ha

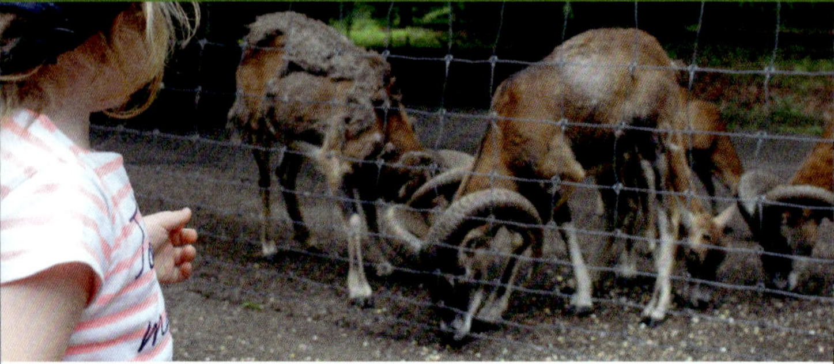

Der Schlossberg in Heidenheim ist ein kleines und feines Erholungsgebiet: Schloss Hellenstein, das Naturtheater und der Wildpark liegen wenige hundert Meter voneinander entfernt und bieten ganz unterschiedliche Freizeitaktivitäten. Die Runde im Wildpark, welcher kostenlos betreten werden kann, ist ideal für warme Sommertage. Wir haben die Tour so zusammengestellt, dass es keine steilen An- und Abstiege gibt und ihr trotzdem an den meisten Tiergehegen vorbeikommt (abgesehen von Rot-, Wasserwild und Kamerunschafen). Es ist ein kleiner netter Tierpark, leider ohne Einkehrmöglichkeit. Wer etwas sucht, um sich mit FreundInnen plus Kindern zu treffen, und keine allzu weite Anfahrt hat, hat sicherlich Freude daran. Hinweise für den Park s. Info.

Wetter: Anforderung: Gesamtdauer: 1 h

Anforderung: Mittel; 42 Hm; ein längerer Abstieg; überwiegend feine Schotter- und Kieswege.

Dauer: RW: 1 h; 3 km.

Wetter: Großteils im Wald; gute Wegbeschaffenheit, daher auch bei Nieselwetter möglich; der Park ist ganzjährig geöffnet.

Wanderwert für (Geschwister) Kinder:	
2–3 Jahre:	Wildtiere beobachten und füttern; weitläufiger Waldspielplatz mit Grillstelle.
4–6 Jahre:	Zwei Mitmachstationen am Wegesrand.
Kinderfahrrad:	Das Radfahren ist im Wildpark nicht erlaubt. Wir hoffen jedoch, dass bei Laufrädern ein Auge zugedrückt wird, vor allem wenn sie gemütlich unterwegs sind. Am Wendepunkt der Tour, dem Hermannsfelsen, gibt es eine längere Abfahrt, bei der ein Erwachsener unterstützen oder das Laufrad für 200 Meter tragen sollte.

Navi: 89522 Heidenheim an der Brenz, Schloßhausstraße 57.

Anfahrt: B19 oder B466 nach Heidenheim, von der B466 zweigt die Schlosshausstraße ab. Dieser auf den Berg folgen, direkt am Kreisverkehr liegt der Parkplatz am Naturtheater. Die Verkehrsführung in Heidenheim ist teils verwirrend, am besten vor Ort der Beschilderung folgen: Die Symbole für Krankenhaus, Schloss und Wildpark führen auf den Schlossberg.

Bus/Bahn: Zugverbindungen über Aalen oder Ulm nach Heidenheim. Bus 7, Hst. Schlosshausstr. (Hinfahrt), Bus 6 von dort zurück.

Ausgangspunkt/P: Kostenpflichtiger Parkplatz am Naturtheater.

Infos/Gaststätten: *Keine Einkehrmöglichkeit. *Kostenpflichtiger Parkplatz; RP € 0,50 pro Stunde. *50-Cent-Münzen für Tierfutter bereithalten und zusätzlich ein Schüsselchen pro Kind, da das Futter unverpackt aus dem Automaten kommt.

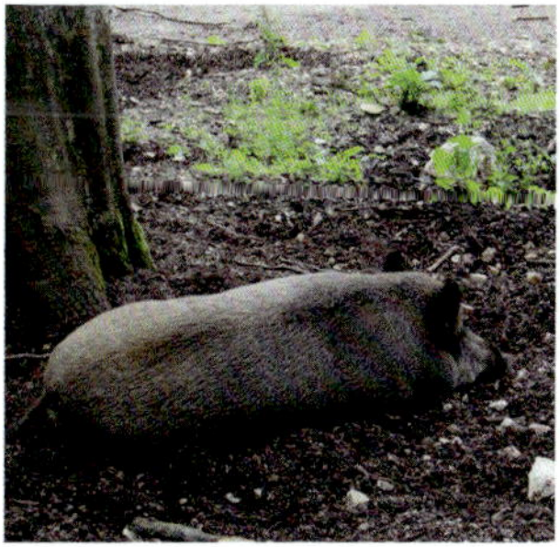

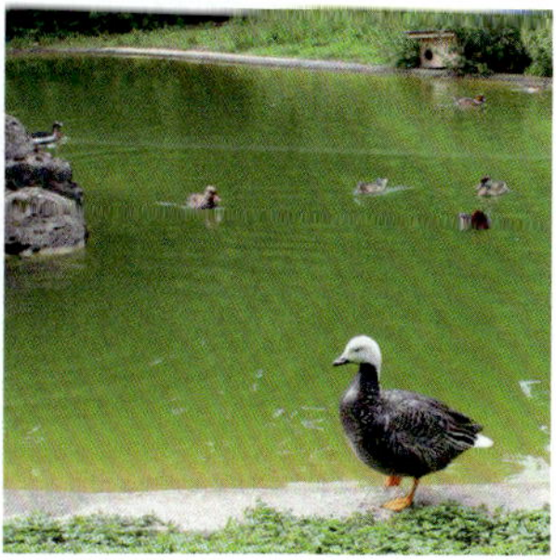

Wegbeschreibung: Vom Parkplatz führt rechts am Naturtheater eine kleine Straße in den Wald. Nach wenigen Metern geht sie in einen Kiesweg über. An der Kreuzung den Weg wählen, der oberhalb des Waldspielplatzes verläuft. Dieser führt geradeaus auf das erste Gehege zu. Nun nach links zum Steinbockgehege und weiter der Hangkante entlang. Bei den Gämsen ist der Wendepunkt der Tour; in einer Linkskurve geht es hier am Hermannsfelsen länger bergab. Danach verzweigt sich der Weg etwas. Auf der Höhe oberhalb des Rotwildgeheges bleiben, dann schimmert schon derEntenteich am Waldrand herüber und die Voith-Arena wird sichtbar. Direkt vor dem Fußballstadion steigt die Straße leicht an und geht geradeaus wieder in einen Kiesweg über. Diesem folgen, bis er auf die Ecke des Krankenhausgeländes trifft. Dort links abbiegen und geradeaus zum Steinbockgehege. Dann nach rechts und auf bekanntem Weg zurück.

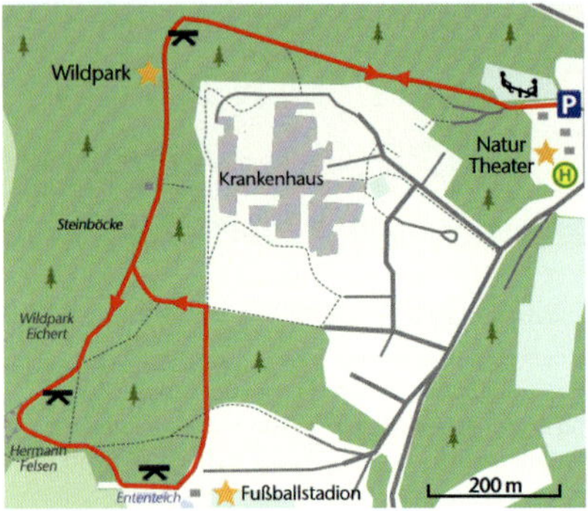

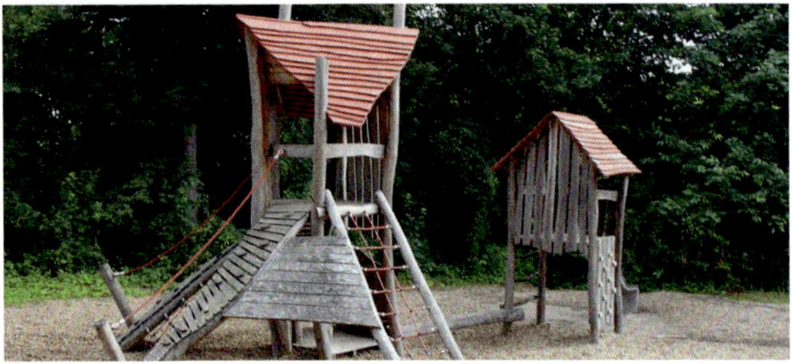

48 Eselsburger Tal (470 m)

Eselsburg: schwäbisches Bullerbü mit Kompromiss ha

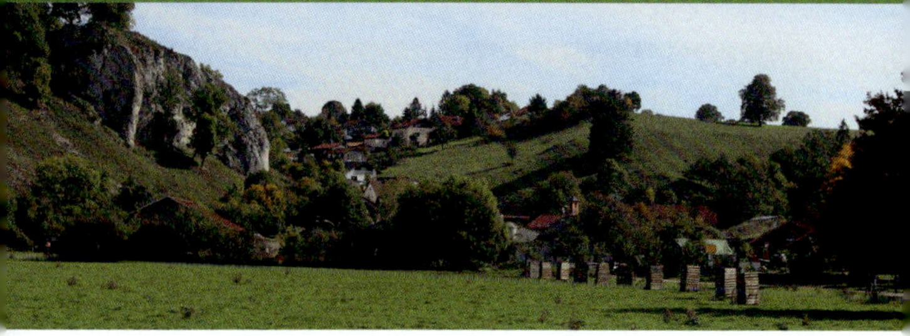

Das Eselsburger Tal gilt vollkommen zurecht als eines der schönsten Flusstäler der Alb. Eigentlich sind hier alle Zutaten für einen tollen Ausflug vorhanden: Naturschönheiten, Planschgelegenheit, Einkehrmöglichkeiten und das malerische Örtchen Eselsburg ist schon für sich allein einen Ausflug wert. Allerdings verläuft der Großteil der Wanderung auf einer asphaltierten Verkehrsstraße mit gelegentlichem Autoverkehr und am Wochenende ist richtig was los. Wenn euch das nicht schreckt und ihr auch unter der Woche Zeit habt, um den Besuchermassen zu entgehen, dann nichts wie hin! Wer dagegen eine autofreie Strecke mit mehr Laufmotivation für die Kinder sucht, ist vermutlich nebenan im Lonetal besser aufgehoben (vgl. Tour 49).

Wetter: Anforderung: Gesamtdauer: 1¼ h

Anforderung:	Mittel; ca. 60 Hm; größtenteils Asphalt mit teils starken Steigungen; ausgewaschener Schotterweg bergab; Handbremse am Kinderwagen unbedingt erforderlich.
Dauer:	RW: 1¼ h; 3,3 km.
Wetter:	Von der Wegbeschaffenheit her auch bei regnerischem Wetter möglich. Aufgrund des Autoverkehrs sollten gute Sichtverhältnisse herrschen.

Wanderwert für (Geschwister) Kinder:	
2–3 Jahre:	Spiel- und Kraxelmöglichkeiten in der Heidelandschaft und um die Felsformationen herum, bitte auf Sicherung der Kinder achten, Sportkletterer können beobachtet werden, Viehweiden am Wegesrand, Planschen und Infostation am Biberbau.
4–6 Jahre:	Siehe 2–3 Jahre.
Kinderfahrrad:	Nein, da starke Steigungen und viel Straßenverkehr.

Navi: 89542 Herbrechtingen, Burgstraße.

Anfahrt: A7 bis Ausfahrt Niederstotzingen, dann L1079 bis zum Abzweig links nach Eselsburg, direkt vor dem Ortsschild geht es nach rechts auf den Wanderparkplatz.

Bus/Bahn: Zug bis Herbechtingen Bhf., zu Fuß bis Hst. Schwanen, dort Bus 61 Richtung Giengen (Brenz) bis zur Hst. Baumschulenweg, Umstieg in Buslinie 64 in Richtung Stetten Kirchstraße und dann bis Hst. Eselsburg. Die Hst. liegt beim Abzweig nach Eselsburg in Sichtweite zum Wanderparkplatz.

Ausgangspunkt/P: Oberer Parkplatz Burgstraße.

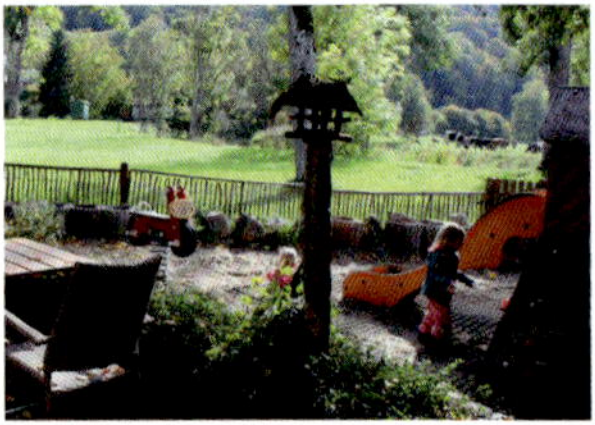

Infos/Gaststätten: *Biberbau, kleiner Info-Unterstand am Ortseingang mit Rastplatz und Planschmöglichkeit in der Brenz. *Talschenke, gemütliches Wirtshaus mit Café und großem Biergarten mit Spielplatz, Tel. 07324 7476, www.eselsburg-talschenke.de, Ruhetag: Mo. *Biotal Hofladen & Café mit Außenbereich, Tel. 07324 5805, www.milchmobil.de/hofcafe, Ruhetag: So.

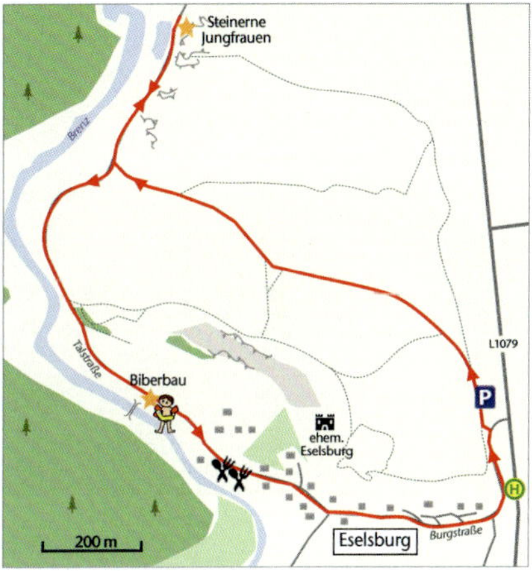

Wegbeschreibung: Vom Wanderparkplatz geht es rechts auf einem Schotterweg das Mühltal hinunter. Im Talgrund nach rechts in das Eselsburger Tal einbiegen und der Asphaltstraße für ca. 10 Minuten bis zu den „Steinernen Jungfrauen" folgen. Nach diesem felsigen Highlight den gleichen Weg zurück, das asphaltierte Verkehrssträßchen entlang bis nach Eselsburg. In Eselsburg geht die Talstraße dann in die Burgstraße über, die in einem ordentlichen Anstieg bis nach oben zum Parkplatz führt. Der letzte Teil auf der Burgstraße ist leider echt anstrengend und fad, auch für die Erwachsenen (700 m, ca. 20 min). Es lohnt sich, davor gemütlich einzukehren und Kräfte zu sammeln.

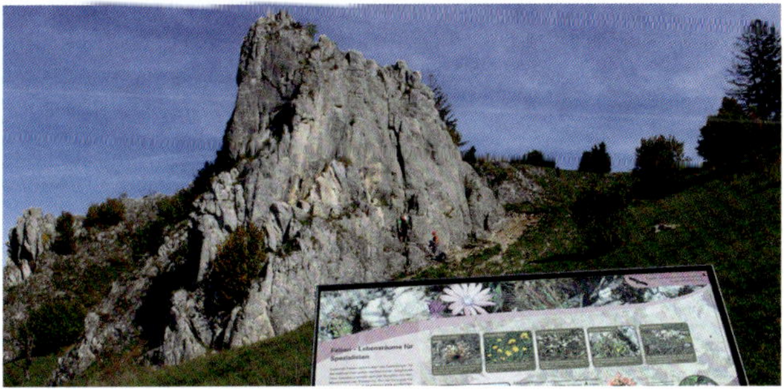

49 Im Lonetal (466 m)

Bissingen o.L.: eiszeitliche Tier- und Höhlenwelt ha

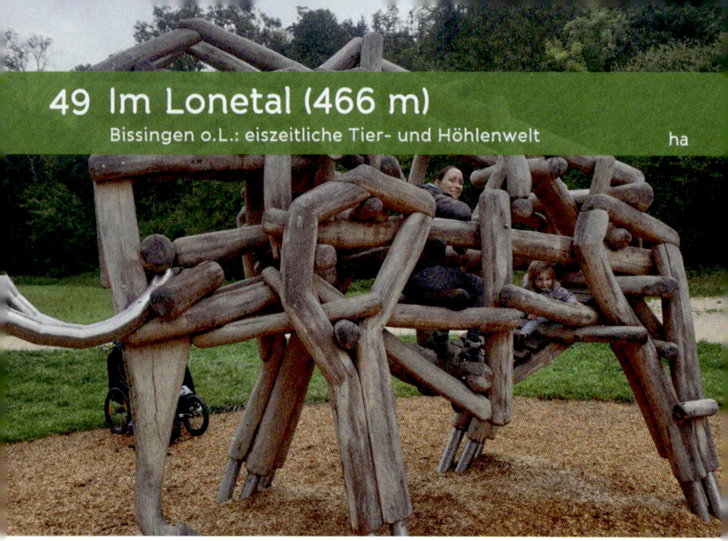

Im Lonetal seid ihr auf den Spuren der Neandertaler unterwegs: Uralte Kunstwerke und Steinzeitschätze wurden in der Hohlensteinhöhle gefunden. Auf dem Weg dahin begegnen einem drei eiszeitliche Tiere, die gleichzeitig kleine Klettergerüste sind. Das Tolle ist: Auch wenn der Weg eher eben und unspektakulär verläuft, sind diese Tiere mit Abstand aufgestellt und von Weitem zu sehen, so dass sie eine gute Motivationshilfe fürs Laufen darstellen. Der Kletterspielplatz und das große Höhlenportal tun ihr Übriges für einen gelungenen Ausflug.

Wetter: Anforderung: Gesamtdauer: 1 ½ h

Anforderung:	Leicht; ca. 13 Hm; ein kleiner Hügel kurz nach dem Parkplatz; Kiesweg.
Dauer:	Eine Strecke: ¾ h; 2,2 km.
Wetter:	Der Weg ist auch bei Nieselwetter begehbar, sämtliche Highlights aus Fels und Holz sind dann allerdings rutschig.

Wanderwert für (Geschwister) Kinder:

2–3 Jahre:	Drei Tiere entlang der Wegstrecke als Spielgeräte zum Herumkletten, bei Kleinkindern ist etwas Hilfestellung notwendig; wunderschöner Spielplatz beim Löwen-Menschen, vor allem für KletterInnen. Am Wendepunkt sind 3 Höhlen, davon sind die Bärenhöhle und die Holensteinhöle nach hinten abgesperrt, die Hohlensteinhöhle hat ein großes Höhlenportal, in welchem herumgekraxelt, entdeckt und untersucht werden kann.
4–6 Jahre:	Zusätzlich Schautafeln mit Bildern und Infos über das Leben in der Steinzeit. Unter www.lonetal.net/hohlenstein ist die unzugängliche Fortsetzung der Hohlensteinhöhle in 3D zu sehen.
Kinderfahrrad:	Ja, der Weg ist auch ein Radweg und zum Großteil eben. Für RadlerInnen geeignet, die mit Radverkehr zurechtkommen.

Navi: 89542 Herbrechtingen, Hauptstraße, danach Beschreibung unter Anfahrt beachten.

Anfahrt: A8 bis Autobahnkreuz Ulm-Elchingen, dann A7 Richtung Würzburg, die Ausfahrt Niederstotzingen nehmen, nach Bissingen o.L. fahren, der Hauptstraße aus dem Ort heraus in Richtung Stetten o.L. folgen, ca. 1 km nach dem Ortsausgang ist rechts der Wanderparkplatz ausgeschildert.

Bus/Bahn: -

Ausgangspunkt/P: Wanderparkplatz Bissingen.

Infos/Gaststätten: *Keine Einkehrmöglichkeit entlang des Weges. *Archäopark Vogelherd, 700 m vom Parkplatz entfernt, der Weg dahin ist gut sichtbar und ausgeschildert, frei zugängliches Café und Wasserspielplatz, www.archaeopark-vogelherd.de (Leider ist sein Fortbestand zum Zeitpunkt der Erstellung des Wanderführers nicht gesichert, falls der Park weiterhin geöffnet hat: sehr große Besuchsempfehlung!) *Zusätzliche Infos unter: www.lonetal.net/hohlenstein.

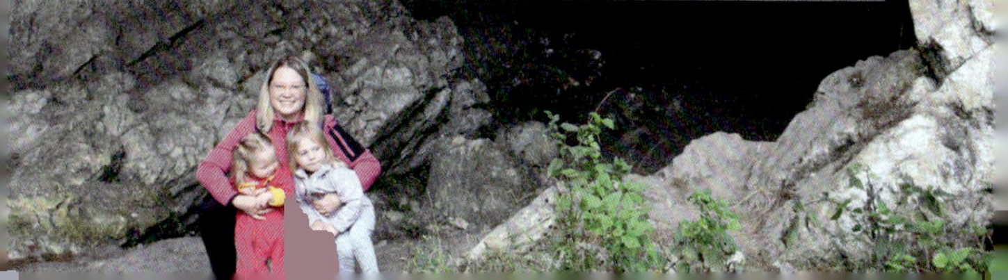

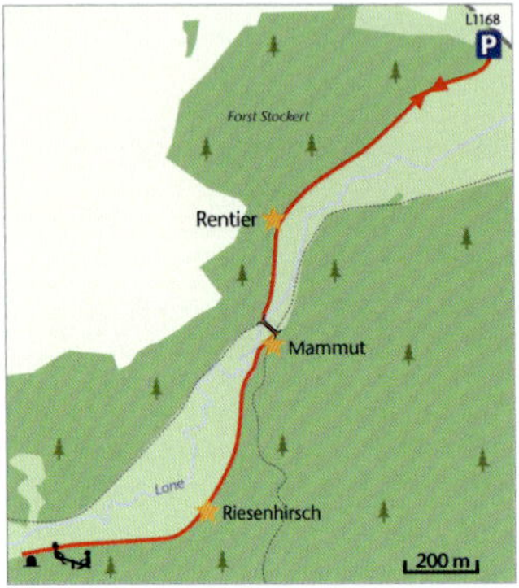

Wegbeschreibung: Vom Wanderparkplatz geht es mit Blick auf die Mammutfigur nach rechts an einem kleinen Rastplatz vorbei und den Rad-Wanderweg entlang. Die Beschilderung ist üppig und verweist mehrfach in Richtung der Hohlensteinhöhlen. Die einzigen Höhenmeter werden ganz zu Anfang an einem kleinen Hügel gemacht, danach verläuft der Weg eben und zugegebenermaßen nicht besonders spannend im Tal entlang. Die Klettertiere sind aber eine echte Motivationshilfe und wirklich liebevoll gestaltet. Vom Rentier über die Brücke zum Mammut, danach taucht aus dem Wald der Riesenhirsch auf und an den Höhlen steht der Löwen-Mensch auf dem Kletterspielplatz. Der Höhlenzustieg ist schmal, steinig und überwachsen. Für die letzten 30 Meter muss der Kinderwagen daher abgestellt werden. Gleicher Rück- wie Hinweg.

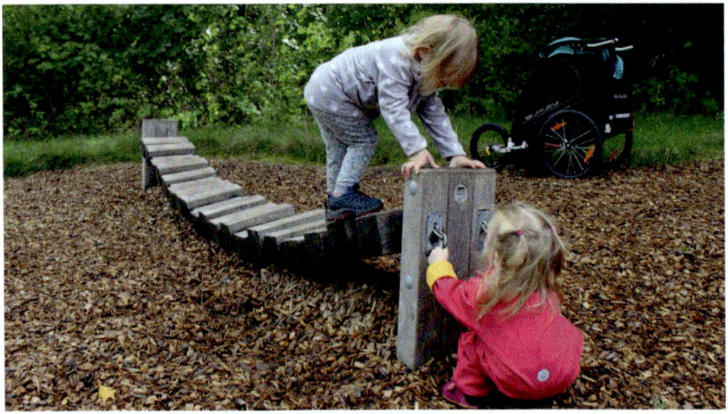

50 Englischer Wald (544 m)

Dischingen: Wald der 100 Pfade

ha

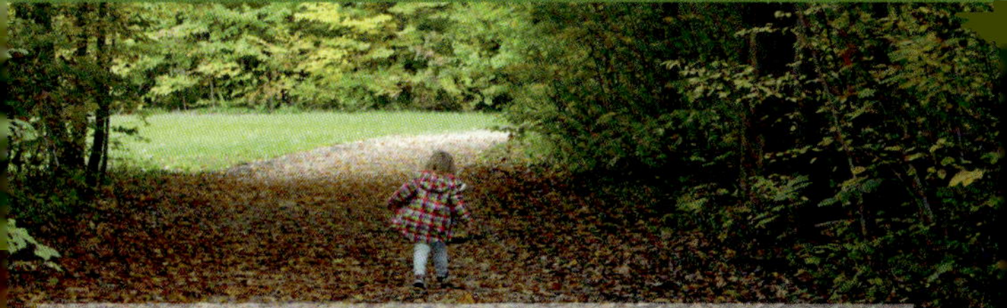

Fans von englischen Parkanlagen aufgepasst: hier kommt ein Leckerbissen. Unzählige Wege und Pfade laufen durch den Englischen Wald, tauchen tief ein in das Dickicht, führen an halb verfallenen Gebäuden vorbei und an Fuchs und Hase. Diese Wanderung ist für abenteuerlustige Familien gedacht, die sich auch mal gerne selbst ihren Weg suchen oder zusätzlich mit dem Smartphone navigieren. Ihr solltet nicht in Stress geraten, wenn die Orientierung schwierig wird. Die Pfade haben schließlich alle ein Ziel, vielleicht halt nicht das eure ...

Wetter: Anforderung: Gesamtdauer: 1 ¼ h

Anforderung:	Mittel; 42 Hm; leicht an- und absteigende Pfade; Wald- und Kieswege, teilw. schmal und holprig, ein geländegängiger Kinderwagen hilft enorm.
Dauer:	RW: 1 ¼ h, 3,4 km.
Wetter:	Die Wege verlaufen im (lichten) Wald, können bei Nässe matschig und mühsam werden.

Wanderwert für (Geschwister) Kinder:

2–3 Jahre:	Ehem. Schießstand und Eremitenklause. Die (gefühlt) 100 Pfade laden zum Herumräubern im Wald ein. Hinter dem Aussichtspunkt liegt die ehem. Kiesgrube. Das Schloss kann leider nicht besichtigt werden.
4–6 Jahre:	Siehe 2–3 Jahre.
Kinderfahrrad:	Nein.

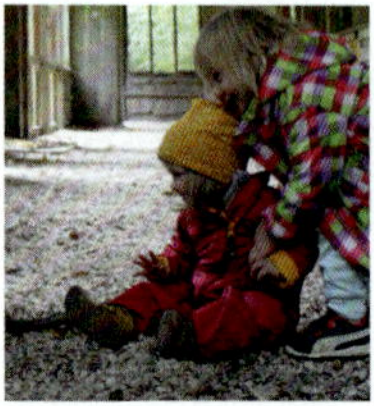

Navi: 89561 Dischingen, Schlossstraße (danach s. Anfahrt).

Anfahrt: A7 bis Ausfahrt 116 Heidenheim, über Nattheim, Fleinheim nach Dischingen, innerorts Schlossstraße Richtung Trugenhofen, links am Schloss Taxis vorbei, bei der Kreuzung links auf die K3004 Richtung Schrezheim, nach ca. 750 m links auf den ausgeschilderten Wanderparkplatz.

Bus/Bahn: -

Ausgangspunkt/P: Wanderparkplatz an der K3004.

Infos/Gaststätten: *Eine Navigationsapp auf dem Smartphone hilft bei der Orientierung. *Keine Einkehrmöglichkeit. *Schloss Taxis ist für die Öffentlichkeit nicht zugänglich und kann nur von außen umrundet werden. Zusätzliche Infos gibt es auf einem Themenpfad: www.haertsfeld.de/freizeit-kultur/themenpfade.

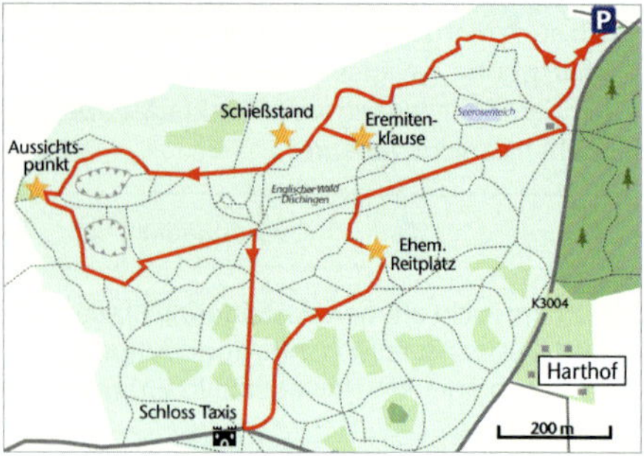

Wegbeschreibung: Am Beginn des Parkplatzes läuft ein schmaler Pfad parallel zur Straße in Richtung Schloss. An der ersten Kreuzung nach rechts und bis zum Aussichtspunkt die Wege so wählen, dass ihr den Waldrand auf eurer rechten Seite habt und noch seht. Nach dem Aussichtspunkt nach links und leicht bergab, dann kommt eine große Schneise – die erste große Allee ist erreicht. Nach etwa 5 Min. führt bei einem Hochstand die zweite große Allee nach Süden zum Schloss. Dort angekommen führt direkt links ein breiter Kiesweg wieder in den Wald zurück. Nach ca. 10 Min. liegt links der ehem. Reitplatz – heute eine Lichtung mit forstwirtschaftlichem Material. Diesen überqueren, dann kurz rechts und die erste große Allee ist wieder erreicht. Dieser folgen zur K3004. Dort den Pfad links neben der Straße wählen und zurück zum Parkplatz.

51 Tragetour Ipf (668 m)

Bopfingen: Aussichtskanzel mit Charme

ha

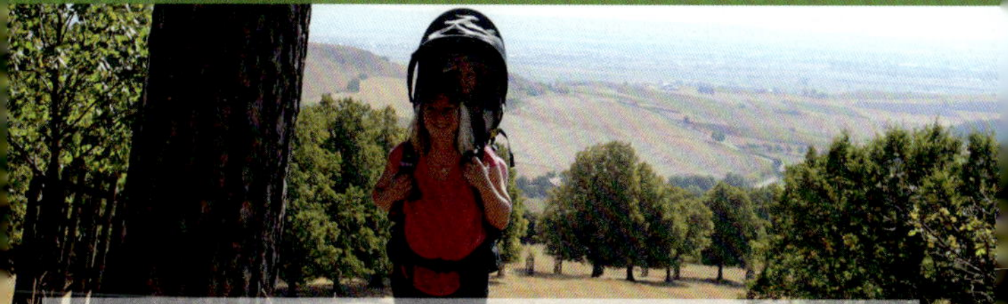

Der Ipf ist ein markanter Zeugenberg mit Hochplateau und wurde bereits von den Kelten besiedelt. Er thront 200 Meter über dem Ort Bopfingen. An seiner Ostseite führt der Aufstiegsweg durch eine Allee von Bäumen nach oben. Diese Tragetour ist sehr abwechslungsreich: alte knorrige Bäume, Wiesen, Bänkle und es gibt Wallanlagen. Ohne Schweiß geht es dabei nicht. Danach kann noch die Keltenwelt angeschaut werden. Das ergibt zusammen einen kleinen Halbtagsausflug für zwischendurch.

Wetter: Anforderung: Gesamtdauer: 1 h

Anforderung:	Mittel; 124 Hm; gleichmäßig ansteigend; Wiesen- und Schotterwege, teilw. ausgewaschen oder mit Wurzeln.
Dauer:	Ein Strecke: ½ h; ca. 1 km.
Wetter:	Trockenes, nicht zu heißes Wanderwetter; der Weg verläuft größtenteils im Schatten einer Lindenallee.

Wanderwert für (Geschwister) Kinder:

2–3 Jahre:	Nicht für Kinderwagen geeignet, Trage für Konditionseinbrüche mitnehmen.
4–6 Jahre:	Die Tour ist für ältere Kinder eine tolle Möglichkeit, unkompliziert und aus eigener Kraft einen Gipfel zu erreichen. Keltenwelt Ipf beim AP siehe Infos.
Kinderfahrrad:	Nein.

Navi: 73441 Bopfingen, Kirchheimer Str.

Anfahrt: B29 bis Bopfingen, in der Ortsmitte links auf die Kirchheimer Str. abbiegen, dann L1078 Richtung Kirchheim a.R., ca. 750 m nach Ortsausgang links abbiegen und der Beschilderung zum Ipf folgen.

Bus/Bahn: -

Ausgangspunkt/P: Wanderparkplatz bei der „Keltenwelt Ipf".

Infos/Gaststätten: *Naturschutzgebiet, bitte die Hinweise auf den Tafeln berücksichtigen. *Keltenwelt Ipf, freier Eintritt, www.verein-keltenwelten.de/keltische-staetten/bopfingen-der-ipf. *Kein Ghf.

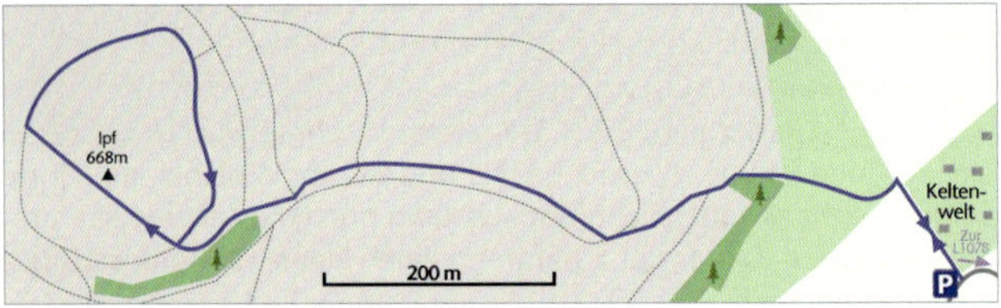

Wegbeschreibung: Vom Wanderparkplatz aus ist der Weg bereits klar erkennbar, nämlich bergauf. Links an der Keltenwelt vorbei und an der nächsten Weggabelung wieder nach links auf einen Wiesenpfad. Nun der Markierung (rotes liegendes Y) durch die Lindenallee nach oben folgen. Nach einer Runde auf dem Gipfelplateau geht es wieder nach unten. Hier ist zu beachten, dass die Wälle selbst nicht betreten werden sollen. Gleicher Rück- wie Hinweg.

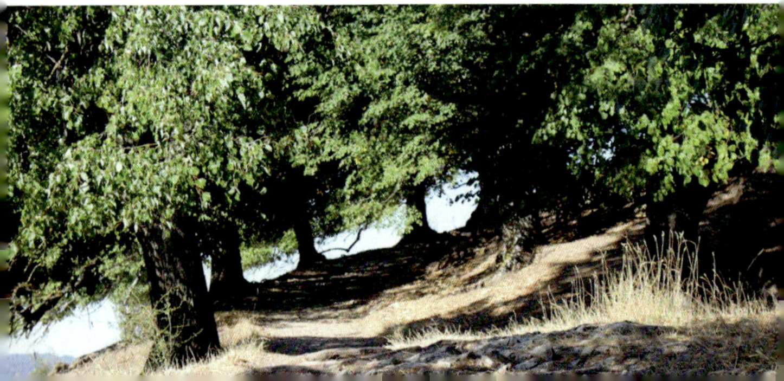

Zusatztipps

... die es noch zu entdecken gibt.

Aalen:

Ameisenstadt Dellenhäule

RW: 1 ¼ h, ca. 3,1 km; Wiesenpfade und Schotterwege, geländegängiger Kinderwagen unbedingt erforderlich.

Navi: 73432 Aalen, Dellenhäuleweg. Ab Ortsmitte Beuern dem Schild „Naturschutzgebiet Dellenhäule" folgen.

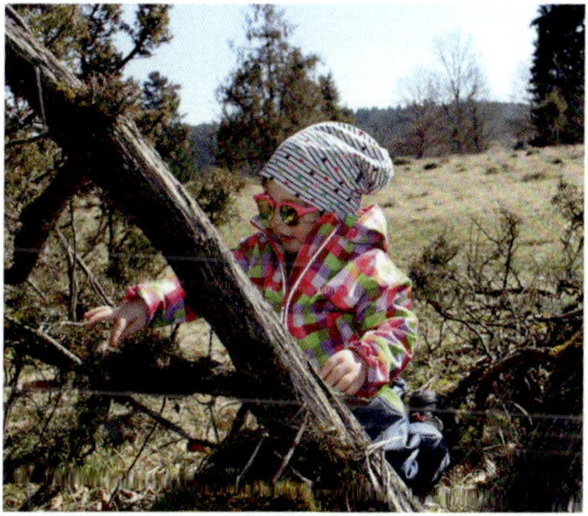

Natur pur ist im Naturschutzgebiet Dellenhäule angesagt und typische Attraktionen sucht man hier vergebens. Die Anfahrt lohnt sich für hartgesottene Naturfans, die lieber mal Bäume als Menschen um sich haben. Infos unter: www.ameisenstadt.de.

Hinter der Infotafel am Parkplatz führt ein Wiesenweg ins Naturschutzgebiet. Die Wege sind nicht beschildert, das Gelände ist aber so übersichtlich, dass die Orientierung problemlos möglich ist. Nach dem Eichenwald geht es am Waldrand entlang weiter. Nach etwa 15 Minuten knickt bei einem Hochstand die Heidelandschaft scharf links ab. Hier nach rechts in den Wald. Der Forst- und Wiesenweg führt in einer großen Linkskurve durch den Wald. Im flachen Tal angekommen, geht es am unteren Rand des Naturschutzgebiets zurück.

Zusatztipps

... die es noch zu entdecken gibt.

Nördlingen:

Tragetour Geopark Lindle

RW: 1 h; 2,3 km, nur moderate Steigungen.
Navi: 86720 Nördlingen, Am Lindle 5.

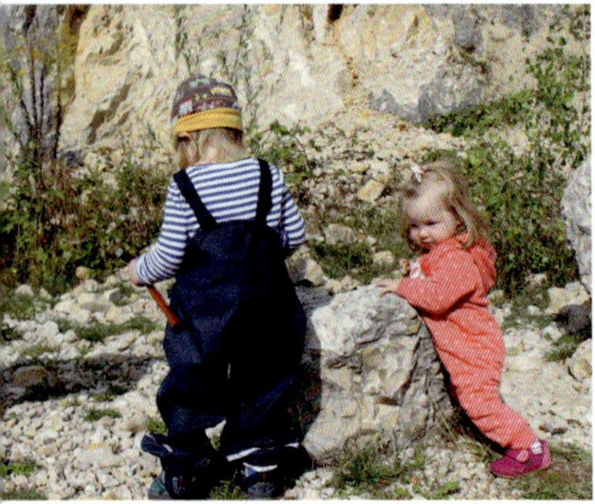

Die Alb endet mit einem Knall: Ein gigantischer Meteoriteneinschlag schuf einen 25 km langen Krater. Das sogenannte „Nördlinger Ries" trennt heute die Schwäbische von der Fränkischen Alb. Die Wanderung um das Geotop Lindle ist noch ziemlich unentdeckt. Sie führt durch einen ehemaligen Steinbruch und es gibt einige nette Stellen. Nehmt einen kleinen Hammer für den Klopfplatz mit! Der Zugang liegt etwas versteckt. Direkt hinter dem Literaturcafé mit großem Außenbereich biegt ein Asphaltsträßchen nach links ab und die erste Hinweistafel ist zu sehen. Jetzt den kleinen Schildern mit einem Meteor und der Bezeichnung „Erlebnis Geotop Lindle" folgen. Nach dem Aussichtspunkt „Burgstall" auf das Schild mit der Aufschrift „Aussichtsplattform, 100 m" achten. Auf dem kleinen Rundweg der Abbruchkante entlang. Diese ist mit Zäunen gut gesichert. Die Schilder weisen zurück zum Parkplatz („Rückweg Parkplatz Holheim"). Infos dazu auch unter: www.geopark-ries.de.

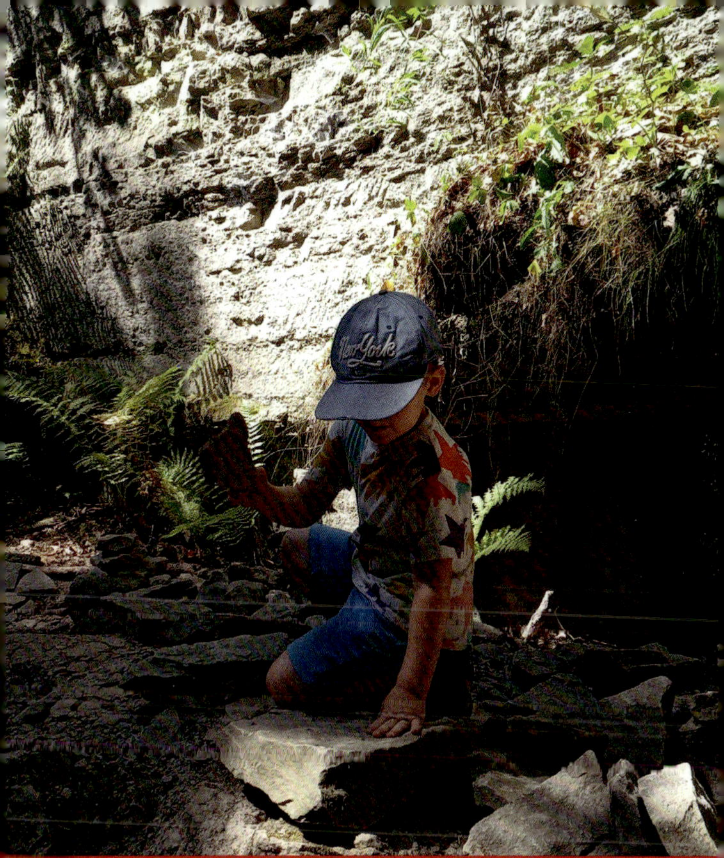

IV. Bonustouren

„Alb in Sicht"

Ein Blick hinter die Kulissen auf: **wandaverlagtoptouren**

52 Märchensee (482 m)

Rottenburg: verwunschener Rundweg

SV

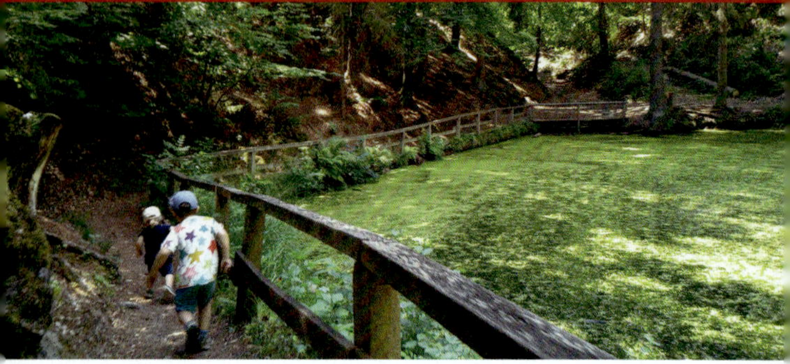

Es war einmal, versteckt hinter den Weinbergen, ein ehemaliger Steinbruch, der jetzt, zugewachsen und mit einem See, auf seine Entdeckung wartet. Hat man das erste steile Stück erstmal geschafft, wird es ganz zauberhaft. Auf schmalen Waldwegen geht es durch den Wald, der jetzt den Steinbruch zurückerobert hat, zum unter hohen Tannen versteckten Märchensee. Mit geländegängigem Kinderwagen ist die Runde gut machbar. Der Märchensee sowie kleinere Tümpel im Steinbruch sind mit Wasserlinsen zugewachsen, so dass man vielleicht im ersten Moment die Wasseroberfläche nicht erkennt. Deshalb alle ForscherInnen bitte gut im Auge behalten.

Wetter: Anforderung: Gesamtdauer: 1 h

Anforderung:	Mittel; 72 Hm; zu Beginn und am Ende steile Asphaltstraße, dazwischen wenig Steigung/Gefälle; Asphalt und Waldpfade.
Dauer:	RW: 1 h; 2,5 km.
Wetter:	Sowohl bei heißem Wetter als auch bei leichtem Regen möglich, da der Hauptteil der Tour im geschützten Wald verläuft.

Wanderwert für (Geschwister) Kinder:	
2–3 Jahre:	Schmale, interessante Wege ohne Absturzgefahr animieren zum Selberlaufen.
4–6 Jahre:	Grillstelle vor dem Steinbruch, viele Spielmöglichkeiten (kleine Wege, ausgewaschene Wurzeln, kleine Felsen...), Steinmännle bauen im Steinbruch. Schattiger Rastplatz oberhalb der Weinberge nach dem Märchensee mit vielen Sitzgelegenheiten lädt zum Vespern ein.
Kinderfahrrad:	Nein.

Navi: 72108 Rottenburg a.N. – Wendelsheim, Steinbruchstraße 20 (Adresse Grundschule, siehe Anfahrt).

Anfahrt: A81 bis Ausfahrt 29 in Richtung Rottenburg/Hechingen/Bondorf folgen. Dann links auf die B28 in Richtung Reutlingen/Rottenburg abbiegen und dieser für ca. 7 km folgen. Auffahrt Richtung Wendelsheim, dann links in die Seebronner Straße abbiegen. Nach 2 km im Kreisverkehr der ersten Ausfahrt auf die Schwarzwaldstraße folgen. Nach 300 m links in die Windolfstraße einbiegen. Dieser an der Kirche vorbei, dann aufwärts folgen, bis halb links die Steinbruchstraße abzweigt. Dieser bergauf bis zur Schranke folgen. Der Parkplatz befindet sich links entlang der Straße.

Bus/Bahn: Hst. Wendelsheim Adlerplatz. Mit dem Bus 18 ab Tübingen Hbf. (s. Wegbeschreibung, die Hst. ist am Abzweig in die Windolfstraße). Wegverlängerung ca. 10 min. Es geht die ganze Zeit bergauf bis zum AP.

Ausgangspunkt/P: Parkplatz an der Grundschule Wendelsheim.

Infos/Gaststätten: *Kein Ghf. unterwegs. *Infos Märchensee, www.rottenburg.de/sehenswuerdigkeiten.

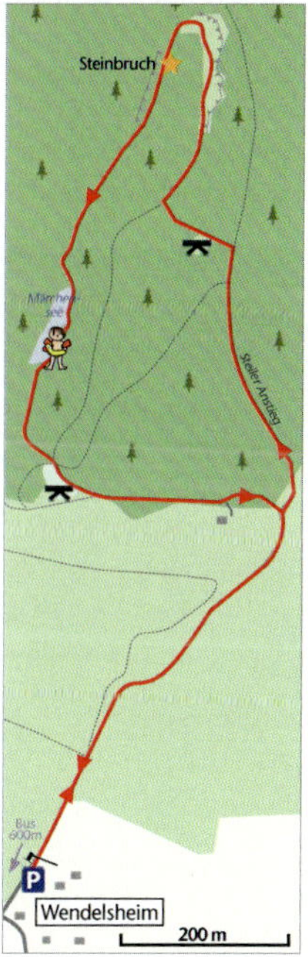

Wegbeschreibung: Vom Parkplatz folgt ihr der Asphaltstraße an der Schranke vorbei, bergauf durch die Weinberge zum Waldrand. Dort weist an einer Kreuzung ein Holzschild mit den Rundwanderwegen 1 / 2 weiter geradeaus. Es geht steil bergauf. An einem Abzweig endet die Asphaltstraße und wird zu einem Schotterweg. Hier vorerst weiter geradeaus und am nächsten Abzweig eine Minute später links abbiegen (kein Schild). Hier geht es links in eine Senke zum Grillplatz. Ab jetzt den Schildern mit der Nr. 7 folgen. Kurz nach dem Grillplatz betretet ihr den Steinbruch (Schranke). Immer leicht bergab gehend wird der Weg zu einem schmalen Waldpfad, es bleibt aber ausreichend Platz für den Kinderwagen. Es geht am linken Ufer des Märchensees entlang und dann geradeaus in den Wald. Nach etwa 3 Minuten erreicht ihr einen Aussichtspunkt mit Rastplatz. Von hier führt links ein Asphaltweg steil bergab, bis ihr an die anfangs beschriebene Kreuzung am Waldrand gelangt. Ab hier dem Hinweg bis zum AP folgen.

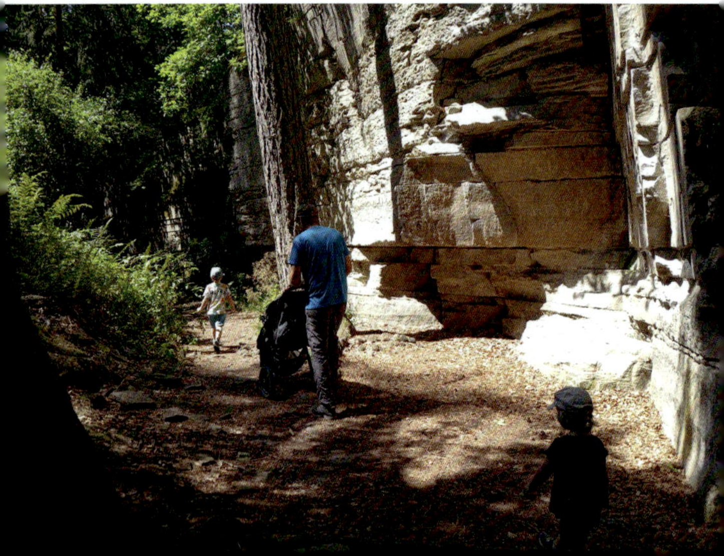

53 Schloss Filseck (360 m)

Uhingen: ein schwebender Pfad im Wald

ha

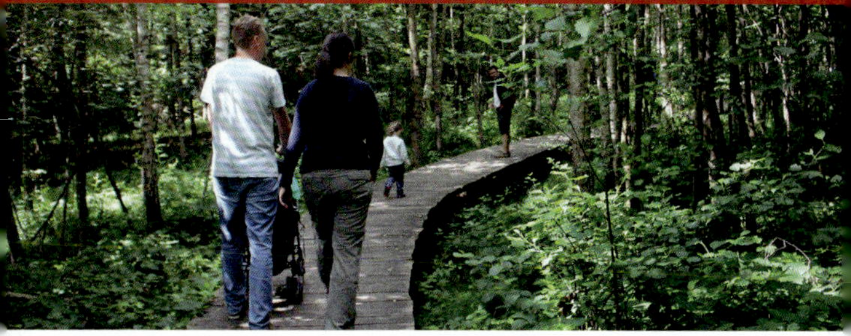

Wenige Höhenmeter über dem dicht bebauten Filstal tut sich eine andere Welt auf: Der Höhenrücken von Schloss Filseck ist bei Einheimischen ein beliebtes Sport- und Freizeitgelände. Gut ausgebaute Spazier– und Wanderwege durchziehen Wald und Wiesen des dazugehörigen Landschaftsparks. Die hier vorgeschlagene Wanderung kombiniert viele interessante Wegabschnitte der drei ausgeschilderten Rundwanderwege miteinander. Abgesehen vom „Schwebenden Pfad" sind es letztendlich einfach Waldwege, aber am Wegesrand finden sich Stationen zum Sitzen, Rasten und Ausprobieren. Super für einen Sonntagsausflug in einer Freundesgruppe, bei der sich die Kinder gegenseitig zum Laufen motivieren.

Wetter: Anforderung: Gesamtdauer: 1 ¼ h

Anforderung: Mittel; 24 Hm; eben; Schotter-, Wald- und Asphaltwege; ein kurzer Waldpfad mit einigen Wurzeln. Am „Schwebenden Pfad" müssen je 2 Stufen am Anfang und Ende überwunden werden.

Dauer: RW: 1 ¼ h; 4 km.

Wetter: Den „Schwebenden Pfad" bei Nässe und Glätte meiden; bei Nässe lieber Variante um den Charlottensee wählen; Großteil der Strecke liegt im Wald.

Wanderwert für (Geschwister) Kinder:	
2–3 Jahre:	Kleine Spielstationen am Wegesrand, Seen und Bächle im Wald zum Matschen. Letzter Kilometer zäh; für kleinere Kinder eine Tragemöglichkeit o.Ä. bereithalten.
4–6 Jahre:	Siehe 2–3 Jahre. Für den letzten Abschnitt am besten motivierende Spielideen bereithalten.
Kinderfahrrad:	Für RadlerInnen, die auf jedem (ebenen) Untergrund fahren können. Über den „Schwebenden Pfad" (eng) und den Wurzelweg (holprig) am Charlottensee muss das Rad geschoben werden (können).

Navi: 73066 Uhingen, Filseck.

Anfahrt: B10 bis Ausfahrt Uhingen-Ost/ Faurndau, dann der Beschilderung zum Schloss folgen.

Bus/Bahn: Mit dem Zug zum Bhf. Göppingen, von dort Bus 913, Hst. Faurndau/ Schloss Filseck, ab hier noch 600 m (ca. 10 min.) zum Schloss.

Ausgangspunkt/P: Kostenloser Parkplatz am Schloss Filseck.

Infos/Gaststätten: *Schänke Schloss Filseck, großer Biergarten mit Erlebnisspielplatz und Selbstbedienung, Tel. 07161 28380, www.biergarten-auf-schloss-filseck.de, Ruhetag: Mo. *Im Schloss gibt es noch ein gehobeneres Restaurant, das sich aber für „Matschhosenausflüge" weniger eignet, www.restaurant-auf-schloss-filseck.de.

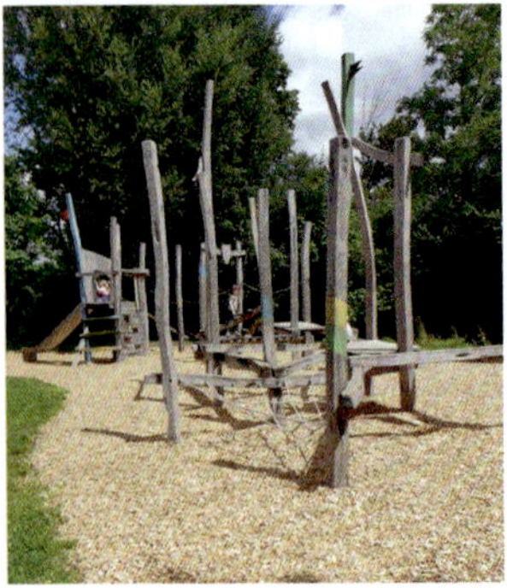

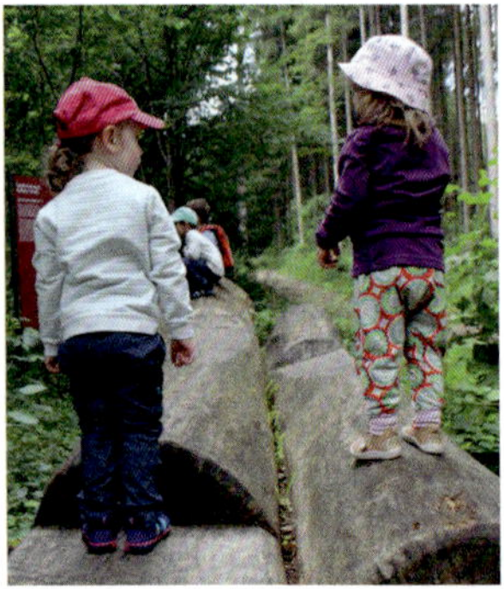

Wegbeschreibung: Vom Parkplatz zum Schloss. Mit Blick auf das Eingangstor links in den kleinen Schlossgarten und weiter auf die Kreuzung am Waldrand zu. Alle Rundwanderwege sind mit quadratischen roten Schildern und der Aufschrift „Landschaftspark Schloss Filseck" versehen. Zunächst der Beschilderung „Waldvariante" folgen. Der „Schwebende Pfad" ist so breit, dass Kinderwägen gerade so aneinander vorbeikommen und bietet schöne Blicke in den lichten Wald. Einige kleine Buchten mit Sitzgelegenheiten sind vorhanden. Am Ende der Holzplanken weiter nach links auf einem schattigen Waldweg. An der kleinen Spielestation „Baumstamm Skulptur" nach rechts. Der Weg geht nun geradeaus in den „Großen Rundweg" über und steuert durch eine Allee auf ein Gestüt zu. Direkt am Waldrand bei den ersten Koppeln biegt ein unbezeichneter kleiner Wurzelweg nach rechts ab und umrundet den zugewachsenen Charlottensee auf der rechten Uferseite. Mit geländegängigem Kinderwagen und etwas Abenteuerlust ist es gut zu schaffen. Wem das zu anstrengend ist, der wählt die Variante (s.u.). Bei einer Sitzgelegenheit trifft der Waldweg auf den dritten Rundweg, die „Schloss Filseck Runde". Diese führt durch den Wald zum Schloss zurück. Variante: Dem „Großen Rundweg" noch ca. 200 Meter (ca. 4 Minuten) folgen, dann zweigt die „Schloss Filseck Runde" nach rechts ab.

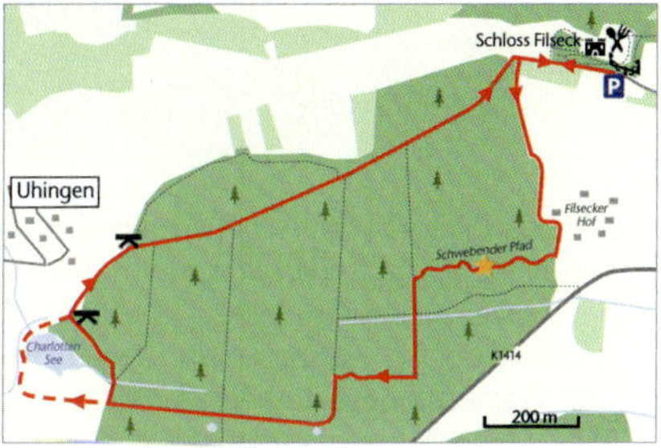

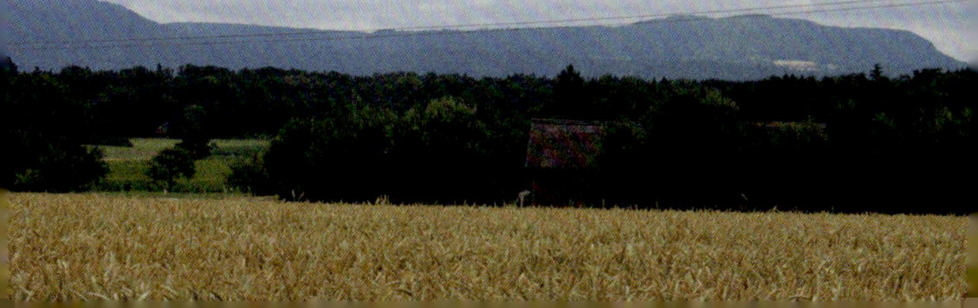

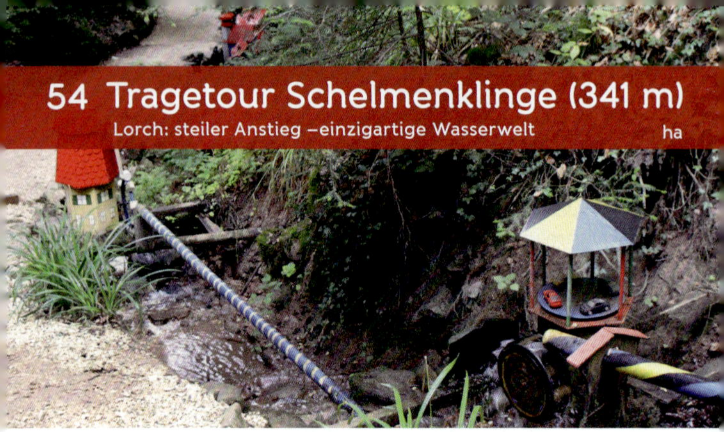

54 Tragetour Schelmenklinge (341 m)

Lorch: steiler Anstieg –einzigartige Wasserwelt ha

In dieser Klinge plätschert und blubbert, klingelt und rattert es. Schon von Weitem sind in den Sommermonaten die vielen Wasserspiele zu hören. Der Anfangsteil bietet fast alpine Verhältnisse; danach beginnt das Reich der (schwäbischen) Tüftler und Bastler: Viele bunte Häuschen und Wassermodelle stehen am Bächle neben dem Weg und laufen, allein durch Wasserkraft, munter vor sich hin. Ein Ausflugsziel, das es so in unserer Gegend nicht nochmal gibt. Daher ist im Sommer viel los und auch wenn der untere Teil der Klinge mit dem Kinderwagen befahrbar ist, ist der Weg recht schmal und es wird stellenweise eng. Mehr Freude habt ihr über den Steileinstieg als Tragetour.

Wetter: Anforderung: Gesamtdauer: 1 h

Anforderung:	Schwierig; 95 Hm; steiler Talschluss mit Wurzeln, Stufen und eine steile Treppe erfordern gutes Schuhwerk und trittsichere WanderInnen; Wurzelpfad, Kies- und Waldwege.
Dauer:	Eine Strecke: 25 min; 830 m; Rückweg mit Steigung, ca. 10–15 min mehr einplanen.
Wetter:	Nur bei trockenem Wetter; abgesehen von den ersten 120 m bis zum Waldrand liegt der Weg komplett im Wald.

Wanderwert für (Geschwister) Kinder:	
2–3 Jahre:	Der Weg entlang der Wasserspiele ist auch für LaufanfängerInnen geeignet; Gelegenheiten zum Planschen sind genug vorhanden. Für den steilen Talschluss eignet sich am besten eine Kraxe, damit die Kinder sicher sind und die Eltern beide Hände frei haben.
4–6 Jahre:	Eine steile Treppe und viele Geländer machen den Weg für diese Altersgruppe noch interessanter.
Kinderfahrrad:	Nein.

Navi: 73547 Lorch, Klosterstraße 2.

Anfahrt: B29 nach Lorch, am Kloster vorbei Richtung Alfdorf, 2,6 km nach dem Kloster links auf den kleinen Parkplatz abbiegen (vor dem Ortsteil Bruck).

Bus/Bahn: -

Ausgangspunkt/P: Parkplatz Schelmenklinge an der L1154.

Infos/Gaststätten: *Wasserspiele, geöff. Apr.–Okt., www.schelmenklinge.de.

Wegbeschreibung: Beim Wanderparkplatz weist an einem Windrädchen die Beschilderung „Schelmenklinge" in Richtung Waldrand. Die Herausforderung bei dieser Tour besteht darin, dass der Weg mit dem Abstieg beginnt und der steile Aufstieg erst am Schluss kommt. Im Talgrund angekommen, beginnen direkt die Wasserspiele mit den einzigartigen Häuschen und Wasserrädern. Kleine Wanderfüßchen flitzen wie von selbst neben dem Bächle her. Am Ausgang der Klinge liegt ein schöner Rastplatz mit Planschgelegenheit. Gleicher Rück- wie Hinweg.

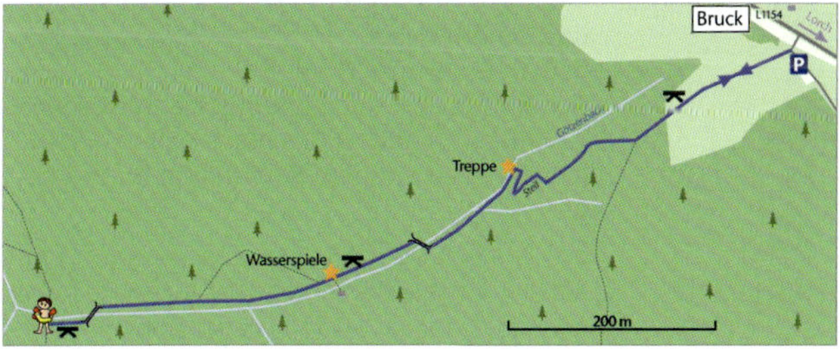

55 Erlebnispfad „Naturatum" (451 m)

Schwäbisch Gmünd: vom Himmelsgarten ins Taubental

ha

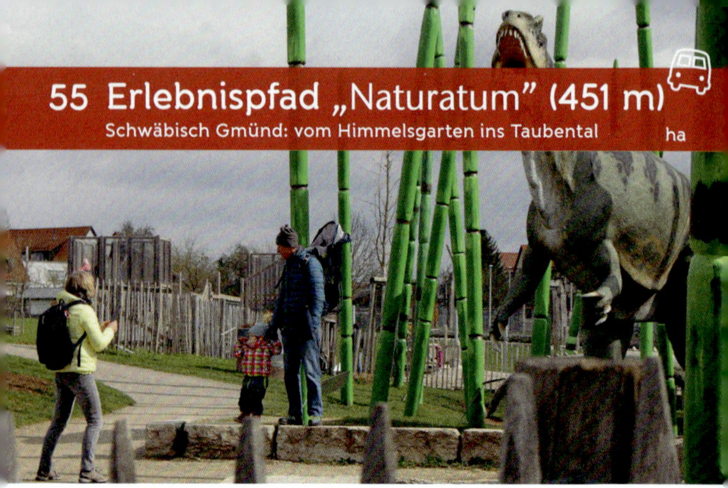

Das „Naturatum" kann man zu jeder Jahreszeit besuchen – die Schwerpunkte sind dann eben unterschiedlich. Das ehemalige Landesgartenschaugelände bietet einen extrem hohen Erlebnisfaktor: Zuerst zum fast 40 Meter hohen Aussichtsturm stürmen oder auf das Floß beim Wasserspielplatz? Dinos bestaunen oder gleich in den Erlebniswald mit XXL-Kugelbahn (Münzen mitnehmen, siehe Infos!) und 33 Erlebnisstationen eintauchen? Der beste Tipp: Immer wieder kommen!

Wetter: Anforderung: Gesamtdauer: 1 ½ h

Anforderung:	Mittel; 50 Hm; kurze, steile Abschnitte; Wald– und Schotterwege, Holzstege entlang der Kugelbahn, geländegängiger Kinderwagen mit Handbremse ratsam; Achtung: Der Abstieg ins Tal verläuft schnell und einfach neben der Kugelbahn, erst auf dem Rückweg geht es dann bergauf.
Dauer:	RW: 1 ½–2 h; ca. 3 km.
Wetter:	Klassisches Wanderwetter, die Holzstege neben der Kugelbahn sind bei Nässe rutschig.

Wanderwert für (Geschwister) Kinder:	
2–3 Jahre:	Großes Spielgelände mit Wasserspielplatz, kleinem Dinogarten, XXL-Kugelbahn, erlebnisorientierte Stationen im Wald. Der angrenzende Waldseilgarten SKYPARK wirbt mit Kleinkindpacours ab ca. 2 Jahren. Nimmermüde EntdeckerInnen finden im Wald und einigen Bächle am Wegesrand noch weitere Spielmöglichkeiten.
4–6 Jahre:	Siehe 2–3 Jahre, dazu noch eine Minigolfanlage.
Kinderfahrrad:	Von den Abschnitten auf den Holzstegen ist abzuraten (steil und evtl. rutschig). Alternative Wege im Wald sind möglich, s. Wegbeschreibung.

Navi: 73527 Schwäbisch Gmünd, Deinbacher Straße (Ortsausgang).

Anfahrt: B29 nach Schwäbisch Gmünd, dann auf der B298 Richtung Mutlangen für ca. 3 km, rechts in den Stadtteil Wetzgau abbiegen, die Deinbacher Straße für ca. 1,2 km entlang (Beschilderung „Weleda-Gärten") und am Ortsausgang direkt vor dem Friedhof links abbiegen. Der Parkplatz „Himmelsgarten" ist ausgeschildert.

Bus/Bahn: Vom Bhf. Schwäbisch Gmünd zu Fuß in ca. 15 min ins Taubental. Dann ist die komplette „Große Runde" (so ausgeschildert) von unten her möglich. Oder Stadtbuslinie 6, Hst. Weleda-Gärten. Von dort 5 min bis zum Aussichtsturm „Himmelstürmer".

Ausgangspunkt/P: Aussichtsturm „Himmelstürmer".

Infos/Gaststätten: *Kleiner Biergarten beim Kiosk der Minigolfanlage, Tel. während der Öffnungszeiten 0157 70414371, www.spielgolf-wetzgau.de, geöff. Apr.–Okt., witterungsabhängig. *Kugelbahn, geöff. Apr.–Okt., unbedingt 50-Cent-Münzen für die Holzkugeln der Kugelbahn einstecken. *Parkplätze teilw. gebührenpflichtig. *Flyer unter www.schwaebisch-gmuend.de/naturatum.html.

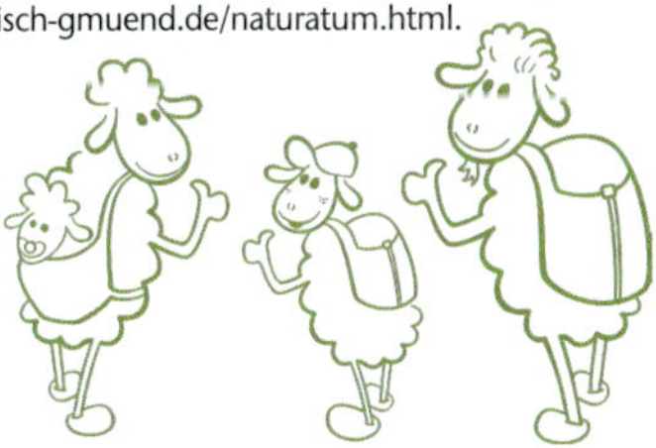

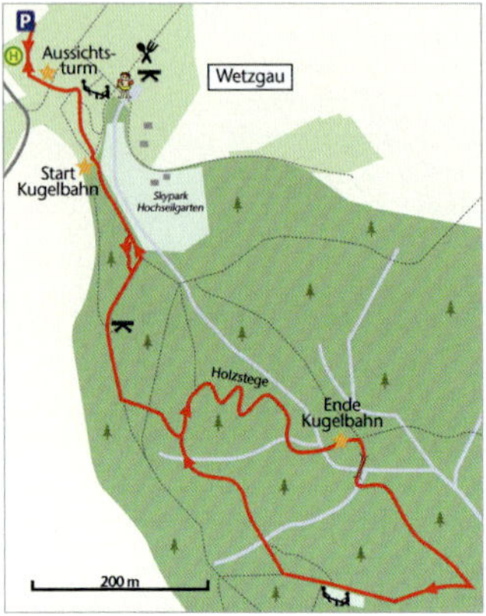

Wegbeschreibung: Durch den Wald gibt es viele schöne Wanderwege. Am besten treiben lassen und erforschen: Die „Große Runde" umfasst ca. 3,3 km und 200 Hm. Die „Kleine Runde" führt auf 2,5 km über 50 Hm durch den Wald (allerdings nicht an der Kugelbahn vorbei). Der „Lebensweg" ist eine Art Besinnungsweg und eher für Erwachsene angelegt (2 km). Unsere Empfehlung (s. Karte): Nach dem Ende der Kugelbahn die „Große Runde" verlassen und direkt zur Station 22 (Niedrigseilparcours), dann auf dem Weg der „Kleinen Runde" zurück – so sind die meisten Highlights mit dabei.

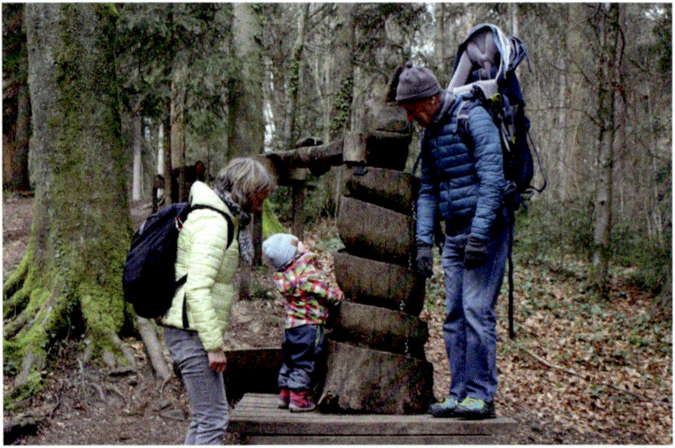

56 Bucher Stausee (450 m)

Rainau: geht immer

ha

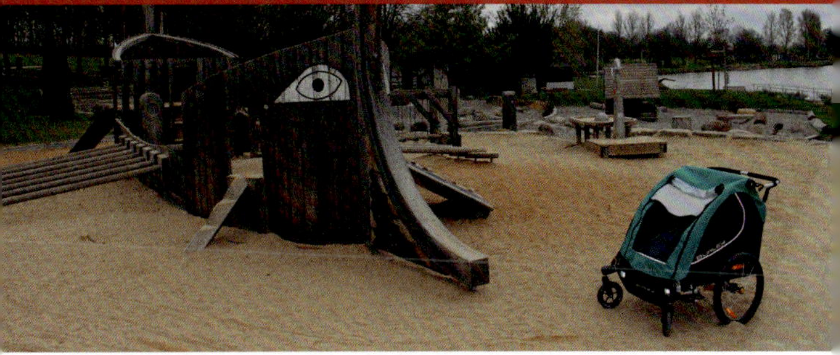

Der Bucher Stausee musste in den Wanderführer. Das war von Anfang an klar. Ich behaupte, dass wirkliche jede und jeder hier einen schönen Tag erleben kann: Spazierwege, Liegewiesen, (Wasser-)Spielplätze, eine Badestelle und der Tretbootverleih bieten viele Möglichkeiten für einen gelungenen Familienausflug. Badesachen und Wechselklamotten gehören auf jeden Fall ins Gepäck und die Öffnungszeiten des Kiosks sollten in die Planung mit einfließen. Als Wanderung wird hier der Rundweg um den Stausee vorgeschlagen oder noch besser: Schaut euch die Übersichtstafel am Parkplatz an und wählt den Weg und die Highlights aus, die für euch am besten passen.

Wetter: Anforderung: Gesamtdauer: 1 ¼ h

Anforderung: Leicht; eben; asphaltierter Spazierweg.

Dauer: RW: ca. 1 ¼ h; 4,5 km.

Wetter: Bei jedem Wetter begehbar. Der alte Baumbestand macht eine Rast im Schatten fast überall möglich.

Wanderwert für (Geschwister) Kinder:

2–3 Jahre:	Rundweg trotz einiger interessanter Stationen (Beobachtungspunkt für Wasservögel, Infotafeln zur Staumauer, Skulpturen, Barfußpfad...) evtl. ermüdend, da 4,5 km für kleine Beine zu lange sind. Daher am besten Trage, Buggy oder Laufrad mitführen oder die Strecke in umgekehrter Richtung bis zum Barfußpfad laufen – diese führt an beiden Spielplätzen, vielen Booten, der Badestelle und den römischen Ruinen vorbei.
4–6 Jahre:	Siehe 2–3 Jahre.
Kinderfahrrad:	Für geübte RadlerInnen geeignet. Auf dem ersten Wegabschnitt teilen sich SpaziergängerInnen und RadfahrerInnen den Weg. Es ist ein Teil des Kocher-Jagst Radwegs, daher ist am Wochenende viel los und bei Überholmanövern manchmal wenig Platz. Zur größtenteils bewachsenen Uferböschung ist genügend Abstand.

Navi: 73492 Rainau, Stausee.

Anfahrt: A7 bis Ausfahrt Aalen–Westhausen, auf der B290 in Richtung Ellwangen, nach 3,5 km Abzweig linker Hand: „Limespark / Stausee Rainau–Buch". Von Stuttgart auf der B29 nach Aalen, weiter auf der B19 in Richtung A7, Abzweig B290 Richtung Ellwangen, s.o.

Bus/Bahn: -

Ausgangspunkt/P: Parkplatz P1. Die Parkplätze P1 und P2 sind gebührenpflichtig, RP € 4/Tag von Mai–Sept., € 1/Tag von Okt.–Apr.

Infos/Gaststätten: *Kiosk 1 – Leuchtturm, teilw. überdachte Außensitzfläche an der Seebühne, großzügig angelegter Spielplatz, WC kostenpflichtig, www.kiosk-leuchtturm.com, bei schlechtem Wetter geschl., tagesaktuelle Informationen auf der Startseite der Website. *Kiosk 2 – The Beach Bar, Außenverkauf, römischer Wasserspielplatz, geöff. in den Sommermonaten bei gutem Wetter. *Tretbootverleih Apr.–Okt. zu den Öffnungszeiten von Kiosk 1, RP 1 h, € 12. *Sonderregelungen für Hunde und Radfahrer. Weitere Infos unter: www.rainau.de.

Wegbeschreibung: Am Parkplatz P1 wird die Brücke über die B290 überquert und weiter geradeaus zur Staumauer. Dort gibt es Infotafeln über das Wasserrückhaltebecken. Nun dem ausgeschilderten und asphaltierten Weg rechter Hand um den See folgen. Nach etwa der Hälfte der Strecke wird die untere Staumauer überquert. Diese trennt den Stausee von einem kleineren Becken, welches als Natur- und Vogelschutzgebiet ausgeschildert ist. Von einer Plattform können

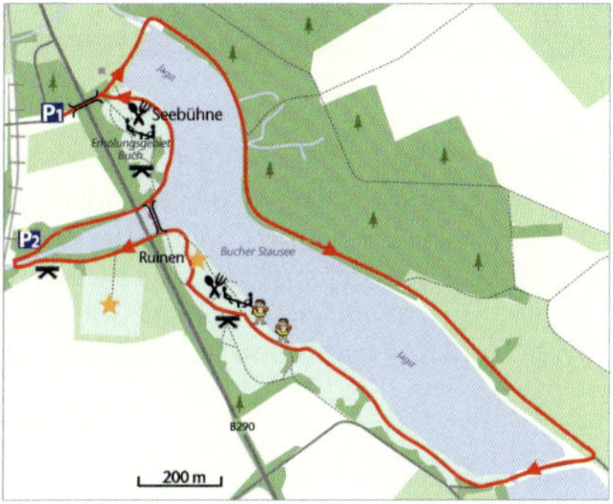

Wasservögel beobachtet werden. Der Weg zurück am Westufer führt durch eine parkähnliche Landschaft. Zuerst wird ein kleiner Barfußpfad erreicht, kurz danach die Badestelle und der römische Wasserspielplatz mit der hölzernen Galeere. Der Rückweg zur Seebühne kann mit einer Fußgängerbrücke über den Ahlbach abgekürzt werden. Der Uferweg ist ca. 1 km länger und führt am Abzweig zum römischen Kastell vorbei. An einem kleinen Rastplatz mit Brunnen und dem hinteren Parkplatz P2 entlang führt der Weg zurück an den Stausee, zum vorderen Spielplatz, dem Kiosk „Leuchtturm“ und der Seebühne.

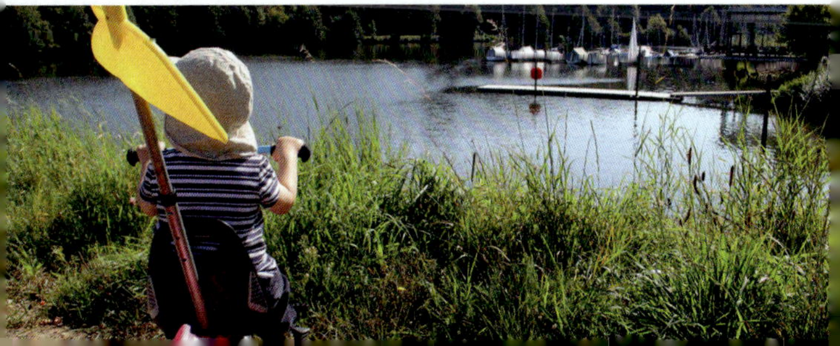

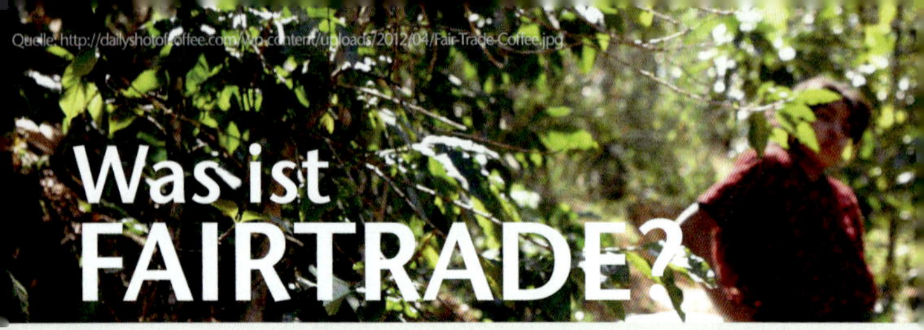

Quelle: http://dailyshotofcoffee.com/wp-content/uploads/2012/04/Fair-Trade-Coffee.jpg

Was ist FAIRTRADE?

FAIRTRADE ist ein Verein zur Förderung des FAIREN Handels mit dem Süden. Nur wer sich an die strengen Auflagen hält, darf das FAIRTRADE-Siegel verwenden. Mitglieder des Vereins sind u.a.: Caritas, Katholische Jugendschaft, Evangelische Jugend, Grüne Bildungswerkstatt, Österr. Hochschülerschaft, PfadfinderInnen Österreichs, WWF-World Wide Fund for Nature und viele mehr.

WOFÜR STEHT DIESES FAIRTRADE-SIEGEL?

- Direkter Handel mit den ProduzentInnen und KleinbäuerInnen unter Ausschaltung der lokalen ZwischenhändlerInnen
- Dadurch FAIRE Preise für die ProduzentInnen & kontrollierter Warenfluss nach Europa
- Prämie für soziale & ökologische Entwicklung
- Gesetzliche Mindestlöhne & arbeitsrechtliche Mindeststandards
- Verbot von Kinderarbeit und sklavenähnlicher Zwangsarbeit
- Naturnahe & nachhaltige Anbaumethoden sowie Schutz des Regenwaldes
- Schutz natürlicher Gewässer & des Trinkwassers

FAIRTRADE
TRANSFAIR

Fairtrade
W.: www.fairtrade.net
W.: www.fairtrade.de
W.: www.fairtrade.at

Zum Gebrauch des Wanderführers:

Erklärung zum Hauptteil (Wanderungen):

Anforderung:

In der Anforderung wird die Wegbeschaffenheit und die Steigung beschrieben.

Die Farbe gelb ist der üblichen Kategorisierung der Wanderwelt vorangestellt, denn was zu Fuß als leicht eingestuft werden würde, ist mit dem Kinderwagen oft bereits mittelschwierig. ➔ siehe Sicherung.

- **Gelb** = leicht mit dem Kinderwagen, meist auch „Buggy-tauglich". Die Wanderungen verlaufen über Asphalt- oder gut ausgebaute Wanderwege.
- **Blau** = mittelschwierig mit dem Kinderwagen jedoch leicht mit Trage. Ein geländegängiger Kinderwagen wird empfohlen. Die Touren haben kurze, aber knackige Steigungen, sind von der Wegbeschaffenheit her etwas schwieriger (z. B. sehr holprig oder viele Baumwurzeln) oder die Wanderungen weisen einflaches Gelände auf, sind jedoch von der Zeit her etwas länger und erfordern mehr Ausdauer.
- **Rot** = schwierig mit dem Kinderwagen bzw. für Kinder zum Laufen, jedoch meist mittelschwer zu Fuß. Die Wegbeschaffenheit ist teilweise schlecht oder ausgewaschen. Steigungen sind mit dem Kinderwagen kräfteraubend. Ein geländegängiger Kinderwagen ist unumgänglich, eine Kinderwagensicherung, wie nachfolgend beschrieben ist unbedingt erfolderlich, eine Handbremse empfehlenswert. Rot gekennzeichnet werden auch Touren, die von der Länge her sehr viel Zeit und Kondition erfordern.

Plant ihr eine neue Tour?
Dann schaut vorher unter „Aktuelles zum Buch"
auf wandaverlag.com
Denn manchmal gibt es Änderungen ....

Sicherung:
Es ist immer ganz gut, eine Sicherungsschlaufe dabei zu haben und diese bei schweren Touren am eigenen Körper und am Kinderwagen zu befestigen, z.B. beim Abwärtsgehen für den Fall, dass man ausrutscht. Es wird auch eindringlich darauf hingewiesen, NIEMALS den Kinderwagen mit Baby an Bord allein an abschüssiger Strecke – selbst mit angezogener Bremse – stehen zu lassen.
Im Zweifelsfall, wenn das Baby beim Rastplatz schläft, zusätzlich mit einer Sicherungsschlaufe sichern. Der Stress kann sehr groß werden, wenn man alleine unterwegs ist, ein Kind schon mitgeht und das andere im Wagen liegt. Deshalb empfehlen wir für diese Situation nur einfache Wege.

An dieser Stelle auch die dringende Bitte, gehende Kinder bei abschüssigen Stellen immer an der Hand zu führen oder zu sichern. Ebenso die Kraxe mit dem Kind, selbst wenn sie nur kurz abgestellt wird, immer halten! Den Spielbereich immer vorher kontrollieren und mit den Kindern vereinbaren, wo sie sich aufhalten dürfen. Kinder in JEDEM Moment beim Wasser beaufsichtigen. Bitte auf den Wegen bleiben.

Naturschutzgebiet:
Unbedingt die Hinweise auf den Tafeln berücksichtigen!

Dauer: Die Dauer bezieht sich immer auf die reine Gesamtgehzeit ohne Pausen . Mit dem Kinderwagen ist man meist langsamer unterwegs, deshalb sind die Gehzeiten, gerade bei Steigungen und schlechter Bodenbeschaffenheit, großzügiger bemessen. Die Kilometerangaben in Bezug auf die Dauer können daher variieren.

Wetter:
Moderate Temperaturen, nicht zu heiß und nicht zu kalt. Im Sommer nicht in der Mittagszeit gehen.

Nieselwetter: Manche Wege, vor allem jene im Wald, sind auch bei bewölktem Wetter oder leichtem Regen gut möglich.

Winter: Diese Tour ist auch im Winter bei Schneelage geeignet.

Schlittenbahnen sind i.d.R. nicht mit dem Kinderwagen zu befahren, hier ist es besser, das Baby im Fellsack auf einen Schlitten mit Rückenlehne zu setzen. Bei allen Winterwanderungen ist bei Schneelage ein geländegängiger Kinderwagen notwendig, auch wenn die Anforderung leicht ist.

Planschmöglichkeiten: Wird auch angeführt, wenn es die Möglichkeit zum Planschen gibt und natürlich auch bei Bademöglichkeiten.

Skizzen/Kartografie: Die Skizzen dienen nur einer groben Orientierung. Sie sind keine millimetergenaue Abbildung der Realität. Es wurden nur jene Straßen, Wege und markanten Punkte eingezeichnet, die für die Wegfindung wichtig erschienen. Achtung: Alle blauen Linien sind NICHT mit dem Kinderwagen begehbar, sondern nur zu Fuß, z. B. mit Trage. Wer gern genauere Karten hat, dem seien besonders die Wanderkarten des Schwäbischen Albvereins empfohlen.

Abkürzungen

AP	Ausgangspunkt
Bhf.	Bahnhof
ganzj.	ganzjährig
geöff.	geöffnet
geschl.	geschlossen
Ghf.	Gasthof
Hst.	Haltestelle
P	Parkplatz
RW	Rundweg
tgl.	täglich
Mo ... So	Montag ... Sonntag

Legende

- interessante Plätze
- Gipfel
- Planschen / Badeplatz
- Spielplatz
- Rastplatz
- Kirche
- Burg/Ruine
- Wanderweg
- Tragestrecke
- bewirtschaftete Gasthöfe Gasthöfe oder Cafés
- Parkplatz
- Haltestelle, Bahnhof
- Gebäude
- Höhle

Zur Ausrüstung

Eigentlich braucht man für die Kleinen alles, was auch sonst bei längeren Spaziergängen oder Ausflügen zu den Großeltern/Freunden oder Spielkameradinnen mitzunehmen ist. Bitte auch Verpflegung und Bekleidung für sich selbst nicht vergessen. Ab einer Wegstrecke von 2 ½ km empfehlen wir, immer eine Tragehilfe für die Kleinen und für mitlaufende Geschwisterkinder einen Buggy mitzunehmen.

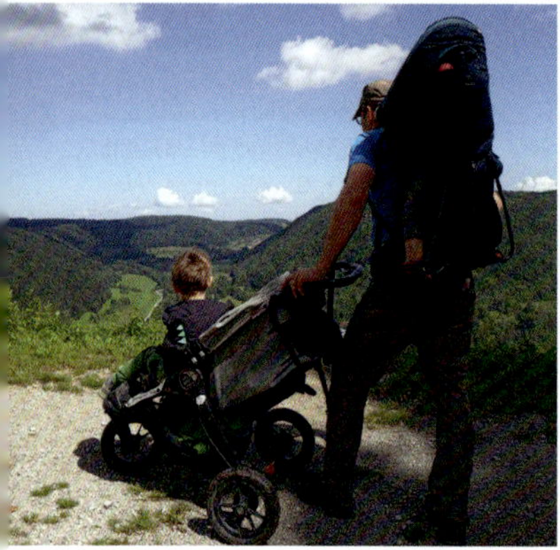

Verpflegung

Wichtig ist, für jeden immer ausreichend Getränke und etwas zu essen mitzunehmen. Reines Wasser ist der beste Durstlöscher. Stillende Mütter haben es bei Wanderungen relativ leicht, außer auf die eigene Flüssigkeitszufuhr müssen sie auf wenig achten.

Oft ist es ganz nützlich bzw. bei Fläschchenkindern unerlässlich, etwas abgekochtes und/oder warmes Wasser in einer kleinen Thermosflasche mitzuhaben. Neben dem Zubereiten von Fläschchen und/oder Brei kann damit auch die Mittagsmahlzeit erwärmt werden – dies läßt sich aber auch gut bereits zu Hause erhitzen und bleibt in einem Baumwolltuch eingewickelt einige Stunden warm. Ab der Beikostreife sind handgerechte Knabbersachen (z. B. (Baby-)Kekse, Waffeln oder Obst) für zwischendurch immer nützlich und versorgen auch die Eltern mit ausreichend Energie. An der frischen Luft haben fast alle einen größeren Appetit als zu Hause. Ein meckerndes, aber grundsätzlich gesundes Kleinkind im Freien, hat meist entweder einen knurrenden Magen oder es ist müde, der Kinderwagen und ein gepackter Rucksack entschärfen hier schnell.

Ausrüstungs-Checkliste:

- Wechselkleidung
- Regenschutz (Matschanzug für gehende Kinder)
- Kappen (im Sommer auch in Höhenlagen)
- Babydecke oder warmer Fußsack (Daune oder Fell)
- 1–2 Stoffwindeln
- Warme Jacke
- Gutes Schuhwerk mit Profil
- Tragetuch bzw. Stofftrage als Zusatz für zwischendurch
- 2–3 Windeln und Feuchttücher
- Sonnenschutz (auch Wind- und Wettercreme)
- Mückennetz für Kinderwagen und Mückenschutz
- Verbandszeug und „Zaubersalbe" ... (z.B. Pechsalbe, für alle kleineren und größeren Wehwehchen)
- Evtl. Schnuller und Schlafbär oder -tuch etc.
- Sicherungsschlaufe: Siehe Sicherung bei „Zum Gebrauch"

Der passende Kinderwagen

Obwohl wir bereits viele Kinderwagen getestet haben, mussten wir feststellen: DEN passenden für jede Lebenslage gibt es nicht. Am besten ist es danach auszuwählen, in welchem „Gelände" man sich hauptsächlich bewegen wird. In der Stadt, mit Bussen und in Einkaufszentren und Parks oder eher in der „wilden" Natur?

Tipps für einen geländegängigen Kinderwagen:

- nicht zu schwer (macht sich bei den Höhenmetern bemerkbar),
- stabil,
- mit größeren und breiteren (Luft-)reifen ausgestattet,
- feststellbare Schwenkräder und
- zusätzlich zur Feststellbremse mit Handbremse ausgestattet

Alphabetisches Register

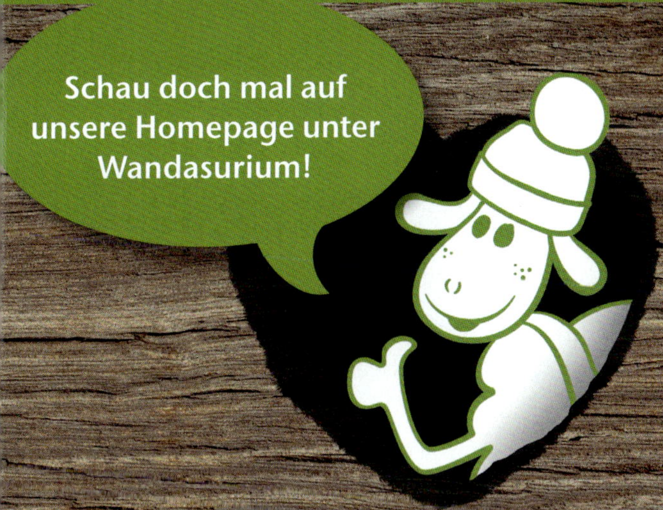

Dort findest du jede Menge
- Tipps
- Packlisten
- Sicherheit
- Ausrüstung
- Wandertricks
- und unseren Wandapass

- uvm.

Unser Verlag auf Social Media:

Instagram: wandaverlagtoptouren

Facebook: Wandaverlag

Youtube: wandaverlag

Weitere Tipps und herrliche Wanderungen warten auf euch!

wandaverlag

...verschafft Zeit zum Genießen

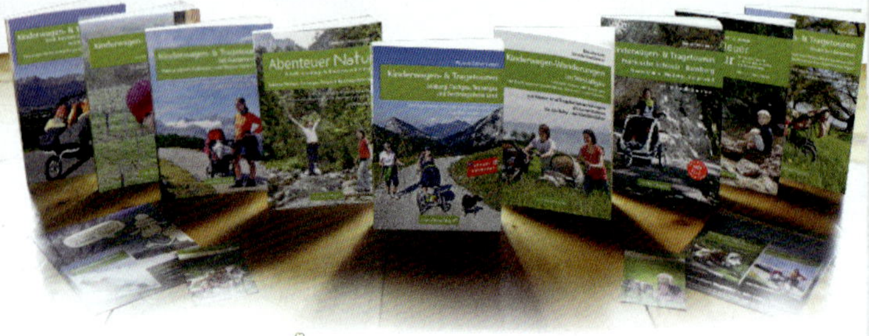

Der wandaverlag ist ein kleiner, unabhängiger Verlag am Fuße des Untersbergs. Jeder Wanderführer entsteht durch großes persönliches Engagement und viel Leidenschaft für ein perfektes Buch.

Was uns am Herzen liegt:

- Durch unsere akribischen Recherchen, genauen und trotzdem nicht zu langatmigen Angaben, durch unser übersichtliches Layout und die vielen kleinen Einzelheiten möchten wir Zeit zum Genießen verschaffen – unserer Leserschaft zuliebe.
- Wir unterstützen mit unseren Büchern die Initiativen Fair Trade und Clean Clothes – der Fairness zuliebe.
- Wir legen Wert auf umweltschonenden Druck – der Natur zuliebe.
- Durch die Angabe von öffentlichen Verkehrsverbindungen möchten wir ein umweltfreundliches Anreisen fördern – der Umwelt zuliebe.

Vielen Dank für euer Vertrauen! Wir freuen uns über jede Rückmeldung zu unseren Büchern und Wanderwegen.

Elisabeth Göllner-Kampel
(Verlegerin & Wanderbuchautorin)

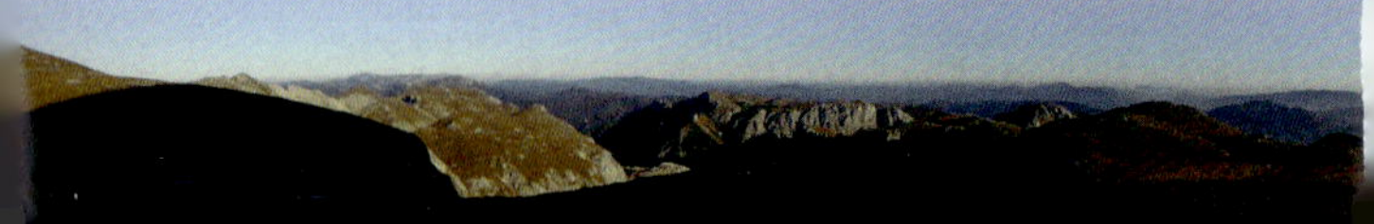